经济管理学术文库·经济类

市场秩序基础理论的哲学审视

A Philosophical Survey of the Basic Theories of Market Order

刘希良 / 著

图书在版编目（CIP）数据

市场秩序基础理论的哲学审视/刘希良著.—北京：经济管理出版社，2016.8
ISBN 978-7-5096-4487-4

Ⅰ.①市… Ⅱ.①刘… Ⅲ.①社会主义市场—市场秩序—研究 Ⅳ.①F045.5

中国版本图书馆 CIP 数据核字（2016）第 152880 号

组稿编辑：李桂荣
责任编辑：许　兵
责任印制：司东翔
责任校对：赵天宇

出版发行：经济管理出版社
　　　　　（北京市海淀区北蜂窝 8 号中雅大厦 A 座 11 层　100038）
网　　址：www.E-mp.com.cn
电　　话：(010) 51915602
印　　刷：北京九州迅驰传媒文化有限公司
经　　销：新华书店
开　　本：720mm×1000mm/16
印　　张：17
字　　数：261 千字
版　　次：2016 年 8 月第 1 版　2016 年 8 月第 1 次印刷
书　　号：ISBN 978-7-5096-4487-4
定　　价：68.00 元

·版权所有　翻印必究·
凡购本社图书，如有印装错误，由本社读者服务部负责调换。
联系地址：北京阜外月坛北小街 2 号
电话：(010) 68022974　　邮编：100836

前　言

市场秩序不仅是当前经济社会发展的一个重大的现实问题，也是一个理论热点问题。然而，当前国内理论界对市场秩序的研究基本上处于一种分散的状态，缺乏从哲学上进行整体的宏观的把握。有鉴于此，本书站在马克思主义的立场上，运用马克思主义哲学的基本原理和基本方法，对市场秩序的基础理论进行哲学考察和分析，并结合这些考察和分析研究如何从整体上形塑我国社会主义市场秩序，以期为我国经济社会的科学发展和社会主义和谐社会的构建提供理论资源。

本书分为引言和正文。引言主要回答为什么要研究市场秩序，什么是市场秩序，怎么样研究市场秩序，以及研究市场秩序有什么意义。本书认为，无论是从现实还是从理论上来看，对市场秩序特别是其中的基础理论进行哲学审视都具有重要的意义。本书提出，从哲学上看，市场秩序是市场经济的合理化、制度化和现代化，是市场主体合规则的求价值的一种有序的活动状态。市场秩序的基础理论主要分为神圣力学范式的市场秩序理论、知识进化范式的市场秩序理论和社会发展范式的市场秩序理论。对市场秩序的哲学考察应当坚持马克思主义并综合利用现有的研究成果。市场秩序的这种研究将有利于我国经济社会的科学发展和社会主义和谐社会的构建。

正文共分为五章。第一章简要地考察西方秩序思想的理论渊源，包括古希腊早期的秩序思想、古希腊中期的秩序思想、古希腊晚期的秩序思想以及西方中世纪时期的秩序思想，重点从哲学上探究秩序思想在西方古代的演变及对其后市场秩序思想可能的影响。本书认为，古希腊早期的秩序思想集中体现在当时的自然哲学中,是一种自然秩序思想。这种自然秩序思想在经过苏格拉底的批判以后,演变成了社会秩序思想。在古希腊中期的秩序思想中,社会秩序思想集中体现在以柏拉图的正义论秩序思想和亚里士多德的幸福论秩序思想为代表的人为秩序思想中。之后,这些人为秩序思想逐渐被消解,从而产生了具有悲观色彩的伊壁鸠鲁和斯多亚派的秩序思想。最后,经过西塞罗的过渡,人为秩序思想演变成了中世纪的神权秩序思想。西方古代的这些秩序思想为之后秩序思想的形成提供了思想资源,同时蕴含着内在的否定因素。

第二章考察以亚当·斯密为代表的神圣力学范式的市场秩序理论,即近代资本主义市场秩序思想。本书认为,近代市场秩序思想发端于文艺复兴运动,历经宗教改革运动和英国资产阶级革命,到亚当·斯密那里基本形成。其后,经过其他古典经济学家的努力和"边际革命",直到以马歇尔为代表的新古典经济学的"经济人"假设,它才最终完成。近代市场秩序思想是一种以亚当·斯密的市场秩序理论为代表的神圣力学范式的市场秩序理论。之所以如此,主要是因为它一方面具有神学色彩,另一方面又带有明显的牛顿力学特征。它的核心教义是自由放任。它基本上是一种自然秩序思想。

第三章考察以哈耶克为代表的知识进化范式的市场秩序理论,即现代资本主义市场秩序思想。本书认为,随着20世纪的到来,神圣力学范式的市场秩序理论不仅在实践中被证明是失败的,而且受到了马克思主义和市场失灵理论的批判和攻击,从而出现了危机。市场失灵理论可分为广义的和狭义的市场失灵理论。前者主要包括制度学派和凯恩斯主义的理论,后者包括外部性理论和不完全竞争理论等多种。以哈耶克为代表的知识进化范式的市场秩序理论就是解救这种危机的产物。哈耶克集中从知识进化的角度对神圣力学范式的市场秩序理论的核心教义做了新的论证。他的市场秩序理论主要是一种自发秩序思想。这种思想除了坚持自由放任这一核心教义以外,也吸收和采纳了市场失灵理论的一些思想,强化了市场经济的制度性,使之具有了历史色彩,并提出了一些发展和完善市场经济,形塑市场秩序的制度安排和制度设想。哈耶克市场秩序理论的核心范畴"知识"和"进化"同时也是其他现代市场秩序理论的核心，因此现代市场秩序理论整体上可称为以哈耶克为代表的知识进化范式的市场秩序理论。

第四章考察以马克思为代表的社会发展范式的市场秩序理论。本书认为，资本主义市场经济一直是马克思关注的重点之一，马克思对资本主义市场经济和市场秩序做了独特而深入的研究。批判资本主义市场经济的永恒性和绝对性是马克思市场经济理论的生长点，因而，在马克思那里，市场经济是人发展的一种历史形态，是高度发达的商品经济，市场秩序不过是一种自然历史秩序。由于把市场经济的发展看作一种自然历史过程，看作走向人的自由而全面发展的一个必然的历史环节，所以马克思的市场秩序理论是一种以人为本的社会发展范式的市场秩序理论。也正是基于对市场经济的这种自然历史看法，马克思对近代资本主义市场经济做了深入的批判。在此基础上，马克思立足于人的未来发展，否认资本主义经济和政治制度具有绝对的合理性和价值性，提出了在生产力高度发达、人类历史发展为世界历史的条件下，通过无产阶级革命重塑秩序，实施计划经济的制度构想。马克思的这种构想得到了列宁和斯大林的继承和发展，最后产生了高度集权的苏联计划经济秩序模式。

第五章综合利用前述各章的分析，考察并具体分析如何从整体上形塑我国社会主义市场秩序。本书认为，我国社会主义市场经济体制是在全面突破苏联模式的计划经济体制的基础上形成的。这一突破在理论上主要表现为市场经济与计划经济手段论对市场经济与计划经济对立论的突破，以及生产力理论对阶级斗争"尖锐化"理论的突破。这种突破正是邓小平理论的基础和最大特色，从根本上实现了确立和发展我国社会主义市场经济的合理化，为我国市场秩序的形塑确立了前提。但是，要使我国市场经济形成良好的秩序，还必须坚持合理路径，建立和完善适应我国市场经济现代化发展的各种经济、政治、法律和精神文明制度，使各种市场主体都能自觉地在遵从各种制度的基础上从事市场活动，使市场经济的发展有利于促进社会公平正义，有利于社会的稳定和谐，有利于人民物质文化生活水平的提高，有利于人的自由而全面的发展。

目 录

引 言 ··· 001

    一、选题的缘起 ·· 001

    二、市场秩序研究的历史与现状概述 ·· 002

    三、本书对市场秩序含义的界定 ··· 004

    四、本书研究市场秩序基础理论的方法 ·· 019

    五、本书研究市场秩序基础理论的意义 ·· 028

第一章 西方古代秩序思想探源 ··· 031

第一节 古希腊早期的秩序思想 ·· 031

    一、早期秩序思想的含义 ·· 031

    二、早期秩序思想的特征 ·· 033

第二节 古希腊中期的秩序思想 ·· 034

    一、苏格拉底的秩序思想转向 ··· 034

    二、柏拉图的正义论秩序思想 ··· 036

    三、亚里士多德的幸福论秩序思想 ··· 040

第三节 古希腊晚期的秩序思想 ·· 046

    一、伊壁鸠鲁的秩序思想 ·· 046

    二、斯多亚派的秩序思想 ·· 047

    三、西塞罗的秩序思想 ··· 048

第四节　西方中世纪的秩序思想 …………………………… 049

第二章　神圣力学范式的市场秩序理论 …………………… 051

第一节　近代市场经济的发展与市场秩序的形成 …………… 051
一、文艺复兴与市场秩序的兴起 ………………………… 051
二、宗教改革与封建秩序的瓦解 ………………………… 053
三、英国资产阶级革命与市场秩序的初步确立 ………… 054

第二节　近代市场经济的价值性理论 ………………………… 055
一、市场经济的法理基础 ………………………………… 055
二、市场经济的人性根据 ………………………………… 065

第三节　近代市场经济的制度化理论 ………………………… 069
一、魁奈的自然秩序理论 ………………………………… 069
二、斯密的自然秩序理论 ………………………………… 073

第四节　近代市场经济的现代化理论 ………………………… 080
一、市场经济的问题与争论 ……………………………… 080
二、新古典"经济人"假设 ……………………………… 083

第三章　知识进化范式的市场秩序理论 …………………… 087

第一节　市场秩序理论范式的变革 …………………………… 087
一、神圣力学范式市场秩序理论的危机 ………………… 087
二、知识进化范式市场秩序理论的出场 ………………… 095
三、"知识"和"进化"的含义与意义 ………………… 097
四、知识进化范式市场秩序理论的根据 ………………… 100

第二节　现代市场经济的现代化理论 ………………………… 106
一、市场经济与市场规则 ………………………………… 107
二、市场经济与法治民主 ………………………………… 110

第三节　现代市场经济的制度化理论 ………………………… 114

一、市场经济的制度批判 …………………………………… 114
　　二、市场经济的制度安排 …………………………………… 118
　　三、市场经济的制度理想 …………………………………… 124
第四节　现代市场经济的价值性理论 ………………………………… 126
　　一、市场经济的特殊含义 …………………………………… 126
　　二、市场经济的基本价值 …………………………………… 127

第四章　社会发展范式的市场秩序理论 …………………………… 135

第一节　马克思的市场经济理论 ……………………………………… 136
　　一、马克思市场经济理论的界定 …………………………… 136
　　二、马克思市场经济理论的来源 …………………………… 139
　　三、马克思市场经济的基本含义 …………………………… 143
第二节　马克思关于市场经济的价值性批判 ………………………… 151
　　一、市场经济的效率 ………………………………………… 151
　　二、市场经济的平等 ………………………………………… 152
　　三、市场经济的自由 ………………………………………… 153
第三节　马克思取代市场经济的制度化构想 ………………………… 157
　　一、市场经济的秩序模式 …………………………………… 157
　　二、计划经济的制度构想 …………………………………… 160
第四节　马克思、列宁的世界历史理论及实践 ……………………… 166
　　一、马克思的世界历史理论 ………………………………… 166
　　二、列宁对世界历史理论的发展 …………………………… 170
　　三、计划经济的形成与历史实践 …………………………… 172

第五章　我国社会主义市场秩序的形塑 …………………………… 175

第一节　我国社会主义市场经济的合理性 …………………………… 175
　　一、市场经济的艰难探索 …………………………………… 175

二、计划经济的全面突破 …………………………………… 178
　　三、经济转型的合理路径 …………………………………… 182
第二节　我国社会主义市场经济的价值性 ……………………… 190
　　一、市场经济的平等 ………………………………………… 191
　　二、市场经济的效率 ………………………………………… 192
　　三、市场经济的问题 ………………………………………… 197
第三节　我国社会主义市场经济的制度化建设 ………………… 199
　　一、经济体制的改革 ………………………………………… 200
　　二、政治体制的改革 ………………………………………… 210
　　三、法律体制的改革 ………………………………………… 215
　　四、精神文明的建设 ………………………………………… 217
第四节　防范市场风险和治理市场危机 ………………………… 220
　　一、防范市场风险 …………………………………………… 221
　　二、治理市场危机 …………………………………………… 223

参 考 文 献 ……………………………………………………… 231
　　一、著作 ……………………………………………………… 231
　　二、论文 ……………………………………………………… 242

后　　记 ………………………………………………………… 257

引 言

一、选题的缘起

改革开放三十多年，我国经济、社会的发展取得了举世瞩目的成就，我国经济总量已经上升到世界第二位，并且形成了具有中国特色的社会主义发展道路和发展模式。但是，与此同时，我国经济、社会的发展也面临着许多问题，比如，就业、医疗、教育等民生问题，资源紧张和环境污染等可持续发展问题，制假售假、逃债废债问题，幕后交易和市场操纵等诚信问题。例如，2008年发生的三鹿婴幼儿奶粉事件就使消费者受到了极大的伤害，以致患肾结石的婴儿数量高达将近三十万！从另一方面来看，在许多经济问题的背后，经济利益与某些政治行为又往往纠缠在一起，两者之间剪不断，理还乱，由此形成了我国转型时期经济社会发展的独特政治镜像。这一镜像折射出一系列丑恶现象，如贪污腐败、买官卖官、"跑部钱进"、乱收费乱罚款乱摊派等。

综观这些问题，可以看出，它们大多属于市场秩序的问题，也就是如何发展和完善我国市场经济体制，使我国经济社会又好又快地发展的问题。为此，党和政府高度重视，每年都把整顿和规范市场秩序列入政府工作的重点。例如，《2005年政府工作报告》，提到了"深入整顿和规范土地市场秩序"、"规范保险市场秩序"、"深入整顿和规范市场秩序"，其中"市场秩序"出现了三次。《2006年政府工作报告》提到了"整顿规范房地产和建筑市场秩序"、"继续深入整顿和规范市场秩序"、"维护市场秩序等方面的立法"，其中"市场秩序"

又出现了三次。《2007年政府工作报告》提到了"整顿和规范市场秩序工作深入开展"、"深入整顿和规范房地产市场秩序"、"强化安全生产工作和整顿规范市场秩序"、"深入整顿和规范市场秩序"、"全面整顿药品市场秩序",其中"市场秩序"出现了五次。《2008年政府工作报告》提到了"土地和矿产资源市场秩序、产品质量和食品药品安全等专项整治取得明显成效"、"维护公开公平公正的市场秩序"、"深入整顿和规范市场秩序"、"规范和维护市场秩序,促进房地产业持续稳定健康发展",其中"市场秩序"出现了四次。《2009年政府工作报告》提到了"市场秩序不规范,市场监管和执法不到位,社会诚信体系不健全"、"规范市场秩序,维护消费者合法权益"、"继续整顿房地产市场秩序,规范交易行为"、"今年要在全国开展整顿和规范市场秩序专项行动以及'质量和安全年'活动",其中"市场秩序"也出现了四次,而且还提到"整顿规范矿产资源开发秩序"。此外,2003年的《党的十六大报告》、2006年的《中共中央关于构建社会主义和谐社会若干重大问题的决定》以及2008年10月的《中共中央关于推进农村改革若干重大问题的决定》等近年来党和国家的重要文件,都提到整顿和规范市场秩序的问题。为此,商务部还下设了市场秩序司,专门领导和协调有关市场秩序的工作。由此可见,市场秩序问题已经成了当前经济社会发展的一个重大问题,是我们贯彻和落实科学发展观以及构建社会主义和谐社会必须认真面对的现实问题。

二、市场秩序研究的历史与现状概述

正因为市场秩序是一个如此重大的现实问题,所以自20世纪90年代我国明确建立社会主义市场经济体制目标模式以来,市场秩序也日益成为理论界研究的热点。就目前来看,国内已经发表了大量的有关市场秩序的研究论文。除此之外,还出版了许多专著,其中有代表性的包括王蓓根的《市场秩序论》(1997)、袁礼斌的《市场秩序论》(1999)、郭冬乐和宋则的《通向公平竞争之路——中国转轨期间市场秩序研究》(2001)、纪宝成主编的《转型条件下的市场秩序研究》(2003)、刘根荣的《市场秩序理论研究》(2005)、徐向艺的《政府干预与市场经济秩序》(2005)、刘建华的《中国市场新秩序》(2006)、洪银兴的《市场秩序和规范》(2007)等。

同时，市场秩序的问题一直都是西方主流经济学、法学和伦理学等研究的重要问题。自魁奈、亚当·斯密到马歇尔，直到今天最前沿的新制度经济学和信息经济学等，市场秩序从来就是西方经济学研究的重要内容。尤其是魁奈、亚当·斯密、米塞斯、哈耶克、布坎南、科斯、诺斯、威廉姆森、斯蒂格利茨、青木昌彦等著名经济学家的著作，更是对市场秩序做了详细而深入的研究。随着美国次贷危机引起的金融危机日益深化和扩散，可以预见，国外对市场秩序的研究将更加白热化。

综观国内外对市场秩序的研究，相比之下，国内对市场秩序的研究，主要是围绕市场秩序的具体问题，如诚信问题、法治问题、规则和制度问题或政府干预问题等展开的，或是从具体学科，如经济学、伦理学、法学、管理学等方面着手进行的。尽管有些研究也涉及一般性的理论层面，但远不如国外的研究那样具有全面性、综合性、原创性。自魁奈以来，国外对市场秩序的研究，已经有几百年的历史。因此，无论是在具体的问题、具体的学科方面，还是在一般性的理论层面，特别是在哲学层面，国外对市场秩序的研究都已经相当成熟，形成了一整套以自由主义为核心的理论体系。特别值得注意的是，西方的所有研究都是以自由主义哲学为核心的，尽管自由主义哲学的含义在不同历史时期有所不同。例如，哈耶克就是现代新自由主义的旗手，他对市场秩序的所有论证都是以自由主义哲学为核心的。与之相比，国内对市场秩序的研究，虽然也从道德伦理等维度对我国的市场秩序做过广泛的探讨，但尚未形成自己的独特的哲学范式。此外，虽然国内的这些研究在具体问题或具体学科的理论层面已经取得了许多创新和突破，但是在整体性的哲学层面，目前的创新并不多见。在此情况下，当我国对市场秩序的研究涉及深层次的问题时，就很难摆脱西方市场秩序理论，特别是比较成熟的新自由主义理论的研究范式，从而使理论研究脱离现实，难以对发展和完善我国社会主义市场经济提供整体性的指导。这是因为，虽然新自由主义的市场秩序理论比较成熟，对我们具有较强的借鉴意义，但是由于该理论所依据的哲学基础的非科学性，因而该理论在实践中必然会引发许多社会问题，从而实际上并不能形成和谐稳定的市场秩序。对此，2008年的金融危机就是最好的证明。

从另一方面看，在思想领域，针对我国市场秩序的问题和国外新自由主义的局限性及其对我国乃至全球的影响，近几年逐渐形成了一股批判新自由主义的浪潮，有关这方面的论文和专著可谓汗牛充栋。但是，这种批判，尽管其理论意义和现实意义都非常积极可观，却往往又矫枉过正，有时甚至走向了极端，也不利于对我国市场经济的发展和完善提供整体性指导。例如，某些学者在批判新自由主义的同时，却对我国改革开放和经济、政治体制的转型提出了质疑，在主张"反思改革"和反对"国退民进"的同时，试图使国民经济重新国有化，甚至主张以某种方式间接地恢复到旧的计划经济体制时代。有的学者片面夸大马克思主义阶级斗争学说的理论意义，错误地将其用于分析我国的经济、社会现实，提出了一些不利于我国社会主义和谐社会构建的意见和主张。

总之，我国对市场秩序的研究不仅需要研究具体问题，需要各门具体学科的积极参与，而且还需要科学的哲学关怀。

三、本书对市场秩序含义的界定

站在哲学的高度审视市场秩序理论，首先就必须对市场秩序的相关基本概念进行辨析。因为，任何理论都是由基本概念组成的，确定基本概念的含义是深入探讨该理论的前提。对于市场秩序来说，首先必须明确"市场"、"秩序"、"市场秩序"等相关基本概念的含义。

（一）市场的含义

一般说来，"市场，是指各种经济关系的总和及其实现的场所"。[①] 在哈耶

---

① 丘挺，张先贤.市场经济的哲学研究 [M].北京：红旗出版社，1996：232.

克那里，他把市场称之为 Catallaxy（德语词为 Catallaxis，相当于希腊语的 Katallatein），即交换过程（有人译为"通功易事"，"它意味着相互交易并因此而化敌为友"①）。由此可见，在本质上，市场是一种人与人之间在特定时空下实现商品、劳务和要素等交换的关系，属于生产关系的范畴。它由时空条件和交换关系两大要素组成。不过，随着科学技术的不断进步，市场所体现的交换关系变得既可以是有形的，也可以是无形的，而且无形交换关系呈日益扩大之势，因此市场的时空条件变得越来越不重要。例如，网络中的虚拟交易就是典型的无形交换关系，在这里，时空条件有时可以忽略不计。因此，现代社会对于市场的认识，越来越侧重于其交换关系的属性，特别是其中的制度性。例如，"在康芒斯那里，市场不只是用来分析价格机制的概念，而是发挥着使制度结构或者权力结构得以形成和运行这样的功能。当发生利益冲突时，政府通过市场的法律权利功能，寻求改善资本主义的基础"②。又如，"这里我们把市场定义为一套社会制度，其中大量的特种商品的交换有规律地发生，并在某种程度上是受到那些制度的促成和构成。简而言之，市场就是组织化、制度化的交换"③。所以，有的教科书干脆把市场定义为一种制度安排："从本质上讲，市场是物品买卖双方相互作用并得以决定其交易价格和交易数量的一种组织形式或制度安排"④。

作为一种交换关系或制度安排，市场具有鲜明的特点：①市场交换以承认主体利益为前提。市场交换是社会分工发展的结果，是私有财产出现后形成的历史现象，所以市场交换天然地以主体利益为前提。不论这个主体是自然人，还是某一法人，只有在他们具有自我利益的前提下，他们才会进行市

---

① [德] 柯武刚，史漫飞.制度经济学：社会秩序与公共政策 [M].胡朝华译.北京：商务印书馆，2000：278.
② [美] 约翰·R.康芒斯.资本主义的法律基础 [M].寿勉成译.北京：商务印书馆，2003：4.
③ [美] G.M.霍奇逊.现代制度主义经济学宣言 [M].向以斌等译.北京：北京大学出版社，1993：208.
④ 高鸿业.西方经济学（微观部分）（第3版）[M].北京：中国人民大学出版社，2004：183.

场交换。在此意义上,"市场是实现私人利益最大化的平台",①或者说,"市场是一个人们彼此相互作用、不管他们是谁都一样追逐自己目标的制度过程"。②②市场交换的实质是产权交换。"产权(Property Rights)即财产权利,是人们对一定经济物品所拥有的一组内容广泛的、由政府或法律规定的、可以与他人交换的权利",③"产权的内容很丰富,包括了各种各样的或大或小的权利,但从根本的关系上归纳和分类,它包括狭义所有权、占有权、支配权、使用权,即人们通称的'四权'"。④"在马克思看来,产权本质上是一种法权关系,是生产关系的法律表现。"⑤市场中交换各方的利益虽然是以商品和劳务等有形和无形的"物"为载体,但实质上反映的是"物"背后的人与人之间的产权关系,所以,"市场是想购买的人和想出售的人碰头的地方,他们在交换其他产权中售出或购进产权。"⑥③市场交换隐含着内在的矛盾和冲突。由于市场中有不同的利益主体,各个主体都有不同的利益诉求,因而交换本身就是一个矛盾,而交换实现的过程就是矛盾的解决过程。但是在市场中,并不是所有的交换都能顺利地实现或公平地解决,也不是所有的市场主体都能自觉地遵守法律规则,所以市场不可避免地具有内在冲突,由此就引出了对市场秩序的诉求。

(二) 秩序的含义

正如哈耶克所言,"秩序(Order),就像它的近义词'系统'、'结构'和'模式'一样,是一个难以把握的概念"。⑦就目前来看,秩序的概念就有多

---

① 洪银兴.市场秩序和规范 [M].上海:上海三联书店,上海人民出版社,2007:76.
② [美] 詹姆斯·M. 布坎南.自由、市场与国家——80年代的政治经济学 [M].平新乔,莫扶民译,上海:上海三联书店,1989:126.
③ 董德刚等.经济哲学 [M].北京:中共中央学校出版社,2003:98.
④ 袁庆明.新制度经济学 [M].北京:中国发展出版社,2005:103.
⑤ 程恩富,胡乐明.新制度经济学 [M].北京:经济日报出版社,2004:237.
⑥ [德] 柯武刚,史漫飞.制度经济学:社会秩序与公共政策 [M].胡朝华译.北京:商务印书馆,2000:277.
⑦ [英] 哈耶克.致命的自负——社会主义的谬误 [M].冯克利等译.北京:中国社会出版社,2000:12.

种。结合杨晓猛的总结①及其他各家观点，这些概念主要可概括为四种彼此之间既相似但又存在一定差异的观点：一是行为状态论。这种观点认为，秩序是社会个人在遵守规则的情况下所表现的行为状态，强调行为的可预见性和组成要素之间的互动性，其代表人物如哈耶克等。二是制度存在状态论。这种观点认为，秩序是各种规则的逻辑体系，是制度安排所表现的有序状态，其代表人物如康芒斯和国内学者韦森等。康芒斯把秩序称之为"集体行动的运行规则"，②而韦森则把"Institutions"（一般译为"制度"）翻译为"制序"，以便强调制度对形成秩序的重要性。三是系统整合论。这种观点强调秩序的系统性，认为"秩序是系统运行所出现的一种有规律、可预见、和谐稳定的状态"，③是系统各要素相互作用的结果，其代表人物如纪宝成等。四是主体预期论。杨小猛就持有这种观点，她认为，"秩序是主体之间在理性预期基础上形成的'共识'性行动状态"。④与之相似的观点还包括，"秩序是指符合可识别模式的重复事件或行为。它使人们相信，他们可以依赖的未来行为模式完全能被合理地预见到"。⑤

与秩序概念的这些观点相关，秩序也有不同的分类，其中最根本的分类可归结为三种。①从认识上分为主观秩序和客观秩序。例如，在哈耶克看来，秩序可以分为两类：一类是主观秩序；另一类是客观秩序。所谓主观秩序，也就是观念秩序或哈耶克所谓的感觉秩序（Sensory Order），它是内在于人的头脑中的一种观念状态，是人的感觉从不同方面对客观事物加以排列和划分的精神活动结果，正如科学对感性世界的重新排列向我们所表明的情况那样。主观秩序是一种无形的、不可观察的秩序。所谓客观秩序，指的是人们设想客体或事件在一定时间内所具有的或人们赋予它的一定的物质格局（Physical

---

① 杨小猛. 经济秩序的制度理性 [M]. 北京：经济科学出版社，2007：5-6.
② [美] 康芒斯. 制度经济学（上册）[M]. 于树生译. 北京：商务印书馆，1962：13.
③ 纪宝成. 转型经济条件下的市场秩序研究 [M]. 北京：中国人民大学出版社，2003：13-14.
④ 杨小猛. 经济秩序的制度理性 [M]. 北京：经济科学出版社，2007：6.
⑤ [德] 柯武刚，史漫飞. 制度经济学：社会秩序与公共政策 [M]. 胡朝华译. 北京：商务印书馆，2000：182.

Arrangement），即一种客观的有规则的（Regular）状态。客观秩序既存在于自然中，也存在于社会中，一般都是有形的、可以观察的秩序。对人的社会生活来说，客观秩序中，最重要的是人的行为秩序，即人的有规则的行为状态，而且人的主观秩序也只有转化为人的语言和行为，才可以观察，也才具有社会意义。②从价值上分为现实秩序与理想秩序。在弗莱堡学派的创始人瓦尔特·欧肯看来，秩序也可分为两种："其一为'经济秩序'（Wirtschaftsordnung），是指历史上各种个别的、不断变化的、具体的、现实存在的事实秩序，是人们事实上生活于其中的可能不令人满意的各种秩序；其二为'经济的秩序'（Ordnung der Wirtschaft），亦即'奥尔多秩序'（Ordo），是'合乎人和事物本质的秩序。它是一种其中存在着度和均衡的秩序'。对于欧肯而言，'奥尔多秩序'也是'有运行能力的、合乎人的尊严的、持久的秩序'，是一种有用的、公平的秩序。它也是一种规范性的秩序，值得人们去争取"。① 可见，欧肯所说的两种秩序其实就是现实秩序和理想秩序，不过，他更强调理想秩序，他把其称之为"奥尔多秩序"。③从来源上分为自然秩序与人为秩序。这是一种最常见的分类方法。秩序的这种分类始于重农学派的代表人物魁奈，他把有利于当时具有资本主义性质的农业经济的自由发展的秩序称为自然秩序，以此反对封建统治者对农业经济的干预，他把后者称之为人为秩序。魁奈的这一分类在哈耶克那里重新得到强调，不过，他把自然秩序称为自发秩序（Spontaneous Order），把人为秩序称为建构秩序或计划秩序等，其内涵与魁奈的两类秩序的含义明显不同。在哈耶克那里，自发秩序是追求自身利益的个人在遵守法律的情况下各自自发行动产生的秩序，与之相对的建构秩序或计划秩序则是人们有意设计（Design）而形成的秩序。哈耶克的这种划分和界定得到了当代新制度经济学的普遍认同："人类的行为，在本质上，可以用两种方式来规范：直接凭借外部权威，它靠指示和指令来计划和建立秩序以实现

---

① ［德］何梦笔.秩序自由主义：德国秩序政策论集［M］.董靖等译，北京：中国社会科学出版社，2002：2-3.

一个共同目标（组织秩序或计划秩序）；间接地以自发自愿的方式进行，因各种主体都服从共同承认的制度（自发秩序或非计划秩序）"。①

综合以上秩序概念的各种观点和分类，本书认为，人类社会生活的秩序从哲学上可界定为人的社会生活的合理化和制度化，是人们的一种合规则地求价值的有序活动状态。这一界定包括相互联系的两个方面：

1. 社会秩序是人的社会生活的合理化和制度化。这包括两个方面，①社会秩序是人的社会生活的合理化。马克思说，"一个种的整体特性、种的类特性就在于生命活动的性质，而自由的有意识的活动恰恰就是人的类特性"，并且，"有意识的生命活动把人同动物的生命活动直接区别开来。正是由于这一点，人才是类存在物"。②与存在于人类社会之外的自然秩序不同，社会秩序最终是人们实践活动的产物，是在人们有意识地认识和改造主观世界和客观世界的过程中形成的，所以社会秩序本身就是人的社会生活的合理化。②社会秩序是人的社会生活的制度化。人的社会生活的合理化同时也就是人的社会生活的制度化，制度化是合理化的具体体现，同时又促使社会生活形成新的合理化。制度化通常也被称为规则化或规范化。在新制度经济学看来，制度（Institutions）包括正式制度和非正式制度。正式制度指的是法律法规、政策指令、规章条例等，它一般是成文的且具有强制性。非正式制度指的是风俗习惯、礼仪礼节、社会观念和道德伦理等，它不一定是成文的，一般没有强制性。具体来说，社会秩序之所以是人的社会生活的制度化，是因为一方面，"个体是社会存在物"，③"人的本质不是单个人所固有的抽象物。在其现实性上，它是一切社会关系的总和"。④另一方面，每个人都有不同的需要并因此产生不同的利益诉求。所以，人与人之间就不可避免地会产生矛盾和冲突，而如果任由矛盾和冲突自发生长，那么就很可能出现霍布斯所描述的那种丛

---

① ［德］柯武刚，史漫飞.制度经济学：社会秩序与公共政策［M］.胡朝华译.北京：商务印书馆，2000：171.
② 马克思.1844年经济学哲学手稿［M］.北京：人民出版社，2000：57.
③ 马克思.1844年经济学哲学手稿［M］.北京：人民出版社，2000：84.
④ 马克思恩格斯选集（第1卷）［M］.北京：人民出版社，1995：60.

林状态，即人类像狼群一样相互争斗，弱肉强食，其结果将最终威胁到每个人的社会存在。因此，为了维护人的社会存在，人类就必须制定规范，使个人的利益诉求合理化，并对不合理的诉求进行约束和惩罚，由此就形成了人类社会秩序。正是在此意义上，与自然秩序不同，"人类社会秩序则是人与人之间关系的制度化和规范化"。①

2. 社会秩序是人们的一种合规则地求价值的有序活动状态。这包括三个方面。①社会秩序是人们遵守制度或规则的结果。"秩序是一种社会状态，是制度形态和结果形态的结合"。②虽然人类社会的秩序必须以人类社会生活的合理化和制度化为前提，但是现实中既有得到大多数人遵守、实际发生作用的制度，也有形同虚设、徒有其名的制度，如果合理化和制度化仅仅只是一种形式，那么就不一定能形成秩序，秩序还有赖于人们对于制度的遵从。在一个人人都不遵守制度的社会，不可能存在任何秩序。所以有的学者认为，"概括各个方面的规定，可以将秩序规定为某种规范、规则和相应的遵从"，③社会秩序就是人们遵守制度的一种结果状态。②社会秩序体现着人们对价值的追求。马克思说："动物只是按照它所属的那个种的尺度和需要来构造，而人却懂得按照任何一个种的尺度来进行生产，并且懂得处处都把内在的尺度运用于对象；因此，人也按照美的规律来构造。"④人的社会生活是合规律性和合价值性的统一，所以人类生活的秩序不仅是合规则的，而且体现着人们对价值的追求。具体而言，首先，社会秩序体现着人们对自身利益的追求。"利益关系是人与人之间最基本的关系，人们判断一种秩序是否合理的重要标准在于：该秩序下的利益格局是否合意。"⑤事实上，社会秩序就是人与人之间利益博弈的结果，是在利益博弈的过程中所产生的一种均衡状态。其次，社会秩序体现着人们的伦理道德诉求。由于参与利益博弈的力量不同，因而一

---

① 徐向艺. 政府干预与市场经济秩序 [M]. 济南：山东人民出版社，2005：19.
② 张守文. 经济法概论 [M]. 北京：北京大学出版社，2005：349.
③ 洪银兴. 市场秩序和规范 [M]. 上海：上海三联书店，上海人民出版社，2007：5-6.
④ 马克思. 1844 年经济学哲学手稿 [M]. 北京：人民出版社，2000：58.
⑤ 刘根荣. 市场秩序理论研究 [M]. 厦门：厦门大学出版社，2005：14.

定时期的社会秩序并非对所有人都是公平合理的，而往往是有利于一部分人而不利于甚至有害于其他人，对某些人来说是好的秩序，对其他人而言可能是坏的秩序。此外，人与人之间的社会关系除了利益关系以外，还包括人情、友谊、权利、义务等其他关系，这些关系蕴含着特定社会的伦理标准和道德理想。因此，人们社会生活的合理化不仅包括认识层面的合理化，同时也包括价值层面的合理化，合理化制度化的过程既是利益博弈的过程，也是世界观价值观博弈的过程。正是在此意义上，新制度经济学把风俗习惯、社会观念、伦理道德等称为非正式制度，把它们看做是与法律法规等正式制度同等重要的内容，而有些经济学家如哈耶克等甚至把它们视为形成秩序的主要内容。③社会秩序是人们的一种有序活动状态。马克思说："每一个社会中的生产关系都形成一个统一的整体。"① 社会秩序就是人与人之间的关系形成的一个统一的整体，它所呈现的是一种整体状态。单个个体对制度的遵从不构成秩序，只有受制度约束的整个共同体都遵守制度，才构成秩序。比如，交通秩序，如果只有司机遵守规章制度，行人不遵守规章制度，那么，就不会有秩序；如果只有部分司机或部分行人遵守规章制度，那么也不会形成秩序。因此，作为一个整体，社会秩序是人们的一种有序活动状态。

3. 社会秩序两方面内涵的相互关系。①两者互为前提。社会生活的合理化和制度化是形成人们合规则地求价值的有序活动状态的前提，反之亦然。就是说，对规则或制度的遵从必须以规则或制度的存在为前提，对价值的追求必须以对现有的规则或制度的价值评价为前提；反之，制度或规则只有得到人们的切实遵守才会形成社会秩序，而社会生活的合理化和制度化也总是在一定的价值观指导下进行的。②两者各有侧重，但互为一体。"社会生活的合理化和制度化"侧重的是社会秩序的人为性、主观性、宏观性、现实性、变化性，"人们合规则地求价值的有序活动状态"侧重的是社会秩序的自发性、客观性、微观性、理想性、稳定性。在这里，人为性和主观性主要指合

---

① 马克思恩格斯选集（第1卷）[M].北京：人民出版社，1995：142.

理化和制度化所体现的社会目的性。人们社会生活的合理化、制度化，总是为特定社会目的服务的。例如，封建社会下，社会生活的合理化和制度化的主要目的之一是为了更好地维护封建统治集团的统治，实现其利益；计划经济社会生活的合理化制度化的主要目的之一是为了促进社会公平；市场经济社会生活的合理化和制度化的主要目的之一是为了最大限度地实现个人利益；如此等等。自发性和客观性主要指社会总体意义上个人行为的盲目性和偶然性及其结果。社会秩序作为一定制度规范下人的行为状态，是在众人"合力"作用下形成的，是一种不以个人意志为转移的客观状态。虽然不同个人对社会生活的影响程度不同，如历史人物对社会生活的影响就远非普通个人所能比，但是作为一种结果状态，社会秩序并不是任何个人能够完全预定的。宏观性主要指社会生活的整体性，微观性则主要指个体的特定行为。社会生活的合理化和制度化既是以人们，特别是其中力量上占支配地位的利益集团对社会生活的整体认识为前提，又是众人行为所产生的一种整体状态。在此意义上，有的学者认为，"社会秩序是指在一定规则体系的基础上社会系统运行所体现出来的一种有规律、可预见、和谐稳定的状态，是社会微观主体相互作用而产生的一种稳态、和谐的宏观现象"。[①] 现实性是指合理化、制度化根源于人们的现实社会生活，受现实社会生活的限制，任何社会秩序都是有局限的，不可能十全十美。理想性是指社会活动中体现着人们的价值诉求和价值理想，任何社会秩序都内在地具有打破现有局限的要求。变化性是指随着生产力的发展和包括认识能力在内的人们素质的提高，社会秩序最终表现为一个不断合理化和制度化的变化和发展的过程。稳定性是指由于制度或规则一旦形成，就具有相对稳定性，因而人们合规则地活动的结果将是一种可预期的状态。可见，社会秩序就是人为性与自发性、主观性与客观性、宏观性与微观性、现实性与理想性、变化性与稳定性的统一。这些也可看做是社会秩序的基本特征。这样，本书对社会秩序的界定就不仅综合了目前秩序概念的

---

① 纪宝成.转型经济条件下的市场秩序研究［M］.北京：中国人民大学出版社，2003：14.

各种观点，而且也避免了过于强调一方面而忽视另一方面之不足。

（三）市场秩序的内涵

由于人们的社会生活是多种多样，丰富多彩的，因而，就有了不同的社会关系，产生了不同的秩序，使得整个社会就好像是由种种秩序交织起来的画面。但是，在人们的各种社会生活中，最基本的是经济生活，所以在各种秩序中，最基本的是经济秩序。然而，由于经济生活是由人们的生产活动、分配活动、交换活动和消费活动组成的，因而经济秩序又可以分为生产秩序、分配秩序、交换秩序和消费秩序。依据以上对市场含义的分析，可见市场秩序应当属于经济秩序中的交换秩序。但是，事实上市场秩序并不只涉及经济生活中的交换关系，因为在现实的经济活动中，生产、分配、交换和消费紧密相连，往往是"你中有我，我中有你"。现代的经济活动尤其如此。在某些经济领域，生产、分配、交换和消费已经难分彼此。所以，一般来说，市场秩序是以市场中交换关系为核心同时兼顾其他各种经济关系的一种经济秩序。在此意义上，本书把市场秩序等同于市场经济秩序。在哈耶克看来，从词源上说，"市场"和"经济"本身就是一对矛盾，因为市场表明的是一种自发的交换过程（Catallaxy），而"Economy（经济）一词既指致力于一系列统一的目标而对资源进行的精心安排的组织，如家政和企业，以及包括政府在内的任何组织，又指由许多相互联系的这类Economy所组成的结构，即我们所说的'社会经济'、'国民经济'或'世界经济'，它们常常也被简称为'经济'"。[①]也就是说，"经济"表明的是一种人为的秩序，所以在他看来，"市场"和"经济"组合在一起就具有内在矛盾，因此，他主张用"Catallactics"（交换学）来代替经济学一词，以表明市场经济秩序仅仅只是指交换关系的秩序。但是，首先，本书认为，任何社会秩序都是自发和人为的统一，所以，即使哈耶克对"市场"和"经济"的词源分析是对的，但这也不表明"市场经济"一词

[①] [英]哈耶克.经济·科学与政治——哈耶克论文演讲集[M].冯克利译.南京：江苏人民出版社，2000：380.

具有内在矛盾。在这里,哈耶克缺少的只是辩证法。其次,市场经济虽然是以交换为核心,但也并不只是一种交换过程。就哈耶克本人的研究来看,它既涉及所谓自由企业制度即生产领域的问题,又牵涉到穷人和富人之间的财富分配问题,消费者主权等消费问题,所以他的市场经济秩序本身指的就是一种综合了各种经济关系的秩序。总之,一般来说,市场秩序就是市场经济秩序。

根据以上对社会秩序含义的哲学界定,相应地,本书把市场秩序在哲学上界定为市场经济的合理化制度化和现代化,是市场主体合规则的求价值的一种有序活动状态。在这里,市场秩序的特殊性在于,它还是一个不断现代化的过程。"对'现代化'概念的含义,人们可以从经济、政治、社会和思想文化等各方面作出不同解释。一般说来,它主要是指由传统农业文明转向现代工业文明的社会变迁过程。"[①] 这一过程在西方基本上和15世纪以来资本主义的形成与发展以及经济全球化的过程同步。市场秩序之所以包含市场经济的现代化,原因在于以下两点:

1. 市场经济是现代化的产物。虽然市场交换古已有之,但是使市场交换成为一种比较普遍的社会关系,却是近代以来的事情。它在历史上是与资本主义的形成和发展及人类社会的现代化进程相伴随的。因此,马克思把市场经济看做是商品经济的发达形式,以区别于原始或比较简单的商品经济。也正因为如此,西方经济学家在经济意义上普遍地把市场经济等同于资本主义,即以生产资料私有制为基础的一种经济制度,把市场秩序等同于资本主义秩序;而把与此相对的计划经济等同于社会主义,即主张以生产资料公有制为基础的经济制度,把计划经济秩序等同于社会主义秩序。例如,熊彼特就说,"我把(中央集权的)社会主义的定义规定为:不是由私人占有和经营企业,而是由国家当局控制生产资料、决定怎样生产、生产什么以及谁该得到什么的那种社会组织。因此,说大步进入社会主义,我们所指的就是把人民经济

[①] 刘放桐. 市场经济、"市民社会"、个体主体和现代化[J]. 河北学刊,1997(1).

事务由私人领域转移到公有领域",①"社会主义社会这个概念我们指的是这样一种制度模式,在这个模式中生产手段和生产本身的控制权都授予中央当局,或者我们可以说,在这个模式中,原则上社会的经济事务属于公共范围而不是属于私人范围"。②米塞斯也说,"让我们来观察分析人类生产分工以及合作的两种不同的制度:其中一种以生产资料的私有制为基础,而另一种是以生产资料的公有制为基础。后者被称为社会主义或共产主义,前者则被称为自由主义,由于它自十九世纪以来创造了囊括世界范围的劳动分工组织,所以人们也将其称之为资本主义"。③哈耶克更是认为,"社会主义意指生产资料的公有,而且对这些生产资料'使用的目的,乃在于发挥其用途,而不在于追求利润'"。④弗里德曼也这样区分,"究竟应该从上到下还是从下到上,即中央集中计划和控制还是私有制的市场,更通俗地说,是社会主义还是资本主义"。⑤因此,对市场经济和计划经济的这种认识成了某些现代西方经济学教科书的定义。例如,"资本主义在这里被定义为一种制度系统。在这种制度系统中,生产手段基本上是作为主要私人财产被持有的。并且,在这种制度中,对财产进行自愿的私人处置是在市场中受协调的",⑥"社会主义是一种经济系统。在这种系统中,多数生产手段归集体所有,并由政治领导层或其代理人加以控制";⑦"资本主义(Kapitalismus)泛指以财产私有制和自由企业主占统治地位的、以市场经济为基础的现代经济制度",⑧"'社会主义'(Sozialis-

---

① [美] 约瑟夫·熊彼特.资本主义、社会主义与民主 [M].吴良健译.北京:商务印书馆,1999:25.
② [美] 约瑟夫·熊彼特.资本主义、社会主义与民主 [M].吴良健译.北京:商务印书馆,1999:258.
③ [奥] 路德维希·冯·米瑟斯.自由与繁荣的国度 [M].韩光明等译.北京:中国社会科学出版社,1994:61.
④ [英] 哈耶克(F. A. Hayek).自由秩序原理(下册)[M].邓正来译.北京:生活·读书·新知三联书店,1997:4.
⑤ [美] 米尔顿·弗里德曼.资本主义与自由 [M].张瑞玉译.北京:商务印书馆,2006:2.
⑥ [德] 柯武刚,史漫飞.制度经济学:社会秩序与公共政策 [M].胡朝华译.北京:商务印书馆,2000:225~226.
⑦ [德] 柯武刚,史漫飞.制度经济学:社会秩序与公共政策 [M].胡朝华译.北京:商务印书馆,2000:226.
⑧ [德] 席勒,克吕塞尔贝格.秩序理论与政治经济学:基本思想、概念与方法 [M].史世伟译.太原:山西经济出版社,2006:87.

mus）是形形色色思想和政治潮流的概念集合，尤其自 19 世纪初以来，它代表与自由主义和资本主义对立的立场，追求社会平等与公正的目标"。①

2. 市场经济的现代化必然体现在市场秩序中。一方面，市场经济具有不断现代化的趋势。市场经济的现代化最终是由社会生产力的发展决定的。生产力是人们为了满足自身需要而改造自然的一种历史实践活动。它既包括劳动资料、劳动对象和劳动者，也包括科学技术和经济管理等，其中最重要的是科学技术。西方近代以来，正是生产力特别是科学技术的进步导致了人们思想观念的变化，从而先后发生了文艺复兴运动、启蒙运动和资产阶级大革命。这些活动促成了社会关系的变更，上层建筑的重建，由此又进一步解放了生产力，扩大和深化了社会分工，从而使得市场交换跨越地界和国界，市场经济因此而成为一种世界性的经济形态。对此，马克思和恩格斯早在《共产党宣言》中就做了生动的描述。今天的市场经济，不管其交换内容，还是交换的形式，还是交换所凭借的媒介和手段，都已远非昔日可比。例如，证券交易所的股票交易已基本实现了无纸化，而原本不可想象的信息和知识，则已经成了重要的交易内容。另一方面，市场经济的合理化和制度化取决于市场经济的不断现代化。市场经济的合理化和制度化来源于现实的以市场交换为核心的经济关系，所以，随着市场交换关系的发展变化，人们对市场经济的认识，规范市场经济的各种制度等，都将发生变化。例如，市场交易向政治和家庭等社会生活领域的渗透就催生了宪政经济学和家庭经济学等新经济学，资本主义市场经济在从自由竞争向垄断竞争的转型过程中就产生了许多法律法规，如美国《谢尔曼法》（1890）、《克莱顿法》和《联邦贸易委员会法》（1914）等反垄断法。可见，现代化是市场秩序的重要内涵，市场秩序也具有不断现代化的趋势。

---

① ［德］席勒，克吕塞尔贝格. 秩序理论与政治经济学：基本思想、概念与方法 [M]. 史世伟译. 太原：山西经济出版社，2006：96.

(四) 市场秩序的构成

对于市场秩序的构成，可以从不同角度进行分析。从其组成来看，可以分为市场环境、市场主体、市场客体、市场媒介和市场规则。市场环境是指市场所在的时间和空间以及市场所处的历史文化背景。市场主体是指在市场中从事交换活动的人，它既包括自然人，也包括法人；后者包括公司、企业、中介组织、政府等。根据市场主体的不同，可以把市场秩序分为产业秩序、行业秩序、中介组织秩序等。市场客体指的是市场交换的对象和内容，包括商品、技术、土地、资本、劳动力等各种市场要素。根据市场客体的不同，人们又把市场秩序分为商品市场秩序、技术市场秩序、土地市场秩序、资本市场秩序和劳动力市场秩序等。资本市场秩序又可分为国债市场秩序、股票市场秩序和借贷市场秩序等。市场媒介指市场交换赖以进行的工具、途径和手段。例如，现代的通信业和物流业就是实现市场交换的重要手段。市场规则是市场交换各方必须遵守的行为准则，它既包括非正式的规则，如风俗习惯和伦理道德等，也包括正式的规则，如各种契约、法律法则等。

从市场交换的运行过程来看，市场秩序可以分为市场进入秩序、市场流通秩序和市场退出秩序。市场进入秩序是物流和人流进入市场时的秩序，包括各种许可、登记、注册、审批、审查、验证、检验、检疫等手续的履行。市场流通秩序通常也称为市场交易秩序，它是市场秩序的中心环节，因为市场主体进入市场的根本目的就是为了完成交易，实现各自的利益。市场退出秩序与市场进入秩序正好相反，它是物流和人流退出市场时的秩序。不过，市场的退出有多种形式。企业的重组、兼并、并购、收购、破产、清算等，都可以看做是市场退出秩序的一部分，因为这些活动对于原有企业来说，都意味着从市场退出。

从市场交换的运行机制来看，市场秩序可分为价格秩序、竞争秩序和供求秩序。价格是市场交换的晴雨表，它传递着供求的信息，调节着商品和劳务的供求，决定着物资和资源的配置。因此，价格秩序是市场秩序的基础。如果价格运行不畅，价格秩序混乱，那么市场秩序必然混乱。例如，20世纪

80年代，我国实行的计划内和计划外双重价格体制即双轨制，虽然对冲破计划经济的价格体制，实现向市场经济价格体制的过渡做了历史的贡献，但是也在客观上造成了价格秩序混乱，结果甚至成为整个市场交换陷入严重混乱的主要原因之一。竞争秩序是市场秩序的核心。充分有效和良好的竞争是形成市场秩序的关键。竞争的反面是垄断。但是，值得注意的是，市场并不天然地反对垄断。相反，垄断和竞争正如一个硬币的两面，从来都是相互依存的。垄断是市场竞争发展的必然结果，而且竞争越复杂激烈，垄断的规模和程度就越容易扩大和加强。市场经济从近代到现代的发展过程就充分证明了这一点。因为从某一地域到某一国家直到全球范围的竞争过程，同时也是垄断从地域垄断到国家范围内的垄断发展到全球性垄断的过程。反之，垄断也不完全排斥竞争，因为极少存在一家企业垄断全部市场的情形，垄断企业之间以及垄断企业与众多非垄断的中小企业之间同样存在竞争，并且常常更加激烈。因此，竞争并不一般地反对垄断，竞争反对的是特定的垄断行为。根据2007年8月30日通过的《中华人民共和国反垄断法》第三条，垄断行为包括三类：经营者达成垄断协议；经营者滥用市场支配地位；具有或者可能具有排除、限制竞争效果的经营者集中。供求秩序由供应方秩序和购买方秩序组成。在一定时期和条件下，由于买卖双方力量不对等，因而形成了买方市场秩序和卖方市场秩序。买方市场秩序是商品或劳务供过于求，买方力量占上风时的市场秩序。我国自20世纪90年代中期就转入了买方市场秩序，由此拉开了我国商品普遍过剩时代的序幕。买方市场秩序的典型表现是经济萧条乃至危机时的景况。这时，市场疲软，产品大量过剩和积压，消费者占有绝对的主导地位。卖方市场秩序是商品供不应求，卖方力量占主导时的秩序。我国计划经济时代和改革开放初期的短缺状况，就是一种典型的卖方市场秩序。

可见，市场秩序本身也是由各种要素组成的一个复杂的系统。在此意义上，人们有时又把市场秩序称为市场体系或市场制度（体系和制度的英文单词都可以是"System"）。不过，严格说来，市场秩序并不等于市场体系。因为市场体系主要是对市场的结构性分析，它反映的是市场的构成状况。相比之下，市场秩序更侧重于强调市场经济的制度性以及各种制度安排下市场主体的活动状态及其意义。如果说市场体系是整体上把市场经济作为一个客体来分析的，那么市场秩序是以市场主体为向度的。但是，市场秩序对制度的强调并不等于市场秩序就等同于市场制度。在汉语中，"市场制度"既可以指市场经济中的具体风俗习惯和法律法则等，也可指特定时期作为一个整体的市场经济形态或市场经济体制。在前一种意义上，它只是市场秩序的一个构成部分。在后一种意义上，它是市场秩序的前提，但并不等于市场秩序。就是说，市场秩序虽然要以市场经济这种经济形态或经济体制的存在为前提，但是，市场经济本身并不就是市场秩序。

四、本书研究市场秩序基础理论的方法

随着市场经济的发展变化，人们对市场秩序的认识也是发展变化的，由此产生了各种有关市场秩序的理论，这些理论在市场经济实践中又成了推动市场秩序进一步发展的根据。因此，对市场秩序的研究不仅需要研究市场秩序的具体问题，而且需要研究市场秩序的各种理论。

（一）市场秩序基础理论的界定

本书认为，市场秩序理论可分为基础理论和应用理论。所谓市场秩序的基础理论，是指通过对市场秩序的前提、根据及其发展规律等的研究所形成的理论，它是对市场秩序的哲学回答。根据本书对市场秩序的界定，市场秩序的基础理论应当主要包括市场经济的合理化、制度化、现代化和价值性等方面的理论，因为市场经济是否合理、市场经济采用什么样的秩序模式、市场经济怎样适应生产力的现代化、市场经济具有怎样的价值和价值合理性等问题，涉及市场秩序为何存在、怎样存在、存在有什么意义等根本问题。所谓市场秩序的应用理论，是指在市场秩序基础理论的指导下，通过对市场机制和市场经济中各种问题的具体分析和实证研究所形成的与形塑良好的市场秩序直接相关的观点和结论。例如，关于具体如何界定和实施产权，如何建立有序的价格、供求、竞争等市场机制，如何建立和健全各项法律法规，如

何有效地建立诚信和信用制度,如何规范中介组织和市场主体的行为,如何处理政府与市场的关系等方面的理论,都可归为市场秩序的应用理论。市场秩序的基础理论是应用理论的前提和根据,应用理论是基础理论的深化和具体化,并且随着市场秩序的发展,应用理论一旦成为具有普遍性和根本性的理论,就可以转化为基础理论。针对上述国内市场秩序的理论问题,本书将重点考察市场秩序的基础理论,本书所述的市场秩序理论也主要指市场秩序基础理论。为此,本书将在探讨西方秩序理论的思想渊源以后,围绕"市场经济的合理化"、"市场经济的制度化"、"市场经济的现代化"和"市场经济的价值性"及其相互关系来考察各种市场秩序基础理论。但是,鉴于市场秩序基础理论与应用理论的相互关系,并且市场秩序的基础理论只有落实到实践中才有意义,本书也将适当探讨如何从整体上形塑我国社会主义市场秩序。

(二) 市场秩序基础理论的现有范式

对市场秩序基础理论进行考察首先就需要正确的考察方法。就目前来看,关于市场秩序基础理论的研究范式,国内外主要有五种观点。第一种是以哈耶克为代表的观点。哈耶克从认识论的角度把西方的理性主义分为以英、美为代表的进化论理性主义和以德、法为代表的建构论理性主义。他认为,在这两种理性传统的影响下,分别形成了自发秩序和人为秩序。他站在进化论理性主义的立场,认为市场秩序本质上是一种自发秩序。它是渐进演化,逐渐扩展的。在他看来,市场秩序与计划秩序是势不两立的,因此他反对一切国家计划,包括国家干预、计划经济、福利国家等。哈耶克的这种研究范式可称为自发秩序和人为秩序的二元论。

第二种是弗莱堡学派的观点。前已述及,德国弗莱堡学派的代表人物欧肯把秩序分为理想秩序和现实秩序。欧肯的这种分类方法来源于马克斯·韦伯的"理想类型"(Ideal Type)分析方法。马克斯·韦伯认为,在分析某一时代的社会现象时,可以从这些社会现象的经验材料中综合、概括和抽象出一种模式,以便用它作为分析经验事实的方法。例如,"经济人"(希腊语: homo oeconomicus)、教派、科层制等,都属于理想类型。在此意义上,"奥尔多秩序"（Ordo）就是弗莱堡学派的理想类型。在欧肯看来，市场秩序的"理想类型"应当是完全竞争、公平自由的秩序，应当用理想秩序观照现实秩序，通过制定秩序政策，使现实秩序不断趋向于理想秩序。弗莱堡学派的这种研究范式不妨称之为理想主义的观点。

第三种是以王根蓓为代表的观点。王根蓓将市场秩序基础理论分为以斯密为代表的以社会—政治—法律为既定的前提，从纯经济世界研究市场秩序发生机制的分析范式；以马克思、康芒斯、布坎南为代表的经济—社会分析范式。在此基础上，他提出了社会—经济—自然分析范式。[①] 通过这一范式，他主张对市场秩序的研究既要研究其中人与人的利益关系，也要研究人与物的利益关系；既要考察其中的经济关系，也要综合考虑与之相关的政治关系、法律关系、伦理道德关系等。总之，市场秩序的研究应当是一种综合性的系统性的研究。

第四种是以纪宝成为代表的观点。在《转型经济条件下的市场秩序研究》（2003）一书中，纪宝成把西方的市场秩序思想概括为新古典自发演进观、理性建构观和立宪自发演进观，并提出了自己的市场秩序观，即"构建—演进和谐论"。在这里，他认为，市场秩序既不是纯粹自身演化的产物，也不完全是国家或其他社会主体理性构建的产物，也不是布坎南式的宪法层次的构建加自发演进的产物，而是相应的制度构建与市场演进相结合的产物。但是他认为，转型时期我国的市场秩序应当以构建为主。

第五种是以洪银兴为代表的观点。这种观点把市场秩序基础理论分为竞争范式和制度范式。他认为，"从市场经济理论演化分析中可知，不同的理论范式对市场规则有不同的要求。竞争范式要求市场规则以竞争为中心。……制度范式则是要求通过制度安排对竞争行为进行规范和约束，保证契约的执行，同时降低市场交易的成本"。[②] 通过这种区分，他主张，应当从规范竞争和

[①] 王根蓓.市场新秩序论［M］.上海：上海财经大学出版社，1997：58-68.
[②] 洪银兴.市场秩序和规范［M］.上海：上海三联书店，上海人民出版社，2007：167.

健全制度着手完善我国市场经济秩序。

综观以上的各种观点，可见它们都有一定的合理性，为我们认识市场秩序提供了不同的理论视角和方法。但是，它们采用的大都不是哲学分析方法，而且这些分析也有不足之处。第一种观点虽然是从哲学上进行分析的，但过于极端。第二种观点是社会学的分析方法，但不能反映市场秩序的历史变化。第三种观点是系统分析方法，但是其论述是否周到，还有待探讨。例如，王根蓓认为，斯密是从纯经济的角度研究市场秩序的，这一看法似乎不大准确。第四种观点则基本上是哈耶克观点的重复和综合。第五种观点用于指导实践有很强的现实性，但作为对市场秩序的理论分析，似乎过于简单。因为竞争和制度从来都是市场秩序的构成要素，不存在只有竞争或只有制度的市场秩序。

然而，既然以上各种研究方法都有不足之处，那么，对市场秩序基础理论进行哲学考察，应当坚持什么样的考察方法呢？

（三）市场秩序基础理论的考察方法

恩格斯在《反杜林论》中说，"政治经济学本质上是一门历史的科学"。[①] 因此，对市场秩序基础理论的考察，首先，必须坚持历史的方法，用历史发展的眼光进行审视。但是，马克思主义的历史方法不同于德国历史学派单纯地收集整理材料、从历史经验中归纳观点的方法，也不同于马克斯·韦伯从历史现象中抽象出"理想类型"，然后静止孤立地用之分析社会现象的方法。马克思的历史方法是逻辑与历史相统一的方法。马克思说："历史从哪里开始，思想进程也应当从哪里开始，而思想进程的进一步发展不过是历史过程在抽象的、理论上前后一贯的形式上的反映；这种反映是经过修正的，然而是按照现实的历史过程本身的规律修正的，这时，每一个要素可以在它完全成熟而具有典型性的发展点上加以考察。"[②] 具体说来，一方面，坚持马克思主义逻辑与历史相统一的方法，最重要的是坚持唯物史观，即坚持从人们的社会存

---

① 马克思恩格斯选集（第3卷）[M]. 北京：人民出版社，1995：489.
② 马克思恩格斯选集（第2卷）[M]. 北京：人民出版社，1995：43.

在去说明人们的社会意识,坚持从生产力和生产关系、经济基础与上层建筑的矛盾运动中去说明市场秩序理论的演变。唯其如此,理论的演变才能真正做到与历史的发展相统一。另一方面,坚持马克思主义逻辑与历史相统一的方法,并不等于逻辑对历史过程的反映亦步亦趋,逻辑对历史的反映应当有相对独立性和灵活性。

其次,必须坚持唯物辩证法。马克思说:"辩证法在对现存事物的肯定的理解中同时包含对现存事物的否定的理解,即对现存事物的必然灭亡的理解;辩证法对每一种既成的形式都是从不断的运动中,因而也是从它的暂时性方面去理解;辩证法不崇拜任何东西,按其本质来说,它是批判的和革命的。"① 根据马克思的这一论述,对市场秩序基础理论的考察,就不仅需要研究其量的变化,而且要区别其质的不同。前已述及,市场经济在历史上是与资本主义紧密联系在一起的,所以西方经济学家大都把市场秩序等同于资本主义秩序,而把计划秩序等同于社会主义秩序。因此,他们对市场秩序的论述本身就带有为资本主义做辩护、为了使资本主义更好地生存和发展的目的。有鉴于此,对西方市场秩序理论的考察就必须具有批判的眼光。但是,西方经济学家对资本主义的这种辩护往往也只是间接的、最终意义上的,并不能由此否定其中许多理论对发展市场经济的一般意义。而且,现代的资本主义与社会主义除了对立的一面以外,两者之间的相同、相似和相通之处越来越多,所以,不能因为批判而走向片面否定。

最后,必须借鉴和利用现有的观点和方法。恩格斯说:"如果不把唯物主义方法当作研究历史的指南,而把它当作现成的公式,按照它来剪裁各种历史事实,那么它就会转变为自己的对立物。"② 现有的观点和方法大都是在掌握丰富的材料、进行扎实研究的基础上形成的,因此,它们理应成为对市场秩序基础理论进行哲学考察时借鉴和利用的对象。只有这样,唯物主义才不会

---

① 马克思恩格斯选集(第2卷)[M]. 北京:人民出版社,1995:112.
② 马克思恩格斯选集(第4卷)[M]. 北京:人民出版社,1995:688.

成为自己的对立物。

根据以上这些标准，本书认为，历史地看，市场秩序基础理论可分为"神圣力学范式"、"知识进化范式"和"社会发展范式"三种类型。

（四）市场秩序基础理论的新的范式

1. 范式的含义

范式（Paradigm）是现代科学哲学家托马斯·萨谬尔·库恩提出并在《科学革命的结构》（1962）中系统阐述的。不过，范式的具体含义比较模糊。据英国学者玛格丽特·玛斯特曼的考察，在该书中库恩范式的含义就多达 21 种。由于范式含义的含糊性以及各种其他批评，因而，库恩后来主张用"学科基质"（Disciplinary Matrix）取代范式，但是，范式一词仍然流行开来，广泛应用于各种理论分析。一般来说，尽管范式具有各种含义，但是范式在哲学上主要指某一科学共同体所共同具有的信念和价值等。这些共同的信念和价值决定了该共同体的基本观点、基本理论和基本方法以及解决问题的基本途径。

库恩同时认为，科学的发展是一个从形成新范式到变更旧范式的动态发展过程。他把这一过程分为四个时期：前科学（无范式前的科学研究）时期，常规科学（范式形成）时期，科学革命（范式变换）时期，新的常规科学（建立新范式）时期。他认为，第一个时期是同一学科的各种理论相互争辩和竞争的时期，第二个时期是该学科某些理论达成共识形成范式的时期，第三个时期是由于出现新的理论或面临新的挑战，已经形成的范式出现危机并逐步瓦解的时期，最后一个时期是该学科新出现的理论又达成共识形成新的范式的时期。

可见，从马克思主义哲学的角度来看，库恩范式的哲学含义大体上指的是科学研究中的共同的世界观或价值观，而他的科学发展过程说明的是科学的发展是一个从量变到质变的过程。因此，库恩的范式理论具有相当的合理性，用其进行理论分析也符合以上所述的方法要求。正是基于这些理由，本书把市场秩序基础理论分为"神圣力学范式"、"知识进化范式"和"社会发展范式"三种类型。

2. 新范式的含义

神圣力学范式的市场秩序理论指的是以亚当·斯密为代表的市场秩序理论。它的核心是自然秩序思想。这一思想的简单表述就是，通过市场机制这一"看不见的手"的作用，市场经济能够自动实现均衡，达到一种和谐有序的状态。因此，政府除了为市场经济的运行提供保障和服务以外，应当尽可能少地干预市场经济的具体活动，政府的角色只是充当市场经济的"守夜人"。这种理论通常也被称为自由放任（Laissez Faire）的学说。不过，值得注意的是，这种意义上的自由放任并不等于无政府主义，而不如说是一种"小政府主义"。斯密的这种自由放任学说在资本主义市场经济自由竞争的时代，成了以古典经济学和新古典经济学为代表的西方主流经济学的核心教条。虽然在此期间，在西方经济学家内部，相互之间许多观点并不一致，有时甚至产生了激烈的争论，如李嘉图与马尔萨斯的争论等，而且其间还经历了边际革命和马歇尔的新古典综合等重大经济理论变革，但是，斯密的自由放任学说，却是大多数经济学家的共同信念和价值观。斯密的这种学说之所以称为"神圣力学范式"，是因为在哲学上，它带有中世纪时代遗留下的神学色彩，同时又深受牛顿力学宇宙观的影响。因此，这种范式往往把自由竞争和自由贸易神话化，认为它是适应一切时代和一切国家的绝对真理，是实现一个国家富裕的"不二法门"。为此，以门格尔为代表的奥地利学派还与否定这一学说绝对性的德国历史学派展开了长期的争论。从另一方面来看，斯密的"看不见的手"的比喻又带有牛顿的力学色彩。"牛顿用明晰而精确的语言与公式来表达万有引力——宇宙秩序运行性状、发生机理，斯密是用隐喻的方式来阐明市场秩序的缔造者——'看不见的手'的运行功能与状态的。"[①] 而且，为了论证"看不见的手"的运行，斯密还将人类社会比拟为时钟。他认为，正如时钟一经时钟师傅造好就自动运行一样，人类社会一经上帝造好，就会通过个人追求自己的利益而实现他人的利益，从而实现社会和谐有序。此后，

[①] 王根蓓. 市场新秩序论 [M]. 上海：上海财经大学出版社，1997：165.

约翰·穆勒把力学中的均衡概念引入了对市场经济的分析,而马歇尔在此基础上又提出了以均衡价格为核心的一整套分析和论证斯密理论的方法,也都具有力学色彩。

"知识进化范式"的市场秩序理论指的是以哈耶克为代表的市场秩序理论。它的核心是自发秩序思想。前面已经提到,哈耶克把社会秩序分为自发秩序和计划秩序,他认为市场秩序本质上是一种自发秩序,而与计划相对立。哈耶克之所以这样认为,是因为他认为,知识或信息是分立于每个人的头脑的,而且,正如人类文明是不断进化的一样,知识也是不断进化和演变的。这样,对于任何个人来说,要想掌握社会生活的全部知识,必然是理性不及的,因此,他对社会生活就具有不可避免的无知。在哈耶克看来,要想解决人的理性的这种无知性,只有通过价格、供求和竞争等市场机制。因为他认为,价格和供求本身就是一个有效地传递知识的机制,而竞争就是一个不断发现知识的过程。在市场经济条件下,个人虽然对社会和未来充满着不可避免的无知,但是一旦他参与市场活动,在市场机制的指引下,通过不断试错和优胜劣汰,他就可以把握市场情况,从而制定个人生活的计划等。相比之下,在国家干预或计划经济的条件下,因为制定计划的主管者也像任何其他人一样,对社会生活具有不可避免的无知,所以干预或计划必然是无效的。而为了国家干预或计划的有效性,主管者必然会借助于权力,通过建立高度集权的官僚体系来保证干预或计划的上行下达,这必然是一条通往奴役的道路。可见,"哈耶克论证自由之价值是以其知识观和文明进化观为基础的",[①]知识和进化这两个范畴是哈耶克整个理论体系的核心和前提,是哈耶克的基本信念和价值观。哈耶克的这种信念和价值观对现代西方经济学产生了深远影响。在一定意义上说,整个西方现代经济学在哲学上都是以知识和进化为前提的。一方面,由于认识到知识的这种分立性,因而现代西方经济学修正

---

① [英]哈耶克(F. A. Hayek).自由宪章[M].杨玉生,冯兴元,陈茅等译.北京:中国社会科学出版社,1999:10.

了自斯密以来形成的"经济人"假设,把全知全能的"经济人"修正成了理性有限的"经济人"。另一方面,由于认识到市场主体所面临的信息的不完全或不充分性,因而现代西方经济学修正了"神圣力学范式"的完全竞争市场假说,把市场看做是不完全竞争的或垄断与竞争并存的。在此基础上,现代西方经济学形成了各种各样的流派和理论,其中,新制度经济学和信息经济学就明显地体现了对哈耶克的继承和发展。例如,新制度经济学代表人物之一威廉姆森就说,"要理解交易成本经济学问题,最重要的是认识到,人们的行为是不确定的"。[①] 而信息经济学的代表人物之一斯蒂格利茨也认为,"不完全的昂贵的信息、不完备的资本市场、不完全的竞争,这就是市场经济的现实"。[②] 在此意义上,以哈耶克为代表的这种理论范式不妨称之为"知识进化范式"。

"社会发展范式"的市场秩序理论指的是以马克思(包括恩格斯的相关思想)为代表的市场秩序理论。马克思对资本主义制度的历史考察和对其中商品货币关系的深入研究,实际上也是对市场秩序的研究。在马克思那里,作为一种经济社会制度,资本主义基本上也是等同于市场经济,从而资本主义制度或秩序也就等同于市场秩序。不过,与前面两个范式根本不同的是,一方面,马克思坚持从以人为本的角度而不是以物为本的角度研究市场经济。因为在马克思看来,人是社会存在物,人就是国家和社会,所以"经济学所研究的不是物,而是人和人之间的关系,归根到底是阶级和阶级之间的关系;可是这些关系总是同物结合着,并且作为物出现"。[③] 也就是说,虽然对市场经济的研究离不开对资源配置问题的研究,离不开对马歇尔和萨缪尔森等定位的生产什么、如何生产、为谁生产等生产力问题的研究,但是市场经济本质上是一种以交换为核心的社会关系,所以对它的研究必须以人为核心,人才

---

① [美] 奥利弗·E.威廉姆森.资本主义经济制度:论企业签约与市场签约[M].段毅才,王伟译.北京:商务印书馆,2004:85.
② [美] 约瑟夫·E.斯蒂格利茨.社会主义向何处去——经济体制转型的理论与证据[M].周立群等译.长春:吉林人民出版社,1998:303.
③ 马克思恩格斯选集(第2卷)[M].北京:人民出版社,1995(2):44.

是市场经济的根本。马克思说："人们在生产中不仅仅影响自然界，而且也互相影响。他们只有以一定方式共同活动和相互交换其活动，才能进行生产。为了进行生产，人们相互之间便发生一定的联系和关系；只有在这些社会联系和社会关系的范围内，才会有他们对自然界的影响，才会有生产。"① 另一方面，马克思坚持从唯物史观而不是从经验主义的角度研究市场经济。"神圣力学范式"和"知识进化范式"的哲学背景基本上都是西方经验主义哲学。而在马克思看来，"日常经验只能抓住事物诱人的外观，如果根据这种经验来判断，科学的真理就总会是奇谈怪论了"，② 所以，马克思从生产力和生产关系、经济基础和上层建筑的辩证关系中来研究市场经济。在此基础上，马克思把资本主义制度或市场秩序都看做是人类社会发展中的一种历史形态，认为它由于内在的不可避免的矛盾最终将走向自我毁灭，从而产生一个新的以计划经济为特征的秩序。可见，马克思在整体上对他所处时代的市场秩序是持否定态度的，这种否定既是对市场秩序理论的否定，也是对市场秩序现实存在的否定。而他之所以能做到这种否定，是因为社会发展是他的基本信念和价值，因此，马克思的市场秩序理论不妨称之为"社会发展范式"的市场秩序理论。

当然，"神圣力学范式"、"知识进化范式"和"社会发展范式"市场秩序理论的含义远非以上这么简单。为此，本书将在此后对之进行详细考察。

五、本书研究市场秩序基础理论的意义

前已指出，市场秩序既是当前我国经济社会发展的重大实践问题，也是重大的理论问题。在此情况下，正如2006年10月11日《中共中央关于构建社会主义和谐社会若干重大问题的决定》中指出的那样，我国目前正处于这样一个时期："经济体制深刻变革，社会结构深刻变动，利益格局深刻调整，

---

① 马克思恩格斯选集（第1卷）[M].北京：人民出版社，1995（1）：344.
② 马克思恩格斯选集（第2卷）[M].北京：人民出版社，1995（2）：74.

思想观念深刻变化。"可见我国经济社会体制转型的复杂和艰难。近年来由美国次贷危机引发的金融危机，对我国和全球经济社会的影响已经明显显现。虽然其最终影响尚不可预测，但肯定将是重大而深远的。这些都将带来我国乃至全球经济秩序特别是市场经济秩序的重组和重塑。因此，站在改革开放30多年的历史关头，我们既面临着危机和挑战，也面临着难得的发展机遇。有鉴于此，对市场秩序的基础理论进行考察和审视，就具有特别重要的意义。

（一）有利于经济社会的科学发展

任何现实问题的解决都需要一定的理论指导，都需要正确的世界观和方法论。对国内外市场秩序的基础理论进行哲学审视，就是为了在坚持马克思主义及其指导下，借鉴和吸收西方市场秩序基础理论中的合理之处，努力实现综合创新，以此用来探讨我国社会主义市场秩序的形塑。惟其如此，我们才能从整体上加深对市场秩序的认识，提高解决当前市场秩序问题的能力，增强捕获发展机遇的本领，避免陷入在凯恩斯主义和新自由主义理论和政策中徘徊的困境。这样，我国经济社会的发展才能以问题为动力，在破解问题中前进，逐步走向科学健康的发展道路。

（二）有利于社会主义和谐社会的构建

我国市场经济秩序的和谐是整个社会和谐的基础和前提，"秩序问题虽是转型的副产品，但没有秩序的规范，就谈不上可持续的经济增长与个人自由的发展，就谈不上人类的文明与和谐"。[①] 从另一方面来看，和谐的市场秩序也具有促进整个社会秩序和谐的功能。"市场秩序的作用可以简单地表述为：在实现利益和谐的基础上，尽可能地创造并实现社会整体利益和个体利益的最大化。"[②] 因此，对市场秩序的基础理论进行哲学审视，为经济社会的科学发展正确导航，对于社会主义和谐的构建具有积极意义。

---

① 杨小猛.经济秩序的制度理性[M].北京：经济科学出版社，2007：129.
② 纪宝成.转型经济条件下的市场秩序研究[M].北京：中国人民大学出版社，2003：25.

第一章 西方古代秩序思想探源

第一节 古希腊早期的秩序思想

恩格斯在《自然辩证法》中说,"在希腊哲学的多种多样的形式中,差不多可以发现以后的所有观点的胚胎、萌芽"。① 熊彼特同样也指出,"在哲学领域内几乎没有一种观念不是从希腊流传下来的,而许多这些观念虽然与经济分析没有直接关系,但却和分析家的一般态度与精神有较大关系,尽管我已小心地指出不应过分强调这些背景的影响"。② 在以本原论或本体论为核心的古希腊哲学中,也可以找到以后各种秩序思想的胚胎和萌芽。古希腊哲学中的秩序思想,无论是自然秩序思想还是人为秩序思想,对西方后世都产生了一定影响;同样,也成了对秩序进行经济分析的文化背景。

一、早期秩序思想的含义

"无论是东方,还是西方,人们关于社会秩序的思想皆源自于自然的启示。"③ 古希腊哲学脱胎于古希腊神话,但是在古希腊神话中,世界是没有秩序

---

① 马克思恩格斯选集(第4卷)[M].北京:人民出版社,1995(4):287.
② [美]约瑟夫·熊彼特.经济分析史(第一卷)[M].朱泱等译.北京:商务印书馆,1991(1):105.
③ 王根蓓.市场新秩序论[M].上海:上海财经大学出版社,1997:64.

和规则的，神随心所欲斗争的结果决定社会进程和人的命运。人们的秩序观念实际上来源于对经验生活的观察。"一旦人们知道经验观察可以发现规律，并能做出正确的预测时，他们眼里的世界就不再是受外部力量任意支配、变化无迹可寻的现象；人们开始有了变化的观念，有了秩序和原因的观念，并且认识到，秩序和原因就在运动变化的事物之中。"① 因此，西方的秩序思想最早是借助于观察自然来体现的，由此形成了早期自然哲学中的自然秩序思想。

在早期的自然哲学中，"自然"特指"事物运动变化的本性"或"本原"（Arche）。"本原"指的是"构成事物的基本要素"（"基质"）或"事物存在和运动的缘由"（"原则"）。"我们现在所说的自然界相当于希腊人所说的'世界'或'宇宙'（Cosmos），它也有两层意思：一是指天地间一切事物的总和，更重要的是指这些事物的秩序。""'本原'和'宇宙'这两个概念的联系在于，宇宙是本原（最初状态）分化演变的产物，本原（基质或原则）是宇宙内部起作用并赋予宇宙万物特定的秩序的原因。"② 可见，在这里，"自然"本身就蕴含着秩序，秩序本身就在自然之中，秩序就是自然秩序。秩序就是万物在遵从其本原生成变化法则的情况下所表现出来的状态，秩序的最根本特点是合规则性。至于什么是决定万物生成变化形成秩序的本原及其法则，自然哲学思想家们有不同的看法。例如，阿那克西曼德认为，它是"无定"物及其"冷""热"作用；阿那克西美尼认为，它是"气"及其稀散与凝聚作用；赫拉克利特认为，它是火及其燃烧和熄灭的运动规律即"逻各斯"；毕达哥拉斯认为，它是数及其比例关系；原子论者认为，它是原子及其"虚空"和"充实"；恩培多克勒认为，它是四根及其"爱"与"恨"的相吸或相拒作用，等等。另外，在自然哲学家们看来，自然秩序本身就是有序的，是一种和谐的状态，因为各种自然现象都是由同一本原决定，按照同样的根本法则生成变化的，不同现象之间的关系也是由本原的本性决定的。不管各派思想家在本

---

① 赵敦华. 西方哲学简史 [M]. 北京：北京大学出版社，2001：3.
② 赵敦华. 西方哲学简史 [M]. 北京：北京大学出版社，2001：3-4.

原是什么这个问题上有如何不同的认知,他们对于自然秩序本质上是和谐的这一点的看法却是基本相同的。例如,持"火"本原说的赫拉克利特认为万物无不向其对立面转化,对立的事物或相反的性质产生和谐,如不同的音调造成动听的曲调。同样,持"数"本原说的毕达哥拉斯学派也认为,数的比例关系就决定了事物的构造以及事物间的和谐。

二、早期秩序思想的特征

具体来说,古希腊早期的以合规则性为根本的自然秩序具有如下特点:

1. 客观性。决定秩序的本原及其法则既不以人的意志为转移,也不以神的意志为转移,它是万物生成变化的自因。例如,赫拉克利特就认为,"世界秩序(一切皆相同的东西)不是任何神或人所创造的,它过去、现在、未来永远是永恒的活火,在一定分寸上燃烧,在一定分寸上熄灭"。[①] 在这里,作为世界本原"火"及其运动法则即燃烧和熄灭之间的循环往复,本身是客观存在的,这使得秩序呈现为一种自发的状态。

2. 复杂性。虽然自然秩序是客观存在的,但是其所呈现的表象却似乎是杂乱无章、变幻无常的。自然秩序的这种复杂性根源于决定这一秩序的本原难以为人们所把握。本原是一还是多,是变还是不变,是物质性的存在如水、气、火、原子,还是精神性的存在如毕达哥拉斯的"数",或是巴门尼德的抽象的"是者"(Being),决定了自然秩序不同的生成变化的图式。正是因为对本原的不同认知,导致了不同思想家对秩序的不同理解和描述。

3. 可知性。尽管自然现象纷繁复杂,但是古希腊的各派思想家都相信,人们可以凭借经验观察和理性思辨,透过自然现象,认识和把握决定这些现象的不变法则。因此,自然秩序虽然是客观存在的,但是对它的认识却是理性的,人们的秩序观念本质上是与人的理性同一的,人们对自然秩序生成图式的描绘本身就是理性精神的体现。

[①] 赵敦华.西方哲学简史 [M].北京:北京大学出版社,2001:11.

尽管自然哲学家们认识到了秩序的这些本性和特征，但是在当时的社会背景下，他们所描述的自然秩序远离了人们的现实生活，没什么实际意义，因此伴随着智者运动，在阿那克萨哥拉的启发下，苏格拉底把对秩序的研究从天上拉回到了人间，从客观的自然转向了主观的心灵，把决定秩序的本原确定为德性或知识（Arete），从而开启了社会秩序或人为秩序研究的大门。

第二节 古希腊中期的秩序思想

一、苏格拉底的秩序思想转向

具体而言，苏格拉底之所以把决定秩序的原则从客观转向主观，从身外转向身内，是因为：

1. 自然秩序的不合理性。这种不合理性表现在：一方面，在方法论上，自然哲学家们主要是通过静观万物的变化，来猜测万物的本原并据以描述世界的生成变化，因此他们的结论具有"独断"的性质。另一方面，在认识论上，自然哲学家们无法解决感性的有限性与理性寻求普遍性的矛盾。自然哲学家们所坚持的本原如"水"、"火"、"气"、"原子"等，虽然被赋予了一定的抽象性，但是仍然带有朴素的物质属性，其本身不过是世界万千物质的一部分，因而不具有普遍性，无法有效解释整个大千世界。凭借它们，人们并不能获得一种对自然秩序的确定的、满意的、真正的知识。即使像毕达哥拉斯派所设定的有量而无质的"数"或巴门尼德既无质也无量的"是者"这样在逻辑上更具普遍性的本原，也由于其在实践经验中不可观察不可检验而无法使人获得对世界的确切的知识。因此，在苏格拉底看来，与其在对自然秩序的观察和思辨中陷入独断和迷茫，不如首先"认识你自己"，从人的心灵开始，研究社会秩序。此外，苏格拉底相信，"'精神'是不可感的、感觉不到的，是'理性'（Reason）和'理智'（Intellect）的产物和对象，'物质'则是可感的，而它之所以成为'可以理解的'，即不是'混沌'（δινή）而是有秩序、有规则可循的（Cosmos），则正是因为有'精神'作用的缘故"。①

2. 智者们行为的败德性。苏格拉底认为，"'爱智'是人的思想的自然倾向"。②作为智者，应当追求真理，向统治者传授知识。统治者只有具有了真正的知识，才能实行善政，社会才会有良好的制度，从而和谐有序。但是，在现实中，"智者传授的智慧主要是修辞学和论辩学，但这些学问与其说是'学'，不如说是'术'。智者着重培养学生演说和辩论技艺，而不传授知识学理"。③结果，在智者们的教导下，掌握雅典民主政权的并不是具有真正知识和德性的政治家，而是一群巧言令色、忙于钻营的政客，从而导致了雅典政治乃至整个社会的无序。因此，研究人的心灵，既符合人爱智的本性，也是使社会现实更加合理的需要。

3. 综合自然说和约定说。在苏格拉底之前，许多智者已经把对秩序的研究从自然转向了社会，但是，智者们对社会秩序的来源和形成机制产生了争论，形成了自然（Physis）说和约定（Nomos）说两个对立的阵营。"自然说认为人应按照自己本性决定自己命运，不应受外在法律和习俗的约束"，"约定说强调人和动物、社会和自然物的区分，主张用社会力量约束和改善人的本性"。④在苏格拉底看来，这两种观点都是片面的。他认为，社会秩序既是自然的，也是约定的。之所以是自然的，是因为社会秩序必须符合人的本性或天性，它不是神赋予的，也不是外在于人的；之所以是约定的，是因为社会秩序本质上是一种伦理秩序，而伦理关系本身就是在习俗中形成的。因此，苏格拉底认为，人心灵的德性与社会秩序本身是统一的，心灵的德性是社会秩序的基础。人的心灵具有了德性，就会外化为善的制度和善的行为，长此以往，就能实现社会秩序的和谐。

---

① 叶秀山. 苏格拉底及其哲学思想 [M]. 北京：人民出版社，1986：96-97.
② 转引：叶秀山. 苏格拉底及其哲学思想 [M]. 北京：人民出版社，1986：71.
③④ 赵敦华. 西方哲学简史 [M]. 北京：北京大学出版社，2001：29.

可见，相比自然哲学家，苏格拉底已经察觉到，对人来说，最重要的秩序莫过于社会秩序，而社会秩序本身就是社会生活的合理化和制度化。为此，他提出了德性就是知识的主张，发明了辩证法，即通过对话探讨真理的艺术，以便通过对道德伦理这些非正式制度的研究来规范人的心灵，实现社会生活合理化和制度化。然而，人的心灵具体应当如何规范，社会秩序怎样才能真正实现，两者之间的关系具体如何，苏格拉底没有详细说明。这些具体论述是从其学生柏拉图开始的。

二、柏拉图的正义论秩序思想

秉承苏格拉底的学说，柏拉图的社会秩序思想实质上是一种正义论的政治秩序思想，带有强烈的人为色彩，其目的是通过善政来实现社会和谐。他的这种秩序思想的主要观点有：

1. 正义就是各司其职。在《理想国》中，柏拉图认为，"在我看来，之所以要建立一个城邦，是因为我们每一个人不能单靠自己达到自足，我们需要许多东西"。[①] 因为每个人都有多方面的需要，而单靠自身有限的力量又无法满足这些需要，所以就出现了社会分工。这种分工以人的自然禀赋为基础，演化出各种职业，最终形成了统治者、护卫者和生产者三个阶级。柏拉图认为，每个人的自然禀赋是不相同的，"他们虽然一土所生，彼此都是兄弟，但是在老天铸造他们的时候，在有些人的身上加入了黄金，这些人因而是最可宝贵的，是统治者。在辅助者（军人）的身上加入了白银。在农民以及其他技工身上加入了铁和铜"。[②] 因此，具有黄金禀赋的统治者代表智慧，具有白银禀赋的护卫者代表勇敢，具有铜铁禀赋的生产者代表节制。相应地，统治者应当负责治理国家，协调各种关系，创造社会和谐；护卫者负责保卫城邦，防御外敌入侵，并协助统治者进行统治；生产者专门从事生产，为社会供应产品

---

① [古希腊] 柏拉图. 理想国 [M]. 北京：商务印书馆，2002：58.
② [古希腊] 柏拉图. 理想国 [M]. 北京：商务印书馆，2002：128.

和创造财富。这种分工是自然的，而且是符合人的本性的，所以，"现在，城邦里的这三种自然的人各做各的事时，城邦被认为是正义的，并且，城邦也由于这三种人的其他某些情感和性格而被认为是有节制的、勇敢的和有智慧的"。① 另一方面，"在国家里存在的东西在每一个个人的灵魂里也存在着，且数目相同"。② 正如国家分为三个阶级一样，人的灵魂也分为理智、激情和欲望三个部分，三者在人的身体里也分别是天然的统治者、护卫者和被统治者，所以"我们每一个人如果自身内的各种品质在自身内各起各的作用，那他就也是正义的，即也是做他本分的事情的"。③ 总之，无论是对于国家还是对于个人的灵魂而言，正义就是遵从天然的分工法则，做好各自的本职工作。那样，秩序就会得到实现，个人心灵和社会就会实现和谐。

2. 正义要求体现平等。这种平等表现在：男女平等，职业平等，教育平等，机会平等。柏拉图认为，男人与女人只是性别上的不同，自然禀赋上并没有差别，所以男女应当平等。"如果在男性和女性之间，发现男性或女性更加适宜于某一种职业，我们就可以把某一职业分配给男性或女性"，④ "女人男人可以有同样的才能适宜于担任国家保卫者的职务，分别只在于女人弱些男人强些罢了"。⑤ 另外，为了保证护卫者和统治者有能力行使职责，城邦必须对其进行教育，教育的手段主要是音乐和体育，这种教育必须对男女都平等。还有，因为一个人灵魂中具有的自然禀赋并不是纯粹的，理智、欲望和激情相互间也时常相互斗争，所以每个人都既可能变坏，也可能变好。因此，社会职位应当对所有人都平等开放，以便使统治者变坏时能下降到护卫者阶级中去，而生产者变好时可以上升到护卫者或统治者阶级中去，这样可以防止社会分裂。

3. 正义要求实行公有。柏拉图并非否定人性自私的一面，相反，他认为，

---

① ［古希腊］柏拉图. 理想国［M］. 北京：商务印书馆，2002：157.
② ［古希腊］柏拉图. 理想国［M］. 北京：商务印书馆，2002：168.
③ ［古希腊］柏拉图. 理想国［M］. 北京：商务印书馆，2002：169.
④ ［古希腊］柏拉图. 理想国［M］. 北京：商务印书馆，2002：185.
⑤ ［古希腊］柏拉图. 理想国［M］. 北京：商务印书馆，2002：187.

"一个人总是最爱那些他认为和自己有一致利益,和自己得失祸福与共的东西的"。① 但他认为一个人如果爱一件东西,不能只爱其一部分,而不爱其整体。对于国家也是一样,"我们建立这个国家的目标并不是为了某一个阶级的单独突出的幸福,而是为了全体公民的最大幸福"。② 因此,为了实现城邦的共同幸福,必须在统治阶级中实行公有制。公有制包括财产、妇女儿童和教育的公有。例如,对于护卫者,"第一,除了绝对的必需品以外,他们任何人不得有任何私产。第二,任何人不应该有不是大家所公有的房屋或仓库。至于他们的食粮则由其他公民供应,作为能够打仗既智且勇的护卫者职务的报酬,按照需要,每天定量分给,既不让多余,亦不使短缺。他们必须同住同吃,像士兵在战场上一样"。③ 至于妇女和儿童,"这些女人应该归这些男人共有,任何人都不得与任何人组成一夫一妻的小家庭。同样地,儿童也都公有,父母不知道谁是自己的子女,子女也不知道谁是自己的父母",④ 并且,"最好的男人必须与最好的女人尽多结合在一起,反之,最坏的与最坏的要尽少结合在一起。最好者的下一代必须培养成长,最坏者的下一代则不予养育,如果品种要保持最高质量的话"。⑤ 此外,在《法律篇》中,柏拉图还提出在统治阶级中实现共餐制等。柏拉图认为,在统治阶级中实行这种公有制,既可以使好人政治得到保证,又可以使统治者团结和睦,目标一致,尽心工作,效率最高。"因为他们一切公有,一身之外别无长物,这使他们之间不会发生纠纷。因为人们之间的纠纷,都是由于财产,儿女与亲属的私有造成的"。⑥ 可见,柏拉图所主张的正义实质上是一种带有强烈人为色彩的分配正义。

4. 正义以知识为原则。前面指出,古希腊从一开始就把秩序视为万物在遵从其本原生成变化法则的情况下所表现出来的自然状态。在自然哲学家眼

---

① [古希腊] 柏拉图. 理想国 [M]. 北京:商务印书馆,2002:124.
② [古希腊] 柏拉图. 理想国 [M]. 北京:商务印书馆,2002:133.
③ [古希腊] 柏拉图. 理想国 [M]. 北京:商务印书馆,2002:130.
④ [古希腊] 柏拉图. 理想国 [M]. 北京:商务印书馆,2002:190.
⑤ [古希腊] 柏拉图. 理想国 [M]. 北京:商务印书馆,2002:193-194.
⑥ [古希腊] 柏拉图. 理想国 [M]. 北京:商务印书馆,2002:201.

里，这种自然是一种客观的自发的状态，与人关系不大。但是自恩培多克勒和阿那克萨哥拉始，"自然"的含义逐渐有了变化，它不再指向客体，而是指向主体，指人的本性或天性，因此本原的作用法则也就变成了"爱"、"恨"和"心灵"。苏格拉底把"心灵"进一步具体化，把它等同于德性或知识。柏拉图遵循了这一理论。在《理想国》中，通过线段喻和洞穴喻，他对苏格拉底晚年提出的理念论进行了形象的说明。他认为，人的认识分为可感部分和可知部分，前者获得的是意见，后者获得的是知识，意见不可靠，只有知识才是真实的。正如只有通过眼睛才能看见太阳一样，只有通过知识才能洞察万物的本原"理念"；正如太阳是至善至美的且是万物善和美的来源一样，"理念"是至善至美的且是知识和真理的来源；正如"太阳不仅使看见的对象能被看见，并且还使它们产生、成长和得到营养，虽然太阳本身不是产生"一样，"知识的对象不仅从善得到它们的可知性，而且从善得到它们自己的存在和实在，虽然善本身不是实在，而是在地位和能力上都高于实在的东西"。① 因此，知识本身就是真善美的统一，是"理念"的实在的原则和化身。这就要求在城邦中必须根据拥有知识的多少来安排各自的等级和身份。由于真正的哲学家是最具有知识和最热爱智慧的，因而统治者理所当然应当由哲学家来担当。"除非哲学家成为我们这些国家的国王，或者我们目前称之为国王和统治者的那些人物，能严肃地追求智慧，使政治权力与聪明才智合而为一；那些得此失彼，不能兼有的庸庸碌碌之徒，必须排除出去。否则的话，我亲爱的格劳孔，对国家甚至我想对全人类都将祸害无穷，永无宁日"。② 这就是柏拉图"哲学王"的政治主张，即贤良政治。为了论证这一主张，柏拉图还把统治者比喻为船长，规定他的年龄必须在 50 岁以上，必须经历各种严格的考验。同时，他也通过与寡头政制、民主政治、僭主政制之间的比较，说明以知识为原则的王政是最优的。一旦实行王政，就像船员需要船长的领导一样，统治

---

① [古希腊] 柏拉图.理想国 [M].北京：商务印书馆，2002：267.
② [古希腊] 柏拉图.理想国 [M].北京：商务印书馆，2002：214-215.

者会自觉自愿地接受哲学王的统治,这样社会秩序就自然实现了和谐。这样,柏拉图试图借助于实行人治而使政治生活合理化和制度化。

综观柏拉图的秩序思想,可见:第一,柏拉图的秩序是一种社会伦理秩序。在柏拉图这里,他不仅继承了苏格拉底使整个社会伦理化的主张,而且提出了具体的实施方案。第二,柏拉图的秩序是一种人为干预秩序。"为了能够使每一个个人在经济增长方面发挥更大作用,柏拉图主张国家应该而且可以进行干预,使人们固定于一种行业,鞋匠终身只做鞋匠,裁缝终身只做裁缝。"① 柏拉图甚至还提出了实行共产共妻的极端主张,这在他之后引起了许多争论。第三,柏拉图的秩序是一种带有总体色彩的秩序。在柏拉图的秩序中,社会具有总体的目标,可以做总体的安排。后来,波普尔认为这是一种思想混乱:"社会运动观念的本身——即社会也像一个物体,可以作为一个整体沿着一定的路径、朝着一定的方向运动——纯粹是一种总体论的思想混乱。"② 第四,柏拉图的秩序是一种追求价值和理想的秩序。柏拉图认识到了秩序本身的价值性,他认为理想的秩序应当是至善至美的,并且试图通过实行社会公正来实现这种秩序。不过,在当时的社会背景下,他的这种秩序太过于理想,他所设想的城邦实际上只是个乌托邦,因此注定不能实现。柏拉图自己也意识到了这点,他也不得不说,"如果我们能够找到一个国家治理得非常接近于我们所描写的那样,你就得承认,你所要求的实现已经达到了,你已经满意了"。③ 正是因为柏拉图的这种秩序思想缺乏现实性,所以,亚里士多德对之进行了批判和新的阐述。

三、亚里士多德的幸福论秩序思想

亚里士多德认为,正如完全没有必要在现象世界之外悬设一个理念世界

---

① 王元璋. 马克思主义经济发展思想史 [M]. 乌鲁木齐:新疆人民出版社,2006:23.
② [英]卡尔·波普尔(Popper, K.P.). 历史主义贫困论 [M]. 何林等译. 北京:中国社会科学出版社,1998:100.
③ [古希腊]柏拉图. 理想国 [M]. 北京:商务印书馆,2002:214.

一样,为了建立良好的城邦秩序,也没有必要设计一个乌托邦,甚至提出男女平等和共产共妻等荒谬的制度安排。相反,对社会秩序的研究应当着眼于现实生活,以获得幸福为最终目的,这才是秩序价值的真谛。为此,在继承苏格拉底和柏拉图通过使社会生活伦理化而实现秩序的主张的基础上,他提出了一种幸福论的秩序思想。他的这种秩序思想的主要内容有:

1. 幸福是社会生活的最终目的。在亚里士多德看来,万物无不有其目的,目的就是万物得以生成的本原和动力。"一切生成的东西都要走向本原和目的,本原是所为的东西,生成就是为了目的"。① 例如,"植物的存在就是为了动物的降生,其他一些动物又是为了人类而生存,驯养动物是为了便于使用和作为人们的食品,野生动物,虽非全部,但其绝大部分都是作为人们的美味,为人们提供衣物以及各类器具而存在"。② 在他看来,这合乎万物的本性,是自然的。同样,人的行为也都是有目的的,善就是人行为的目的。"一切技术,一切规划以及一切实践和抉择,都以某种善为目标"。③ 所以,既然人人都是为着某种善而行动,那么城邦也必然是为着某种善而建立的一个共同体。正如众多目的之后有个最终目的一样,众多善之后也必定有至善,至善也就是众人共同追求的最终目的。他认为,这个最终的目的和至善不是柏拉图所说的理念,而是现实生活的幸福。因为不同的善如荣誉、明智和快乐等有不同的性质,所以善并不是基于同一理念而形成的。另外,悬设一个自存的、单一的、可分离的理念的善自身,"那么显而易见,它既不能为人所实行,也不能为人所取得,而我们所探求的,正是这能为人所实行和取得的善",因为"谁也说不清,知道了这个善自身,对于一位织工,对一位木匠的技术有什么帮助;或者树立了善的理念,如一位将军如何成为更好的将军,一位医生如何成为更好的医生。可是医生甚至于连健康自身也不研究,他所研究的是人的

---

① [古希腊] 亚里士多德. 形而上学 [M]. 苗力田译. 北京: 中国人民大学出版社, 2003: 186-187.
② [古希腊] 亚里士多德. 政治学 [M]. 颜一, 秦典华译. 北京: 中国人民大学出版社, 2003: 15.
③ [古希腊] 亚里士多德. 尼各马科伦理学 [M]. 苗力田译. 北京: 中国人民大学出版社, 2003: 1.

健康，更进一步是个别人的健康，因为他所医治的乃是个别的人"。① 所以，在亚里士多德看来，至善不能是高悬于彼岸世界的理念，而是必然植根于人的现实生活的幸福。他认为，这种幸福具有如下特点：

（1）自足性。这是因为，幸福是一切事物的最终目的，所以，它是自足的，即它不存在短缺，不以任何其他目的为目的。但是，自足并不等于自我实现；相反，幸福的实现并不是自足的，它必须借助于某些手段，还要凭借运气。

（2）现实性。他认为，善可分为外在的善、灵魂的善和身体的善，其中，灵魂的善是最高和最主要的部分，但是只有把这三者结合起来，把灵魂的善外化为终身的高尚行为，这才是幸福。因为，一个人如果有好的品质，但若没有好的行为，或者如果他是在睡梦中或感觉迟钝或去世了，都不能说他是幸福的，所以，"幸福就是合乎德性的现实活动"。②

（3）快乐性。在他看来，幸福同时也是自身的快乐。他认为，快乐有多种，如马使爱马的人快乐，戏剧使观戏剧的人快乐，合乎德性的行为使爱德性的人快乐，等等。但是，"只有对那些爱好美好事物的人来说的快乐，才是本性上快乐。这就是永远合乎德性的行为"。③ 所以，幸福也就是真正的快乐，它是善的，也是美好的。

（4）选择性。"幸福显然应该算作以其自身而被选择的东西，而不是为了他物而被选择。因为幸福就是自足，无所短缺。这样的活动是以其自身而被选择的，除了活动之外，对其他无所求。这样的活动就是合乎德性的行为。它们是美好的行为，高尚的行为，由自身而被选择的行为"。④

（5）神圣性。他认为，幸福是人所有的东西中最好的，"显而易见，即或幸福不是神的赠礼，而是通过德性，通过学习和培养得到的，那么，它也是

---

① ［古希腊］亚里士多德. 尼各马科伦理学［M］. 苗力田译. 北京：中国人民大学出版社，2003：9.
② ［古希腊］亚里士多德. 尼各马科伦理学［M］. 苗力田译. 北京：中国人民大学出版社，2003：14.
③ ［古希腊］亚里士多德. 尼各马科伦理学［M］. 苗力田译. 北京：中国人民大学出版社，2003：14—15.
④ ［古希腊］亚里士多德. 尼各马科伦理学［M］. 苗力田译. 北京：中国人民大学出版社，2003：222.

最神圣的东西之一。因为德性的嘉奖和至善的目的，人所共知，乃是神圣的东西，是至福"。① 由此，他认为最幸福的活动是思辨活动，即哲学思考，因为，这种活动是对自身的超越，是对不朽的追求。

2.公正是获得幸福的主要德性。亚里士多德认为，"人天生就是一种政治动物。因此，人们即便并不需要其他人的帮助，照样要求追求共同的生活，共同的利益也会把他们聚集起来，各自按自己应得的一份享有美好的生活。对于一切共同体或个人来说，这是最大的目的"。② 对于这种美好的共同生活，"公正是为政的准绳，因为实施公正可以确定是非曲直，而这就是一个政治共同体秩序的基础"。③ 所以，"政治上的善即是公正，也就是全体公民的共同利益"，④ "在各种德性中，人们认为公正是最主要的"。⑤ 可见，公正是确保社会秩序和获得生活幸福的基础。

为此，亚里士多德对公正进行了深入的阐述。他认为，从形成来源上看，公正可分为自然形成的公正和约定俗成的公正。前者对全体公民天然就具有一致效力，而后者在开始时是不确定的，只是通过约定才确定下来。从本质上看，公正的含义就是均等和守法。在均等的意义上，公正可分为分配的公正、矫正的公正和回报的公正。分配的公正就是结果的均等，矫正的公正是对所得与所失进行均匀调配，回报的公正指市场中的等价交换关系。他认为，等价交换必须以法币为衡量尺度，它是形成社会关系进而形成社会秩序的基础，所以对于共同生活尤为重要。但他认为，公正本质上是利他的，因为，公正必须存在于与他人的互惠关系之中，对于自身而言就无所谓公正，所以，他反对利己主义。他说："人们不应该贪求这样一些东西，而是即使选取对自己有利的东西，也要去追求那种既在总体上是善，而又对自己有利的东西。"⑥

---

① [古希腊] 亚里士多德.尼各马科伦理学 [M].苗力田译，北京：中国人民大学出版社，2003：16.
② [古希腊] 亚里士多德.政治学 [M].颜一，秦典华译，北京：中国人民大学出版社，2003：82.
③ [古希腊] 亚里士多德.政治学 [M].颜一，秦典华译，北京：中国人民大学出版社，2003：5.
④ [古希腊] 亚里士多德.政治学 [M].颜一，秦典华译，北京：中国人民大学出版社，2003：95.
⑤ [古希腊] 亚里士多德.尼各马科伦理学 [M].苗力田译，北京：中国人民大学出版社，2003：94.
⑥ [古希腊] 亚里士多德.尼各马科伦理学 [M].苗力田译，北京：中国人民大学出版社，2003：93.

可见，在这一点上，他虽然与柏拉图对利己主义的看法不同，但是他与柏拉图一样，都致力于城邦总体的善。在守法的意义上，公正就等于公平，但是公平与公正不同的是，它不仅仅是守法，更是对法律的纠正。因为法律总是落后于现实的，总是不完美的，而公平正是对法律缺陷的纠正，所以公平也总是优先于公正。但是公正和公平都为了平等，而平等又可分为数目上的平等和价值上的平等。前者指数量或大小方面与人相同或相等，如三多于二与二多于一在数目上彼此平等。后者指比例平等，如四比二与二比一在比例上彼此平等。

但是，亚里士多德这些公正、公平和平等的观点反映在具体问题上却是极大的不公正、不公平和不平等。一方面，他认为人天生就是不平等的，"一部分人天生就注定治于人，一部分人则注定治人"。①他认为，社会应当分为奴隶、自由人和统治者三个阶级，在三者中奴隶只能算是财富而不是人。同时，他认为父亲应当统治子女，男人应当统治女人，老年人和成年人应当约束年轻人和未成年人。另一方面，他认为，人分有的德性是不平等的。他继承了柏拉图的思想，认为人的灵魂由理智、激情和欲望三部分组成，三者依次分有高低不等的德性，与此相似，不同阶级不同职业的人也分有不同的德性，所以他们相应地具有高下贵贱之分。他认为，有闲阶级是最有德性的，因为他们主要从事思辨活动，而劳动者尤其是奴隶是最没德性的，因为他们的活动主要是满足欲望。与柏拉图类似，这些都是为奴隶制进行辩护，试图说明奴隶社会制度的合理性。但是，与柏拉图不同的是，他不主张哲学王治国，并且不赞同统治者固定地由同一些人担任，他认为那样只能实现这部分统治者而不是城邦整体的幸福。相反，他提出了以中庸为原则而实现幸福和确保社会秩序的主张。

3. 中庸是实现幸福的根本原则。亚里士多德所说的中庸是相对于行为过度和不足的中间点但外在于这一点的一种德性。例如，慷慨是挥霍和吝啬的

---

① [古希腊] 亚里士多德. 政治学 [M]. 颜一，秦典华译. 北京：中国人民大学出版社，2003：8.

中庸，但是慷慨并不等于挥霍少一点或吝啬少一点，因为挥霍少一点或吝啬少一点还是挥霍或吝啬，恶不能少一点就不是恶，所以中庸只能是外在于行为过度和不及中间点的一种善。他之所以把中庸视为实现幸福生活的根本原则，首先在于，"德性就是中间性，中庸是最高的善和极端的美"。① 其次，他认为，公正的要义在于均等，而均等就是一种中间性，就是中庸。再次，他认为，幸福本身就是一种自足的生活，这就意味着这种生活既不是过度也不是不及，正符合中庸的原则。为了贯彻这一原则，一方面，他提出城邦的大小、疆域、人口和财富等都应保持适度，只要让城邦自足就行。他认为这样的城邦将是最美好的："人们知道，美产生于数量和大小，因而大小有度的城邦就必然是最优美的城邦。"② 另一方面，他主张实行财产私有制并提出了中产阶级专政的思想。他认为，"由中产阶层构成的城邦必定能得到最出色的治理，这完全符合城邦的自然本性。这类公民在各个城邦中都是最安分守己的，因为他们不会像穷人那样觊觎他人的财富，也不会像富人那样引起穷人的觊觎，没有别的人会打他们的主意。他们不想算计他人，也无被人算计之虞"。③ 此外，他还提出了一种类似于三权分立的思想，认为一切政体都应由三个部分组成，一是与公共事务有关的议事机构，二是与行政官职有关的机构，三是司法机构。④ 他认为，这样的政体有利于实现权力的均衡和社会的稳定有序。总之，他认为，一旦贯彻了中庸原则，也就实现了公正，幸福生活就有了保障，社会自然就会和谐有序。

总的来看，相比柏拉图的秩序思想，尽管亚里士多德的秩序思想更注重于现实，但他这种以目的论为导向的秩序思想更具有后来哈耶克等人批判的建构论色彩，也难逃波普尔所谓的总体主义与本质主义的嫌疑。另一方面，他把快乐看做幸福生活的必要内容，并且强调"生命就其自身就是善，就是使

---

① [古希腊] 亚里士多德. 尼各马科伦理学 [M]. 苗力田译. 北京：中国人民大学出版社，2003：34.
② [古希腊] 亚里士多德. 政治学 [M]. 颜一，秦典华译. 北京：中国人民大学出版社，2003：236.
③ [古希腊] 亚里士多德. 政治学 [M]. 颜一，秦典华译. 北京：中国人民大学出版社，2003：138-139.
④ [古希腊] 亚里士多德. 政治学 [M]. 颜一，秦典华译. 北京：中国人民大学出版社，2003：145.

人快乐的",① 这为随后的以幸福和快乐为主旨的各学派提供了理论来源。

第三节 古希腊晚期的秩序思想

如果说柏拉图和亚里士多德主要遵循的是一种总体主义的道路，致力于城邦整体的善，那么到了古希腊晚期和罗马时期，随着城邦奴隶制的逐渐瓦解和罗马政权的兴起及其文化的扩张，对于希腊人来说，积极参与城邦的政治生活已不可能。在此背景下，希腊人更多地关注个人身心快乐和命运安危，由此形成了具有消极和悲观色彩的秩序思想。

一、伊壁鸠鲁的秩序思想

伊壁鸠鲁是德谟克利特原子论的忠实继承者，与前者一样，他认为世界也是由原子和虚空组成的。不过，与前者不同的是，他认为原子除了形状、次序和位置以外还有重量。他认为，由于原子具有重量，因而原子除了垂直的下降运动以外，还会相互碰撞，产生偏离。马克思在博士论文中认为，伊壁鸠鲁对原子运动的这种设想，表明了他的原子运动中不仅具有必然性，而且具有偶然性。其实，伊壁鸠鲁的这种偶然性表达的是对个体存在和生命的关怀，这在伊壁鸠鲁的秩序思想中尤其明显。在伊壁鸠鲁看来，秩序的价值对人来说最重要的不是整体的幸福，而是个人的快乐。"他认为，人生的目的就是追求快乐，快乐就是人生最高的善。"② 不过，伊壁鸠鲁所谓的快乐并不等同于肉体欲望的满足，他所谓的快乐最重要的是身体健康和心灵的宁静。他认为，只有这种快乐才能持久，才是真正的人生幸福。而且，对于当时动荡

---

① [古希腊] 亚里士多德. 尼各马科伦理学 [M]. 苗力田译. 北京：中国人民大学出版社，2003：204.
② 宋希仁. 西方伦理思想史 [M]. 北京：中国人民大学出版社，2003：87.

混乱的社会生活来说，只有每个人都追求心灵的宁静，整个社会才有可能实现安定与和谐。可见，伊壁鸠鲁的秩序思想虽然是消极的，但却有积极的意义；虽然是个人主义的，但却具有整体的社会意义。此外，除了强调个人的快乐，伊壁鸠鲁的秩序思想还强调个人的平等。"他认为，个人与社会的关系如同相互约定的关系，个人并不先天地弱于社会，也不必事事服从社会，个人与社会是平等的。个人出于自愿，与社会结成关系，个人与社会的关系体现了个人的自主意识。这里也第一次提出了国家起源于人们相互间的契约，起源于社会契约的观点。"[1] 伊壁鸠鲁秩序思想中的这种个人主义、快乐主义和社会契约的观点对西方近代的功利主义和社会契约论产生了一定的影响。

二、斯多亚派的秩序思想

斯多亚派把秩序等同于宇宙，他们认为，宇宙的本性就是自然，自然就是"逻各斯"，就是理性，就是宇宙的共同法则。因此，秩序就是按照自然生活，就是遵从理性。斯多亚派的这种秩序思想成了西方自然法理论的最初源头。但是，斯多亚派认为按照自然生活的具体途径就是服从命运。他们认为，神有神的天命（Providence），人有人的命运，人的命运是由神预先安排决定的，因为人的理性是对神的理性的分有，所以任何人都不能改变自己的命运。由此，斯多亚派走上了极端，他们的秩序思想成了一种比伊壁鸠鲁秩序思想更消极的悲观的宿命论。按照他们的这种宿命论的秩序思想，个人要想在这种秩序中获得幸福，就必须做到不动心，即不管个人的命运是怎么样的，也不管外界发生了什么事情，个人始终要做到无动于衷。除此之外，按照他们这种自然法思想，他们提出了世界城邦的设想。"根据斯多亚学派的理论，人不应该把自己看作与大众分离的孤立者，而应该看作世界的一个公民、自然界庞大整体的一分子。他应当时刻为了整体利益而心甘情愿地牺牲自己的蝇

---

[1] 宋希仁. 西方伦理思想史 [M]. 北京：中国人民大学出版社，2003：89.

头小利。他对自己私事的关心不应该超过对整体中其他同等部分的关心。"①之所以这样认为，是因为在他们看来，宇宙是统一的，人的理性是相同的，因此人类社会也应当是统一的，应当共同按照理性来生活。但是，如果世界真的按照斯多亚派的设想统一起来，在其中每个人都过着一种不动心的生活，那么这种世界城邦的秩序有何价值，就大有疑问了。或许正是这一点引起了西塞罗对这种秩序思想的反对。

三、西塞罗的秩序思想

西塞罗一方面继承了斯多亚派的自然法思想，另一方面他又站在罗马统治者的角度反对逃避社会生活的消极态度。他认为，神支配宇宙，自然无处不遵照神的法令，神的法令就是理性，这种理性的法令就是自然法。人必须遵循神的法令治理国家，"应当为了正义和一切光荣事物本身而追求正义和所有光荣的事物"，②所以他反对当时盛行的主张不参与政治的伊壁鸠鲁学派的学说。他说："品德的存在完全取决于对它的使用；而对它最高贵的使用便是治理国家，是把那些哲学家在其各自角落喋喋不休地向我们耳朵所灌输的那些东西变为现实，而不是变为词语。"③通过考察罗马城邦从建立到衰落的历史，他认为法律是通过风俗习惯自然形成的，这种自然形成的法律就是真正的法律。"真正的法律是与本性（Nature）相合的正确的理性；它是普遍适用的、不变的和永恒的；它以其指令提出义务，并以其禁令来避免做坏事"。④因此，统治者应当遵照自然法来治理国家，而不能凭个人意志或人为规则任意妄为，也不能出于功利而无视法的存在。只有这样，正义和美德才能得以实现，良好的社会秩序才能形成。可见，西塞罗所说的这一切，都无非是想使其对希腊的统治合理化和制度化，为此他不惜把罗马城邦的历史神化为一种永恒的

---

① [英] 亚当·斯密. 道德情操论 [M]. 韩巍译. 北京：中国城市出版社，2008：119.
② [古罗马] 西塞罗. 国家篇；法律篇 [M]. 沈叔平，苏力译. 北京：商务印书馆，2002：173.
③ [古罗马] 西塞罗. 国家篇；法律篇 [M]. 沈叔平，苏力译. 北京：商务印书馆，2002：12.
④ [古罗马] 西塞罗. 国家篇；法律篇 [M]. 沈叔平，苏力译. 北京：商务印书馆，2002：105.

自然法，试图通过劝诱统治者遵照这种自然法进行治理而使现存的制度成为一种永恒的制度。西塞罗的这一做法不断为后世所模仿，许多思想家一旦想为某一秩序作辩护时，就往往搬出自然或自然法。

第四节 西方中世纪的秩序思想

在中世纪基督教神权统治的时代，西塞罗的带有神学色彩的自然法秩序思想完全发展成了神权秩序思想。首先，在基督教中，自然法（Law of Nature）不仅等于理性法（Law of Reason），而且就等于上帝之法（Law of God），所以，遵从自然法就是遵从理性，就是遵从神的法令即基督教教会制定的教规教义。其次，"按照中世纪基督教会的观点，世界的秩序是神授的秩序，这种神授的秩序才是'本质秩序'（Wesensordnung）、'自然秩序'（Naturordunung）或'奥尔多秩序'（Ordo），是'合乎理性或人和事物的自然本性的秩序'"，[①] 因此社会生活必须服从神的安排即教会的安排。再次，在基督教思想家奥古斯丁看来，社会可以分成圣城和俗城，即上帝之城和世俗之城。他认为，圣城是由爱上帝的人组成的，俗城是由爱自己的人组成的。前一部分人注定会成为统治者并获得幸福，后一部分人则相反。因此，任何人要想获得幸福就必须信仰上帝，世俗的政权要想具有秩序就必须由基督徒来统治，遵照神的法则来运作。这就为中世纪神权高于君权，君权服从神权，提供了理论根据。在这一理论的影响下，"在当时的数个世纪中，人们所公认的一项原则乃是，君王或者任何其他的权力机构只能宣布或发现已经存在的法律，

[①] [德]何梦笔.秩序自由主义：德国秩序政策论集 [M].董靖等译.北京：中国社会科学出版社，2002：3.

或纠正期间所隐含的对既存法律的种种滥用情况,而绝不可能创制法律"。① 最后,在基督教另一思想家托马斯·阿奎那看来,上帝所创造的人还有与上帝不同的相似性,有的与上帝的相似性多些,有些与上帝的相似性少些,上帝的这种安排决定了人间秩序具有等级性。这就使得"在中世纪,存在着森严的等级制度,主要表现在两个方面:世俗等级和宗教等级。世俗等级是:王、公、侯、伯、子、男;宗教等级是教皇、大僧王、主教、牧师、传教士。上述等级制度也渗透到经济方面,行会制度(师傅、长工、学徒)就是等级的体现"。② 总之,中世纪的秩序是一种严格的神权统治的秩序。

另外,值得注意的是,在中世纪这种等级森严的神权秩序中,虽然人与神之间是绝对不平等的,人只有信仰神的义务,而没有任何反抗神的权利,但是,对于人与人之间的关系来说,他们之间除了政治上的不平等之外,在对神的信仰方面,在私人的精神领域,都是平等的。也就是说,除了借助于神之外,不存在个人在精神上服从他人的义务,也不存在不借助于神而要求他人服从于己的权利。所以,在熊彼特看来,"我认为,中世纪思想中的个人主义倾向要比人们通常想象的强烈得多。……特别是,经院社会学和经济学严格地说是个人主义的,因为经院学者在描述和解释经济事实时,总是从个人爱好和个人行动着手"。③ 这就在逻辑上为这种神权秩序的自我否定提供了可能,为追求平等的新秩序的出现提供了一定的思想资源。

---

① [英]哈耶克(F. A. Hayek).自由秩序原理(上册)[M].邓正来译.北京:生活·读书·新知三联书店,1997:204.
② 晏智杰等.西方市场经济理论史[M].北京:商务印书馆,1999:47.
③ [美]约瑟夫·熊彼特.经济分析史(第一卷)[M].朱泱等译.北京:商务印书馆,1991(1):136.

第二章　神圣力学范式的市场秩序理论

第一节　近代市场经济的发展与市场秩序的形成

一、文艺复兴与市场秩序的兴起

马克思说："封建的中世纪的终结和现代资本主义纪元的开端，是以一位大人物为标志的。这位人物就是意大利人但丁，他是中世纪的最后一位诗人，同时又是新时代的最初一位诗人。"[①]旧的封建神权秩序的终结和新的市场秩序的兴起是从以但丁、彼特拉克、薄伽丘、达·芬奇等为代表的文艺复兴（Renaissance）开始的。

文艺复兴一般指的是14世纪在意大利沿海各商业城市兴起、在15世纪普遍盛行于欧洲各国的一场思想文化运动。这场运动在表面上是要光复古希腊和古罗马时期的文化，实质上是要否定封建神权秩序的合理性，为新兴的资本主义市场经济的发展鸣锣开道。这表现在以下几点。

1. 文艺复兴本身就是资本主义市场经济发展的产物。文艺复兴发生在14世纪的意大利并不是偶然的。实际上，文艺复兴的发源地意大利沿海城市佛

---

① 马克思恩格斯选集（第1卷）[M]．北京：人民出版社，1995（1）：269．

罗伦萨、威尼斯等就是当时欧洲商品经济最发达、最早出现资本主义萌芽的地方。在这里，随着工场手工业的发展和商品交换关系的普遍形成，新兴工商资产阶级日益需要建立一种有利于新的经济关系发展的新秩序。而且，随着他们势力的逐渐壮大和影响力的不断扩大，他们也为建立新秩序奠定了物质基础，提供了有利于新秩序成长的环境。

2. 文艺复兴反映了资本主义市场经济发展的要求。文艺复兴的核心是人文主义思想。这种思想反对神权，肯定人权；反对宗教束缚，主张个性解放；反对蒙昧主义，提倡科学文化。实际上，所有这些都是为新兴的市场秩序作合理化论证。因为，只有在个人具有自主的权利和自主的意识下，市场上的讨价还价、成交签约、优选优购等活动才能实现，个人才会积极进取，敢于冒险，勇于创新。

3. 文艺复兴客观上促进了资本主义市场秩序的成长。文艺复兴通过文学、绘画、雕刻、建筑等艺术形式，表达了新的思想意识和思想观念，推动了人们的思想解放和观念更新，破坏了宗教意识的社会心理基础，促进了近代资本主义文化的发展和自然科学的兴起，为新秩序的发展创造了文化和思想条件。文艺复兴的这些影响直接促成了重商主义的兴起。例如，"重商主义的经济总结法（注：指重商主义的经济学方法论）深受欧洲文艺复兴时期人文主义运动的影响"。[①]

但是，文艺复兴所体现的毕竟只是新兴阶级在思想意识上的一种初步觉醒，它只是初步创造了一种思想文化氛围，并没有动摇旧秩序的根本制度。所以对于新秩序的发展来说，它的局限性是显而易见的。而瓦解旧秩序的根本制度并重建新秩序，则是从紧接其后的宗教改革运动开始，到英国资产阶级革命才开始确立的。

[①] 韩永进.西方经济学方法论：科学哲学方法论与经济学方法论变革研究 [M].北京：中国经济出版社，2000：32.

二、宗教改革与封建秩序的瓦解

宗教改革（Religion Reforming）是从 1517 年开始，在马丁·路德和加尔文等领导下进行的一场天主教改革运动。这次改革不仅对宗教神学做了深入的批判，而且还提出了有利于新兴资产阶级的新教义，即"新教"（Protestantism）。它的核心是"信仰得救论"和"预定论"。前者是由马丁·路德提出的，他认为《圣经》是教徒信仰唯一的依据和权威，教皇不是解释《圣经》的最高权威，每个信徒都无需神甫作中介就可直接与上帝相通，获得灵魂的拯救；后者是由加尔文提出的，他认为人得救与否是由神预定的，但是，信徒通过努力做好世俗工作和保持虔诚的信仰也能获得上帝选中而得救。

与文艺复兴相比，宗教改革不仅动摇了封建神权统治的精神支柱，而且破坏了其制度根基。一方面，根据马克斯·韦伯的研究，宗教改革产生了新教伦理，培育了"资本主义精神"。韦伯认为，在加尔文教"预定论"的影响下，新教徒把做好世俗职业工作看作是被上帝预先选中而得救的确证，从而形成了做好世俗工作就是增加上帝荣耀的"天职观"（Calling）。在这一观念的支配下，他们努力工作，勤奋节俭，精于算计，追求利润，积累财富，从而形成了一种新的社会精神气质，即"资本主义精神"。不过，韦伯过分夸大了"资本主义精神"的作用，认为它最终决定了资本主义的形成。其实，如果真有"资本主义精神"的话，那么也不会只有这样一种追逐自我利益的精神，因为文艺复兴所开启的个人自由精神肯定也是一种资本主义精神。而且，资本主义并不是在韦伯的"资本主义精神"的决定下产生的，而是"文艺复兴的启蒙与重商主义实践，使人们从重视天国的利益转向理解现世的利益"，①这才引发了宗教改革，从而产生了韦伯的"资本主义精神"。但是重要的是，韦伯实际上指出了宗教改革是对由市场经济带动的新的生活方式的合理化和制度化，这种合理化和制度化进一步改变了人们的精神观念，有利于市场秩

---

① 王根蓓.市场新秩序论［M］.上海：上海财经大学出版社，1997：239.

序的形成。

另一方面，宗教改革不仅动摇了旧秩序的根基，而且为神权秩序转化为市场秩序提供了可能。在宗教改革之前，天主教是一个以罗马为中心的统一的国际性组织，不仅从精神上严格控制着所辖地的全体居民，而且在经济上，还向全体居民征收什一税，出售赎罪券，搜括民脂民膏，控制着大量土地和财富。在政治上，天主教以神的名义控制着世俗王权，使得欧洲城邦林立，封建贵族各据一方，世俗政权难以组成统一的民族国家。宗教改革之后，天主教分解成了新教与旧教，以及其他各种教派，在精神上失去了控制力。在经济上，教会也失去了原来的许多征税权力和大量土地和财富，这些都逐渐转给了世俗政权。在政治上，宗教改革的结果使得民族国家得以形成，各国王权得到加强。这些都从根本上动摇了神权秩序的制度基础，为新秩序的生长创造了环境。另外，宗教改革还导致了德国由闵采尔领导的大规模农民起义和各国之间多年的宗教战争，结果不仅进一步瓦解了神权秩序，还大大削弱了刚刚独立的世俗王权的力量。这些都有利于新兴工商资产阶级的成长，有利于市场经济的发展，从而为市场秩序的形成提供了可能。最后，"到十五世纪末，习惯上与'资本主义'这个意思模糊的词相关联的大多数现象都已显露了出来，其中包括大企业、股票和商品投机以及'资金高速流转'"。①

三、英国资产阶级革命与市场秩序的初步确立

文艺复兴、宗教改革以及在 1492 年由哥伦布肇始的"地理大发现"，一方面推动了自然科学的发展，解放了生产力，加速了资本的原始积累，扩大了市场的领域和范围，另一方面也壮大了新兴资产阶级的力量。在此背景下，1640~1688 年，英国发生了由资产阶级和新贵族领导的资产阶级革命。结果，资产阶级在 1689 年通过了《权利法案》，使英国确立了君主立宪制的资产阶级

---

① [美] 约瑟夫·熊彼特. 经济分析史（第一卷）[M]. 朱泱等译. 北京：商务印书馆，1991（1）：124-125.

专政。资产阶级政治和法律制度的确立,使得资本主义市场经济的合理性第一次得到了正式制度保障,资本主义市场秩序第一次得以确立。在此之后,英国资产阶级革命还引发了欧洲大陆的启蒙运动(Enlightenment),即由卢梭、伏尔泰、孟德斯鸠和狄德罗等领导的以法国为中心的一场思想解放运动,以及随之而来的欧美资产阶级革命。但是,新秩序在确立的过程中同时也面临着旧势力的严峻挑战,新秩序的发展更是面临着许多亟待解决的深层次的思想问题。尽管从文艺复兴开始形成的人文主义和在宗教改革之后兴起的"资本主义精神"本身就是对新生活方式的合理化的支撑,但是这种合理化还是表层的间接的无意识的,还不足以为新生活方式提供根本性的辩护。因此,站在新兴阶级立场上并拥护新的生活方式的思想家就从哲学和法学等方面着手,开始了对其深入的直接的有意识的辩护,由此逐渐形成了以亚当·斯密"看不见的手"为核心的第一个市场秩序理论范式,即神圣力学范式的市场秩序理论。

第二节 近代市场经济的价值性理论

确立新秩序所面临的深层次的思想问题之一,就是市场经济的价值性问题。这一问题是通过对市场经济合法性的解答和对市场经济中人性的研究来体现的。为此,正如西塞罗所做的那样,新时代的思想家们首先再一次搬出了自然法理论,并对之进行了新的阐述,以说明市场经济的合法性。

一、市场经济的法理基础

(一)自然法理论

自然(Nature)在西文中有大自然与本性两个基本含义,但是在哲学上,由于不同思想家对这两个基本含义的具体理解和运用不同,因而它成了一个含义非常复杂的词。在古希腊,自然哲学家们大都把自然理解为宇宙万物及其运行法则,而从某些智者特别是苏格拉底开始则把自然理解成人的本性即德性同时也是理性,这种人的本性在柏拉图那里继而具体发展成了灵魂各部分的德性和相互作用及其引起的社会分工和演化,而这种本性在亚里士多德那里则被看成是万物尤其是人的目的性,也就是追求幸福生活的天性。之后,在古希腊晚期的思想家那里,伊壁鸠鲁把这种本性看作是追求个人的精神快乐和心灵宁静。而在斯多亚派那里,他们不仅把自然与理性、"逻各斯"、宇宙的共同法则等同起来,而且把自然等同于神,看作是人与神共同分有的一种本性。这就形成了初步的自然法思想。西塞罗继承了这一思想,并且第一次用自然法为罗马统治秩序进行辩护。在中世纪,基督教思想家进一步把自然法等同于上帝之法,用之为宗教神权统治进行辩护。

近代的思想家,首先把对自然的理解复归到人性和理性。例如,"到了十六世纪尼德兰资产阶级革命时期,格劳秀斯(1583~1645年)首先用'人性'、'理性'来阐释'自然法'。洛克在这一问题上,也同其他资产阶级思想家一样,继承了格劳秀斯的解释。那就是说,合乎'人性'和'理性'的制度就是合乎自然法的制度"①。这在休谟、卢梭、斯密等那里尤其是如此。其次,近代的思想家普遍把自然看作人类社会在逻辑上的一种初始状态。这种看法肇始于除格劳秀斯以外近代另一自然法学说的经典作家和创立者霍布斯。他把这种初始状态称为自然状态或原始状态。尽管这种状态实际上只是一种逻辑上的假设,他却往往把它看作历史上的一种真实状态,以此为新秩序进行辩护。最后,近代思想家也往往把自然与神联系起来。不过,在这里,神的含义大多是象征性的,搬出神的目的主要是为了论证和维护新生活方式的合理性,而不是要恢复到基督教神权统治的时代。

由于自然具有以上这些含义,因而自然法的含义首先就指的是合乎事物本性,特别是合乎人性即理性的法则。"自然法不过就是理性为着人们的'相

---

① [英]洛克. 政府论(下册)[M]. 叶启芳,瞿菊农译. 北京:商务印书馆,1964:Ⅺ.

互保障'或人类的'和平与安全'而发出的诫命。"① 在此意义上，自然法不同于实在法。魁奈把法分为自然法与实在法。他认为，自然法是由人的理性之光所明白承认的自然法则，而实在法是人为制定并强制实施的法则。康德明确认可了这一点。他说，"那些外在的法律即使没有外在立法，其强制性可以为先验理性所认识的话，都称之为自然法。此外，那些法律，若无真正的外在立法则无强制性时，就叫做实在法"。② 可见，自然法并不等于存在于自然界中的客观规律，而主要是存在于人的心灵之中的一些先验性的法则。实际上，自然法在此指的是由新的生活方式所形成的风俗习惯和伦理道德等非正式制度。"所谓自然法，可被理解为共同体中一些根深蒂固的规则和价值的一种代表。"③ 不过，魁奈和康德看不到它产生的实践根源，所以，就把它先验化。其次，自然法指的是人在自然状态中生存的基本法则和基本权利。这些法则和权利包括相互合作、缔结契约、保护财产和生命，等等，实际上指的是市场经济运行的基本规则。例如，休谟就认为最基本的自然法就是三条："即稳定财物占有的法则，根据同意转移所有物的法则，履行许诺的法则。人类社会的和平与安全完全依靠于那三条法则的严格遵守。"④ 最后，自然法是具有神圣性和永恒性的法则。"自然法乃是上帝意志的宣布。它是人心中的'上帝之声'。它因此可以称作是'上帝法'或'神法'，或者甚至是'永恒法'；它是'至高无上的法'。"⑤ 总之，自然法其实不过是市场经济条件下新的生活规则和法则，不过，近代的思想家们为了说明这些规则和法则的合理性，为了维护其存在并使之制度化，就把它先验化甚至神化。

具体来说，近代思想家们借助于自然法对新兴市场经济合法性的辩护首

---

① [美] 列奥·施特劳斯. 自然权利与历史 [M]. 彭刚译. 北京：生活·读书·新知三联书店，2003：233.
② [德] 康德. 法的形而上学原理——权利的科学 [M]. 沈叔平译. 北京：商务印书馆，1991：31.
③ [德] 柯武刚，史漫飞. 制度经济学：社会秩序与公共政策 [M]. 胡朝华译. 北京：商务印书馆，2000：167.
④ [英] 休谟. 人性论（下册）[M]. 关之运译. 北京：商务印书馆，1980：566.
⑤ [美] 列奥·施特劳斯. 自然权利与历史 [M]. 彭刚译. 北京：生活·读书·新知三联书店，2003：207.

先是通过社会契约论来进行的。社会契约论的核心有三个部分，即自然状态假说、自然权利假说和权利让渡假说。

(二) 社会契约论

"只是从霍布斯开始，关于自然法的哲学学说根本上成了一种关于自然状态的学说。"[1] 自然状态假说是由霍布斯开始提出的社会契约论的前提，不仅霍布斯，而且洛克、卢梭、休谟、斯密等的全部学说都是建立在自然状态的假说上的。不过，他们对于自然状态的具体含义有不同看法，甚至还存在争论。

在霍布斯看来，自然状态是一种战争状态，"这种战争是每一个人对每个人的战争"。[2] 在这种人人自危、相互战争的状态下，不存在任何秩序。这种状态的特点是："在这种状况下产业是无法存在的，因为其成果不稳定"；[3] "最糟糕的是人们不断处于暴力死亡的恐惧和危险中，人的生活孤独、贫困、卑污、残忍而短寿"；[4] "是与非以及公正与不公正的观念在这儿都不能存在"；[5] "在这种状况下，人人都受自己的理性控制"。[6]

而在洛克看来，自然状态却是一种和平状态。它的特点是：①完全自由。"那是一种完备无缺的自由状态，他们在自然法的范围内，按照他们认为合适的办法，决定他们的行动和处理他们的财产和人身，而无须得到任何人的许可或听命于任何人的意志。"[7] ②完全平等。"这也是一种平等的状态，在这种状态中，一切权力和管辖权都是相互的，没有一个人享有多于别人的权力。"[8] ③完全理性。一方面，自然状态不是自由放任的状态。"在这种状态中，虽然人具有处理他的人身和财产的无限自由，但是他并没有毁灭自身或他所占有的任何生物的自由，除非有一种比单纯地保存它来得更高贵的用处要求将它

---

[1] [美] 列奥·施特劳斯.自然权利与历史 [M].彭刚译,北京：生活·读书·新知三联书店,2003：188.
[2][3] [英] 霍布斯.利维坦 [M].黎思复,黎廷弼译,北京：商务印书馆,1985：94.
[4] [英] 霍布斯.利维坦 [M].黎思复,黎廷弼译,北京：商务印书馆,1985：95.
[5] [英] 霍布斯.利维坦 [M].黎思复,黎廷弼译,北京：商务印书馆,1985：96.
[6] [英] 霍布斯.利维坦 [M].黎思复,黎廷弼译,北京：商务印书馆,1985：98.
[7][8] [英] 洛克.政府论（下册）[M].叶启芳,瞿菊农译,北京：商务印书馆,1964：3.

毁灭"。① 另一方面，"自然状态有一种为人人所应遵守的自然法对它起着支配作用；而理性，也就是自然法，教导着有意遵从理性的全人类：人们既然都是平等和独立的，任何人就不得侵害他人的生命、健康、自由或财产"。② 此外，洛克的自然状态还是一种土地丰裕，不存在资源稀缺的状态。"他所根据的前提是土地的丰裕，这种土地由一位仁慈的造物主赐给人类共有，附带有工作和繁殖的义务。"③ 实际上，历史地看，霍布斯所描述的自然状态是当时市场经济的一种现实状态。"他的自然状态理论所依据的经验就是内战（注：1642~1649年英国资产阶级革命战争）时期的经历"，④ 以及在英国市场经济发展的原始积累时期，资产阶级掠夺农民土地而导致"羊吃人"的残酷景象。相反，洛克所描述的自然状态则是他所憧憬的市场经济的应然状态。所以在政治态度上，霍布斯趋向于保守，主张维护君主专制，因为他认为只有这样才能使现实生活形成良好的秩序。相比之下，洛克则非常激进，主张建立君主立宪的新制度，因为在他看来，市场经济本身是会有秩序的，所以不必实行强权政治。

霍布斯和洛克在政治学上所假设的这种自然状态也进入了经济学家的理论视野。魁奈基本上就照搬了洛克的自然状态假设，不过，他把自然状态等同于原始状态。他认为，在原始状态下，每个人都有权凭劳动获得其所能获得生存资料的权利，有保存自身生命的义务。但是，在自然状态下，由于各人的能力不同，各人的自然权利并不平等，而且有些人可能滥用他们的天然自由，人与人之间没有安全感，因而，人们相互协作，缔结契约，组成政府，制定法律，这样就扩大了人们的自然权利。但是，这些人为制定的法律即实在法，必须建立在自然法的基础上。另外，魁奈也把自然状态假定为资源丰裕的状态。不过，洛克和魁奈的这种丰裕状态假说遭到了休谟的否决。休谟

---

①② [英] 洛克. 政府论（下册）[M]. 叶启芳，瞿菊农译. 北京：商务印书馆，1964：4.
③ [美] 康芒斯. 制度经济学（上册）[M]. 于树生译. 北京：商务印书馆，1962：49.
④ [美] 列奥·施特劳斯. 自然权利与历史 [M]. 彭刚译. 北京：生活·读书·新知三联书店，2003：200.

认为，自然状态是一种资源稀少的状态。而且，"由于我们的所有物比起我们的需要来显得稀少，这才刺激起自私；为了限制这种自私，人类才被迫把自己和社会分开，把他们自己和他人的财物加以区别"。① 休谟的这种由于自然状态资源稀少而导致人性自私的看法得到了斯密的继承。熊彼特认为，"斯密的论证从一个虚拟的历史自然状态的背景出发，在这种自然状态中，一方面没有地主与'主人'，另一方面劳动是唯一稀缺生产要素"。② 斯密自己也说，"劳动生产物构成劳动的自然报酬或自然工资。在土地尚未私有而资本尚未累积的原始社会状态下，劳动的全部生产物属于劳动者，既无地主也无雇主来同他分享"，③ "但劳动者独享全部劳动生产物的这种原始状态，一到有了土地私有和资本累积，就宣告终结了"。④ 在斯密看来，之所以出现土地私有和资本累积，是因为有了分工，分工的出现导致原始状态的解体，交换和储蓄的产生，以及私有财产的出现。休谟和斯密这种原始状态由于存在稀缺而导致人性自私的看法后来发展成了"经济人"假设的核心内容之一。

总的来看，虽然不同思想家对自然状态的看法不同，但是他们关注和思考的核心都是人的生存活动状态，即在市场经济这种新的生活方式下，人应当怎样合理地有价值地生存，即市场秩序应当是一种怎样的状态，对人有什么样的价值。为此，他们进一步对这种状态下人的生存权利进行了探讨。

近代思想家把自然状态下人的权利称为"自然权利"（Natural Rights），通常也称之为"天赋人权"。尽管自然权利在西方古代就可以找到思想渊源，例如，在斯多亚派有关世界城邦的理论中，他们就认为，每个人的权利都是平等的，每个人对自己私事的关心不应该超过对整体中其他同等部分的关心。但是，详细探讨和大声高呼自然权利的，不过是西方近代以来的事情。在历

---

① [英] 休谟. 人性论（下册）[M]. 关之运译. 北京：商务印书馆，1980：535.
② [美] 约瑟夫·熊彼特. 经济分析史（第一卷）[M]. 朱泱等译. 北京：商务印书馆，1991（1）：404.
③ [英] 亚当·斯密. 国民财富的性质和原因的研究（上卷）[M]. 郭大力，王亚南译. 北京：商务印书馆，1972：58.
④ [英] 亚当·斯密. 国民财富的性质和原因的研究（上卷）[M]. 郭大力，王亚南译. 北京：商务印书馆，1972：59.

次资产阶级革命中,自然权利都是资产阶级的一面旗帜。一般来说,自然权利有两方面的含义。一是广义的自然权利。在这方面,自然权利是人之为人所应当具有的基本权利即人权,"每个个体的自然权利就是同样地属于每个人之作为人所应具有的权利"。① 二是狭义的自然权利。在这方面,自然权利特指人民相对于政府所应当具有的权利即公民权。前者影响最大的是洛克的论述,后者最著名的是卢梭的"主权在民"论。在洛克看来,"人类天生都是自由、平等和独立的,如不得本人的同意,不能把任何人置于这种状态之外,使受制于另一个人的政治权力"。② 洛克这种人天生自由而平等的观点得到了广泛认可,也是卢梭"主权在民"论的根据。而洛克之所以认为人人生而自由平等,是因为在他看来,人人都有支配自己人身的权利,这种权利既包括支配自己劳动的权利,又包括支配自己劳动成果的权利。所以,总的来看,自然权利的核心是三项权利:财产权、自由权、平等权。

1. 财产权。在洛克那里,"我所谓的财产,在这里和在其他地方,都是指人们在他们的身心和物质方面的财产而言"。③ 也就说,洛克所说的财产并不是简单指一个所具有的物质财富,而指一个人的身体及其凭自己的劳动所获得的成果。因此,财产权最重要的是两项,一是生命权,二是占有劳动成果权。生命权是最基本的自然权利。霍布斯就说:"自然律是理性所发现的戒条或一般法则。这种戒条或一般法则禁止人们去做损毁自己的生命或剥夺保全自己生命的手段的事情,并禁止人们不去做自己认为最有利于生命保全的事情。"④ 而在斯密看来,"正义的核心是防止我们对身边的人造成伤害"。⑤ 占有劳动成果权之所以也是一项基本的财产权,是因为在洛克看来,自然状态是一种丰裕的状态。在此状态下,自然界的物质财富对任何人都是平等的,因此一个人财产的确定只能以他的劳动为限。洛克说:"在最初,只要有人愿意对于原

---

① [美] 列奥·施特劳斯. 自然权利与历史 [M]. 彭刚译. 北京:生活·读书·新知三联书店,2003:15.
② [英] 洛克. 政府论(下册)[M]. 叶启芳,瞿菊农译. 北京:商务印书馆,1964:59.
③ [英] 洛克. 政府论(下册)[M]. 叶启芳,瞿菊农译. 北京:商务印书馆,1964:110.
④ [英] 霍布斯. 利维坦 [M]. 黎思复,黎廷弼译. 北京:商务印书馆,1985:97.
⑤ [英] 亚当·斯密. 道德情操论 [M]. 韩巍译. 北京:中国城市出版社,2008:150.

来共有的东西施加劳动，劳动就给予财产权"，①"财产的幅度是自然根据人类的劳动和生活所需的范围而很好地规定的"。② 不过，洛克反复强调的是，一个人并不是占有越多的劳动成果就越好，而只是以他实际所需要的为限。"上帝创造的东西不是供人们糟蹋或败坏的。"③ 洛克这种以劳动来界定财产权的思想成了斯密及其以后劳动价值论的重要来源。

财产权除了具有这些基本含义以外，还具有一些重要特征和功能。财产权的特征包括：①合法性。财产权是被法律和道德认可的一种权利。休谟说："我们的财产只是被社会法律，也就是被正义的法则，所确认为可以恒常占有的那些财物。"④ ②契约性。财产权是通过市场交换之间的契约关系形成并在国家强制权力的保障下实施的。霍布斯早就看到了这一点："正义的性质在于遵守有效的信约，而信约的有效性则要在足以强制人们守约的社会权力建立以后才会开始，所有权也就是在这个时候开始。"⑤ ③排他性。"每个人都天然有权取得为自己所必需的一切；但是使他成为某项财富的所有者这一积极行为，便排除了他对其余一切财富的所有权。他的那一份一经确定，他就应该以此为限，并且对集体不能再有任何更多的权利。"⑥ 至于财产权的功能，在洛克看来，它主要包括两项：一是有利于增加人类财富。"一个人基于他的劳动把土地划归私用，并不减少而是增加了人类的共同积累。"⑦ 二是有利于促进社会和谐。"权利和生活需要是并行不悖的；因为一个人有权享受所有那些他能施加劳动的东西，同时他也不愿为他所享有不了的东西花费劳力。这就不会让人对财产权有何争论，也不容发生侵及他人权利的事情。"⑧

2.自由权。自由是个含义非常复杂的词。①按照柏林的看法，西方主要

---

① [英] 洛克.政府论（下册）[M].叶启芳，瞿菊农译.北京：商务印书馆，1964：28.
② [英] 洛克.政府论（下册）[M].叶启芳，瞿菊农译.北京：商务印书馆，1964：22.
③ [英] 洛克.政府论（下册）[M].叶启芳，瞿菊农译.北京：商务印书馆，1964：20.
④ [英] 休谟.人性论（下册）[M].关之运译.北京：商务印书馆，1980：531.
⑤ [英] 霍布斯.利维坦[M].黎思复，黎廷弼译.北京：商务印书馆，1985：109.
⑥ [法] 卢梭.社会契约论[M].何兆武译.北京：商务印书馆，2003：27.
⑦ [英] 洛克.政府论（下册）[M].叶启芳，瞿菊农译.北京：商务印书馆，1964：24.
⑧ [英] 洛克.政府论（下册）[M].叶启芳，瞿菊农译.北京：商务印书馆，1964：32.

有两种自由观，一是积极自由，另一是消极自由。积极自由的主旨是自主，就是凭借现有条件和能力去主动地突破自身所受的限制。消极自由的本意是不受限制，即在规则许可的范围之内，个人无论是思考还是行动都是做自己的主人。不过，这两种自由一般都是指个人自由。②在西方近代，自由一开始主要是指消极自由。用洛克的话来说，"人的自然自由，就是不受人间任何上级权力的约束，不处在人们的意志或立法权之下，只以自然法作为他的准绳"。① 后来，约翰·密尔把它简要概括为："个人自由必须约制在这样一个界限上，就是必须不使自己成为他人的妨碍"②。③自由指的是法律之下的自由。"但是自由，正如人们告诉我们的，并非人人爱怎样就可怎样的那种自由（当其他任何人的一时高兴可以支配一个人的时候，谁能自由呢？），而是在他所受约束的法律许可范围内，随心所欲地处置或安排他的人身、行动、财富和他的全部财产的那种自由，在这个范围内他不受另一个人的任意意志的支配，而是可以自由地遵循他自己的意志。"③ ④自由指的是理性自由。洛克认为，人之所以具有自由，是因为他具有理性。凭借理性，他会去了解他用以支配自己行动的法律，并且知道对自己的自由意志应当听从到什么程度。所以自由也意味着责任，对于不具备理性的未成年人或不正常的人来说，他们不能承担责任，也就没有自由。可见，不管怎样，自由的核心是个人的自由权利，即正常的守法的个人有权利自主地活动。但是，这种自由权利不能使任何个人有不要自由的权利。"自由原则不能要求一个人有不要自由的自由。一个人被允许割让他的自由，这不叫自由。"④

3. 平等权。平等权是与自由权具有同等地位的一项权利。洛克认为，人天生就是自由而平等的。卢梭也认为，"如果我们探讨，应该成为一切立法体系最终目的的全体最大幸福究竟是什么，我们便会发现它可以归结为两大主

---

① [英] 洛克. 政府论（下册）[M]. 叶启芳，瞿菊农译. 北京：商务印书馆，1964：15.
② [英] 约翰·密尔. 论自由 [M]. 许宝骙译. 北京：商务印书馆，1998：66.
③ [英] 洛克. 政府论（下册）[M]. 叶启芳，瞿菊农译. 北京：商务印书馆，1964：35-36.
④ [英] 约翰·密尔. 论自由 [M]. 许宝骙译. 北京：商务印书馆，1998：123.

要的目标：即自由与平等"。① 平等之所以具有如此重要地位，是因为平等是自由和财产的保障。所以斯密呼吁，"一国君主，对其所属各阶级人民，应给予公正平等的待遇；仅仅为了促进一个阶级的利益，而伤害另一阶级的利益，显然是违反这个原则的"。② 不过在这里，平等主要是形式上的平等，实际上是要求市场主体能够在市场中平等地进行交换。

总的来看，财产权、自由权和平等权是市场经济条件下个体应当具有的权利。这些都属于自然权利第一方面的含义。如上所述，自然权利第二方面的含义是在市场经济中生活的人们相对于政府的权利。对于这种权利的论述就构成了社会契约论中的权利让渡假说。

权利让渡假说最重要的是霍布斯和洛克的学说。在霍布斯看来，由于自然状态是一个人对人是狼的相互战争的丛林状态，这种状态没有任何秩序，不符合具有理性的人的生存要求，因而人们在理性的驱使下，相互达成契约，除了自己的生命权以外，把自己的其他权利让渡出来，共同组织成一个国家。他借用《圣经》中一种力大无穷的巨兽的名字，把这个国家称之为"利维坦"。在他看来，"利维坦"应当是强大而有力的，其最佳的制度形式就是君主制。在"利维坦"的统治下，人民没有反抗的权利，必须绝对服从，而"主权者或国家的职责主要有三：一是对外抵抗敌人侵略，保障国家安全；二是对内维护社会的和平与安宁；三是保障人民通过合法的劳动生产致富"。③ 可见，在霍布斯的权利让渡学说中，他的"利维坦"虽然保留了封建君主专制的旧制度形式，但是已经具有了全新的内容。最重要的是，他把"利维坦"建立在社会契约而不是君权神授的基础上，这实际上说明了，"利维坦"的产生及秩序的形成过程就是对当时市场经济合理化的过程。"霍布斯所说的契约，从实质上看，是权利的相互转化或交换的社会契约。不过，霍布斯在《利维坦》

---

① [法] 卢梭. 社会契约论 [M]. 何兆武译. 北京：商务印书馆，2003：66.
② [英] 亚当·斯密. 国民财富的性质和原因的研究（下卷）[M]. 郭大力，王亚南译. 北京：商务印书馆，1974：221.
③ [英] 霍布斯. 利维坦 [M]. 黎思复，黎廷弼译. 北京：商务印书馆，1985：v.

中所详细论述的权利转让和契约履行的问题,实际上是新兴资产阶级的商业贸易活动和自由市场经济兴起在哲学上的反映。"①

但是,在洛克看来,自然状态是一个人人平等、自由、有财产的状态,而不是战争状态。因为他认为,在自然状态下,每个人都是绝对平等的,都有保存自己生命的权利,如果任何人侵害他人,受害人基于保卫生命的理由可以将其处死,因此战争就会受到遏制,和平得以实现,所以他坚决反对霍布斯把自然状态说成是战争状态。不过,他也认为,虽然自然状态如此美好,但是由于缺乏公共裁判者,因此,当其成员受到损害时,就会有不能得到申诉和无法决定争论等种种"不方便",甚至自然状态也可能变成战争状态,所以,人们还是有必要通过订立协议让渡一部分权利而组建政府。"构成共同体并使人们脱离涣散的自然状态而成为一个政治社会的,是每个人同其余的人所订立的协议,由此结成一个整体来行动,并从而成为一个单独的国家。"②但是,与霍布斯不同的是,个人在通过契约转让给政府权力时,不仅要保留生命权,还要保留财产权;"立法者由于侵犯人民的财产,从而辜负他们所受的委托时,人民有以新的立法机关重新为自己谋安全的权力"。③这样,洛克就不仅赋予秩序以工具合理性,而且赋予秩序以价值合理性。也就是说,秩序的建立必须符合其成员的价值要求;反之,其成员就有权利重建秩序。这实际上是对市场经济发展的进一步合理化。

总之,社会契约论的三部分自然状态假说、自然权利假说和权利让度假说是紧密相连、互为一体的,其实质不过是探讨建立一种适应于以交换和契约为核心的社会关系的秩序,这种秩序就是市场秩序。

二、市场经济的人性根据

市场经济价值性的另一问题就是人性问题。文艺复兴以后,随着社会生

---

① 宋希仁. 西方伦理思想史 [M]. 北京: 中国人民大学出版社, 2003: 194.
② [英] 洛克. 政府论 (下册) [M]. 叶启芳, 瞿菊农译. 北京: 商务印书馆, 1964: 134.
③ [英] 洛克. 政府论 (下册) [M]. 叶启芳, 瞿菊农译. 北京: 商务印书馆, 1964: 142.

活中神的退出，人的凸显，对人的认识就成了日益重要的问题。而在市场经济条件下，一切都是围绕满足人的需要和实现人的利益来运作的，人的这种追逐自我利益的生活方式是否合理，就成了新时代思想家必须回答的根本问题之一。然而，大多数思想家对此的回答却是简单而又明确：人本性就是理性而自私的。由此，他们从人性假设出发，对市场经济条件下人的行为展开了合理化论证。

（一）人性的含义

人性是个复杂而古老的问题，在西方它一直包括两方面的内涵。一方面人性就是理性，另一方面是人性本善或人性本恶。对于人性就是理性这一点西方自古以来并不存在很大争议，即使基督教神学，它也不否认人性就是理性，不过，它把理性也等同于神性，看作是对神性的分有，这在自然法理论中表现得非常明显。但是，对于人性本善还是本恶这一点却一直存在争论，不过，总的来看，持人性本恶观点的，在西方居多，因为《圣经》中的"原罪说"就是对人性本恶的肯定。具体来说，人性是理性也就是"人性（Humanity）本身就是社会性"。[①] 这一点首先在亚里士多德那里得到了明确表达。亚里士多德把人看作是理性动物同时也是政治动物。在他那里，政治动物其实也就是社会动物，也就是说，人是一种必须过共同体生活的动物，所以在他看来，理性与社会性是合二为一的。在他之后，这一点似乎不存在多大争议。人性本善还是本恶指的是人的本性是利他的还是利己的。中世纪的基督教虽然是极其利己，极力维护封建神权统治阶级利益的，但是由于它披有上帝拯救众生的神圣外衣，戴有追求信徒永生幸福的神圣光环，因而它总是表现出一副慈祥而善良的面目。与此相反，近代资本主义市场经济条件下人的行为表现看来是明显的自私自利的。事实上似乎也是如此。在英国资本原始积累的"羊吃人"时代，用马克思的话说，"资本来到世间，从头到脚，每个毛孔都

---

① [美] 列奥·施特劳斯. 自然权利与历史 [M]. 彭刚译. 北京：生活·读书·新知三联书店，2003：129.

滴着血和肮脏的东西"。① 因此，在新旧秩序转型的时代，面对基督教神学家的批评，近代思想家特别是休谟和斯密等对市场经济条件下人的利己行为方式做了合理性说明。

（二）利己的合理性

在西方近代思想家那里，市场经济条件下的人的利己行为的合理性主要是基于三个方面的理由：

1. 利己是一种习惯性的事实存在，因而是合理的。利己是否合理，首先是对利己的一个认识问题。而从日常经验来看，利己不过是人们习以为常的行为方式。"家中摔破一面镜子，比千百里外一所房子着火，更能引起我们的关切，"②"我们每天所需的食料和饮料，不是出自屠户、酿酒家或烙面师的恩惠，而是出自他们自利的打算。我们不说唤起他们利他心的话，而说唤起他们利己心的话。我们不说自己有需要，而说对他们有利"。③ 所以，在休谟和斯密等看来，既然利己是人们的生活习惯，那么它本身就是合理的。而且对于他们来说，认识也无非是来源于对日常经验的感觉，人们的因果观念也不过是产生于习惯。所以，既然"我观察到，让别人占有他的财物，对我是有利的，假如他也同样地对待我。他感觉到，调整他的行为对他也同样有利"，④ 那么利己就是人的一种自然性情，就是合理的。

2. 利己有道德和神的调节和约束，因而是无害的。利己当然不只是个认识问题，更重要的是个道德问题。霍布斯认为，在自然状态下，每个人都是自私自利、残暴好斗的。休谟和斯密等尽管并不完全认同这一点，然而他们也承认每个人都具有利己的动机。但是在他们看来，区分人们道德善恶的，既不是利己心，也不是利他心，而是同情心。"同情是我们对一切人为的德表

---

① 马克思. 资本论（第1卷）[M]. 北京：人民出版社，2004（1）：871.
② [英] 休谟. 人性论（下册）[M]. 关之运译. 北京：商务印书馆，1980：467.
③ [英] 亚当·斯密. 国民财富的性质和原因的研究（上卷）[M]. 郭大力，王亚南译. 北京：商务印书馆，1972：14.
④ [英] 休谟. 人性论（下册）[M]. 关之运译. 北京：商务印书馆，1980：530.

示尊重的根源。"① 而人们之所以具有同情心,是因为"人类心灵中生来有一种苦乐的知觉,作为它的一切活动的主要动力和推动原则",② 所以人们一旦关心和帮助别人,就会感觉到快乐,反之则会觉得痛苦。"无论一个人在我们眼中是如何自私,他总是会对别人的命运感兴趣,会去关心别人的幸福;虽然他什么也得不到,只是为别人感到高兴。"③ 另外,"对那些普遍道德准则的尊重更有其深刻原因:它们是上帝的命令与戒律。顺应它们的人会得到奖励,而违反它们的人将得到惩罚"④。因此,虽然人的本性具有利己的动机,但是在同情心和上帝的调节和约束下,这种利己动机并没有害处。

至于利己是不是正义的,休谟认为,并不是所有的道德都来自于人的天然性情,道德可以分为"自然"之德与"人为"之德。前者当然指同情心这样的品德,后者的典型表现就是正义之德。在休谟看来,"正义或非义的感觉不是由自然得来的,而是人为地(虽然是必然地)由教育和人类的协议发生的"⑤。因此,既然正义只是一种"人为"之德,所以人们的利己心就不存在正义和不义的问题。正义和不义的评价标准不在于人的动机,而在于人的行为效果。只要人的行为客观上是有益的,那它就是正义的,反之就是不义的。在这一点上,休谟走向了功利主义。

3. 利己将导致政府和法律的产生,因而是受控的。一方面,在霍布斯和洛克等人的社会契约论中,正是由于人具有利己的本性,因而才导致人们打破自然状态,把自己的一部分权利让渡出来,通过契约缔结一个政府。这个政府的本质就在于保护人的自由、安全和财产。所以,任何人如果由于利己的本性使然而威胁到他人的自由、安全和财产,政府就有必要制止。另一方面,在休谟等人看来,在自然状态下不存在正义与不义的问题,正义是由于这种状态中人不仅本性自私而且存在资源稀缺,所以人们为了保障各自的财

---

① [英] 休谟. 人性论(下册)[M]. 关之运译. 北京:商务印书馆,1980:620.
② [英] 休谟. 人性论(上册)[M]. 关之运译. 北京:商务印书馆,1980:139.
③ [英] 亚当·斯密. 道德情操论[M]. 韩巍译. 北京:中国城市出版社,2008:3.
④ [英] 亚当·斯密. 道德情操论[M]. 韩巍译. 北京:中国城市出版社,2008:139.
⑤ [英] 休谟. 人性论(下册)[M]. 关之运译. 北京:商务印书馆,1980:523.

产，通过协议而产生的。因此，正义本身就是每个人的意志同时也是共同意志的体现，既是一种契约也是一种理性规则或自然法则。如果任何人做了不义的事，他既是违反自己的意志也是违反共同的意志，这是为理性所不许可的，众人因此就可以惩罚他。"关于正义的最神圣的法律是为了保护我们邻人的生命和人身安全，违犯这些法律的人应该受到最严厉的报复和惩罚；其次是为了保护个人财产和所有权，最后才是保护通常所说的个人权益或保障承诺实现的权利。"① 总之，在休谟和斯密等人的眼里，虽然人的本性具有利己的一面，在市场经济条件下人的行为表现出自私自利的特征，但是由于有道德、宗教、政府和法律等的保障，这种利己性并无害处。由此可见，他们的这些论述都是对市场经济条件下人的行为方式的合理化，即对市场经济的辩护。

第三节 近代市场经济的制度化理论

市场经济的合理化其实同时也是市场经济的制度化，不过以上的这些论述还没有说明一个更根本的问题，即随着市场经济的发展，人们应当最终确立一个什么样的秩序，这个秩序将是个怎么样的模式。对于这个问题的回答是从魁奈正式开始的。

一、魁奈的自然秩序理论

魁奈把市场秩序看作是一个自然秩序。自然秩序思想在西方源远流长。古希腊早期自然哲学家就把整个宇宙看作是一个按照本原的运行法则生成变化的自然秩序。后来，思想家们大都把自然与人的本性、理性、神性等同起来，在此意义上，包括柏拉图、亚里士多德在内的秩序思想都可以称之为自

---

① [英] 亚当·斯密. 道德情操论 [M]. 韩巍译. 北京：中国城市出版社，2008：69-70.

然秩序。即使在基督教神学家那里，他们的秩序思想也都可以称之为自然秩序，因为神本身就是合乎本性的。不过，这些自然秩序都主要不是针对市场经济而言的。第一次明确把市场经济秩序称为自然秩序的是重农学派的代表人物魁奈。魁奈利用当时的文化成果，首次对市场秩序进行了具体阐述。

1. 自然秩序与自然法则。魁奈把经济秩序分为自然秩序与人为秩序。前者是按照经济中的自然法则来运行的秩序，后者是按照人们对自然法则的认识而制定的政策法规来运行的秩序。不过，在魁奈看来，由于政策法规的制定必须以认识自然法则为前提，而且人为制定的政策法则往往背离自然法则，因而自然秩序比人为秩序更为根本，经济主要应当按照自然法则来运行。但是，魁奈的自然法则并不完全是自然界的客观规则，它有特定的内涵。①自然法则当然是大自然的运行法则。由于农业是最接近大自然的，最具有天然性，因而，魁奈认为，自然法则最重要的是农业生产的法则，自然秩序应当主要按照农业生产法则来运行。这样，魁奈就为其重农主义提供了理论依据，而他的自然秩序实质是一种农业生产秩序。②自然法则是一种理性的法则。西方自古以来就把自然或本性等同于人的理性，魁奈也不例外。在魁奈看来，自然法则本身就是人的理性的体现，所以"重家学派的所谓'自然秩序'（在真实现象的世界里有一个'人为秩序'与之相对应）是由人类理性所显示的人性的理想命令"。① 受法国启蒙运动的一些思想家如狄德罗等的影响，魁奈格外重视理性。他说："理性对于灵魂的关系，好像眼睛对于身体一样，如果没有眼睛，人就不能享受亮光，如果没有亮光，人就不能看到任何东西。"② ③自然法则是神的意志和诫命。西方的自然法则一直是与神紧密联系在一起的，魁奈也是如此。魁奈认为，自然法则是神定的最高法则，是一个最初的原始的神圣不变的基本法则。它是自然秩序统治的基础，并且决定着自然秩序。而且，由于神是全知全能至善至美的，因而自然秩序是最美好最和谐的

---

① [美] 约瑟夫·熊彼特. 经济分析史（第一卷）[M]. 朱泱等译. 北京：商务印书馆，1991（1）：345.
② [英] 魁奈. 魁奈经济著作选集 [M]. 吴斐丹，张草纫译. 北京：商务印书馆，1979：306.

秩序。总之，魁奈的自然秩序实质上是一种农业生产秩序，是他对当时农业经济的美化和神化。

2. 自然秩序与自然权利。与对经济秩序的分类相似，魁奈也把人的权利分为自然权利与人为权利。他认为，在人类社会，人既有自然权利，也有人为权利。前者是天赋的、生而有之的权利，后者是人们实际享有的权利，是由统治者依据自然权利制定的权利和义务，并且在君主、贵族或民主权力统治下有很大变化，带来不同后果。自然权利是实现自然秩序的根本条件。自然权利集中起来有两条：财产所有权和自由。财产所有权最重要的是土地所有权，自由主要是人身自由和生产经营自由。自然权利又可以分为个体自然权利和社会自然权利，前者是人们享受的物件的权利和占有劳动所能获得的部分，它是一种原始状态的权利；后者是当个体进入社会以后，人们为了各自的利益缔结协约，将自然权利扩大而产生的权利。社会权利只有充分依据自然权利，才能形成最有利最和谐的秩序。可见，魁奈的自然权利基本上是对洛克等社会契约论中的自然权利的重复，不过他的自然权利实质上有特定内涵，即为了维护自由占有和经营土地的权利。与自然法则一样，在他看来，自然权利是自然的、理性的和神圣的权利。

3. 自然秩序的具体内涵。这主要包括两个方面：①反对重商主义（Mercantilism）。"重商主义是文艺复兴的思想启蒙在经济领域最为杰出的成果，是资本积累时代商人资本的意识形态。"[1] 重商主义的基本观点是国家的富裕来源于贸易顺差即出口大于进口所能获得的财富，所以国家应当采取一切措施，尽可能地扩大贸易顺差。重商主义又可分为早期重商主义和晚期重商主义。前者把财富等同于金银，强调政府应该严禁货币输出，尽量输入和贮藏货币，这在历史上被称之为货币差额论。后者把财富等同于商品，不再主张限制货币输出，认为只要本国购买外国商品所花的金额少于出售本国商品所得的金额，就可以增加货币，因此他们主张国家实施保护关税和控制商品的运动等

---

[1] 王根蓓. 市场新秩序论 [M]. 上海：上海财经大学出版社，1997：110.

措施，这在历史上被称为贸易差额论。重商主义的实践结果是各国特别是当时的法国片面追求贸易顺差和商品生产，导致农业萧条，农民生活困难。有鉴于此，魁奈对重商主义展开了批判。魁奈认为，财富不是货币也不是商品而是物质产品，财富的来源不在于贸易而在于生产，财富的生产也就意味着物质产品量的增加。他把国民分为三个阶级，即生产阶级、土地所有者阶级和不生产阶级。生产阶级是耕种土地、逐年再生产国民财富的阶级，他们预付农业劳动上的开支，并为土地所有者提供每年的收入。土地所有者阶级包括君主、土地所有者及什一税的征收者。不生产阶级是由从事农业以外的其他工作和别种劳动的人组成，他们的收入是从生产阶级和从生产阶级取得收入的土地所有者阶级取得的。在国民经济的各个部门中，他认为只有农业才是生产的，因为工业不过是利用农业生产出来的产品进行加工组合，而商业则根本不创造任何财富。由此他认为，只有农业产品才是"纯产品"，才是最自然的。②主张经济自由。在"纯产品"学说的基础上，魁奈主张废除其他各种税收，而只征收单一地租税。因为他认为，"纯产品"是赋税的唯一来源，所以地租也就是唯一的负税收入。此外，他用《经济表》说明，虽然在国民经济各个部门中农业是最重要的，但是各个部门也是相互依存、有机统一的，所以"农业国要培育本国的工匠、制造业工人与商人，最有利的方法，就是对一切其他国家的工匠、制造业工人与商人给予最完全的贸易自由。这样就能提高国内剩余土地生产物的价值，而这种价值的不断增加，就将逐渐建立起来一笔基金，它在相当时期内，必然把所需的各种工匠、制造业工人及商人培育起来。"① 因此，在政策上，除了特别鼓励发展农业以外，魁奈也主张适当发展工商业，主张贸易完全自由。

总之，通过魁奈的论述及其主张，可见他的自然秩序具有双重性。一方面，他还站在土地所有者即当时的封建统治阶级的立场上，试图维护他们的

---

① [英] 亚当·斯密. 国民财富的性质和原因的研究（下卷）[M]. 郭大力，王亚南译. 北京：商务印书馆，1974：238-239.

利益。魁奈是当时的宫廷御医，他这样做似乎也是"自然的"。但是重要的是，另一方面，他主张维护个人财产所有权和人身自由，主张国君尽量不干预经济，遵从自然法则，并且提倡自由贸易。这些都有利于市场经济的发展和市场秩序的生长，而且他第一次提出了市场经济的秩序模式。这些都得到了斯密的继承和发展。

二、斯密的自然秩序理论

斯密的自然秩序思想除了受到魁奈和卢梭等欧洲大陆思想的影响以外，更重要的是与当时英国特定的思想文化状况有关。

1. 斯密继承了洛克以来英国的经验主义哲学特别是休谟的哲学。例如，"斯密的道德理论，是在承继哈奇森的道德感理论和接受休谟的同情论的基础上，以同情和情感共鸣为基石建构的"。①

2. 斯密吸收和利用了当时以牛顿力学为代表的自然科学。"亚当·斯密所处的时代正是牛顿的经典力学革命征服物理学界，同时也是征服整个思想界的时代"。②牛顿从现象世界中归纳出了力学的三大定律，并认为"哲学的全部任务看来就是从各种运动现象中来研究各自自然力，而后用这些力去论证其他许多现象"。③此外，在他看来，上帝创造了整个宇宙，整个宇宙是由一个物体推动另一个物体运动而相互连接起来的圆形链条，这个链条的第一推动者和第一因是上帝，但是在上帝发动了第一次推动以后，整个宇宙就处于一种自发的有序的运动之中，从而产生了"预定的和谐"。这就像一个机械钟表一样，发条一经扭动，钟表就会自动运转。牛顿的这些思想对斯密产生了直接的影响。①牛顿的核心范畴"力"是斯密"看不见的手"的直接理论来源。"牛顿用明晰而精确的语言与公式来表达万有引力——宇宙秩序运行性状、发

---

① 宋希仁. 西方伦理思想史 [M]. 北京：中国人民大学出版社，2003：238.
② 王根蓓. 市场新秩序论 [M]. 上海：上海财经大学出版社，1997：120.
③ 韩永进. 西方经济学方法论：科学哲学方法论与经济学方法论变革研究 [M]. 北京：中国经济出版社，2000：24.

生机理;相反,斯密是用隐喻的方式来阐明市场秩序的缔造者——'看不见的手'的运行功能与状态的。"① ②斯密的市场机制理论实际上是牛顿的神学宇宙观的化身。一方面,斯密继承了牛顿对神创造宇宙的看法。他说,"伟大的上帝自亘古以来,就以其慈悲和智慧设计制造了宇宙这架宏大的机器,从而产生了所有的幸福"。② 另一方面,"亚当·斯密将人类社会比拟为时钟。时钟师傅制造时钟,但是一经造好,时钟便自行行走。斯密预想世界的背后隐藏着造物者——神。神在创造这个社会时,在人的灵魂上留下相当于时钟齿轮和时分钟的东西:利己心和些微利他心。倘若人们依仗伴随有些微利他心的利己心以追求利益的话,则整个社会便会成为能够获得和谐发展的有序结构"。③ 总之,斯密的自然秩序思想是对当时社会科学和自然科学成就的总结,因而具有代表性的意义。

具体来说,除了上述提到的相关内容以外,斯密的自然秩序还主要包括以下内容:

1. 分工是自然秩序成长的基础。前面已经指出,与休谟类似,斯密把自然状态看作是一种资源稀少的状态,他认为是由于分工导致了自然状态的解体,从而使人类进入了人人利己的社会状态。不过分工可以分为自然分工和社会分工。自然分工指的是由于人的自然禀赋不同而导致的分工,如柏拉图在《理想国》中所指出的那样。斯密所指的分工主要是社会分工。社会分工在斯密看来是由市场的交换能力而导致的。"分工起因于交换能力,分工的程度,因此总要受交换能力大小的限制,换言之,要受市场广狭的限制。"④ 两者的关系在于,自然分工导致了社会交换,社会交换导致了社会分工,社会分工的发展又导致了自然状态的解体和私有制社会的出现。两者的基础都在于劳动,

---

① 王根蓓.市场新秩序论 [M].上海:上海财经大学出版社,1997:165.
② [英] 亚当·斯密.道德情操论 [M].韩巍译.北京:中国城市出版社,2008:207.
③ 胡承槐.关于市场经济基础上制度性伦理道德秩序的探讨 [J].哲学研究,1994 (4).
④ [英] 亚当·斯密.国民财富的性质和原因的研究(上卷)[M].郭大力,王亚南译.北京:商务印书馆,1972:16.

都属于劳动分工，其表现也在于劳动的不同。因此，社会分工的根本作用就在于对人的劳动能力的促进。斯密说："有了分工，同数量劳动者就能完成比过去多得多的工作量，其原因有三：第一，劳动者的技巧因业专而日进；第二，由一种工作转到另一种工作，通常须损失不少时间，有了分工，就可以免除这种损失；第三，许多简化劳动和缩减劳动的机械的发明，使一个人能够做许多人的工作。"① 据此，斯密认为，秩序的成长有赖于分工的发展，"劳动生产力上最大的增进，以及运用劳动时所表现的更大的熟练、技巧和判断力，似乎都是分工的结果"。② 这一点后来也得到了马克思的认同："一个民族的生产力发展的水平，最明显地表现于该民族分工的发展程度。"③

2. 竞争是自然秩序成长的根本。斯密认为，"政治经济学的目标，即是增进本国的富强"。④ 但是这种富裕是整个国家的富裕，而不是国家的某一部分人的富裕。基于这一点，他提出竞争是自然秩序成长的根本。而为了维护竞争，就必须反对国家干预和一切垄断。

（1）反对干预。斯密赞同魁奈反对重商主义，但是他反对的理由不同。斯密认为，"重商主义所要奖励的产业，都是有钱有势的人所经营的产业"，⑤ 重商主义的政策，都是有利于生产者而不利于消费者，有利于己而不利于人的政策。而且，重商主义者不懂得价格会自动调节有效需求和供给使之平衡的道理，他们主张的国家干预只会人为地扭曲价格机制。因为一方面政治家或立法家对于具体的投资情况不可能了解得比投资者本人更多，另一方面他们的管制又会限制社会收入，从而限制社会投资的增加，所以"重商主义一

---

① [英] 亚当·斯密. 国民财富的性质和原因的研究（上卷）[M]. 郭大力，王亚南译. 北京：商务印书馆，1972：8.
② [英] 亚当·斯密. 国民财富的性质和原因的研究（上卷）[M]. 郭大力，王亚南译. 北京：商务印书馆，1972：5.
③ 马克思恩格斯选集，（第1卷）[M]. 北京：人民出版社，1995：68.
④ [英] 亚当·斯密. 国民财富的性质和原因的研究（上卷）[M]. 郭大力，王亚南译. 北京：商务印书馆，1972：343.
⑤ [英] 亚当·斯密. 国民财富的性质和原因的研究（下卷）[M]. 郭大力，王亚南译. 北京：商务印书馆，1974：212.

切法规，必然或多或少地紊乱这自然而又最有利的资本分配"。① 重商主义的管制还会导致高额关税，以致出现"使法国货物运至英国，和英国货物运至法国，主要靠走私"② 等现象。总之，重商主义只会有利于一部分人而不是整个国家的富裕，只会有害于而不是有利于整个国民经济的发展。同样，斯密认为，虽然以魁奈为代表的重农主义鼓励自由贸易是对的，但是，重农主义者片面强调发展农业必然会损害其他产业的发展，从而各产业就不可能做到完全自由、完全公平地发展，这本身就违背了自然发展的法则。之所以如此，他认为，"这种学说最大的谬误，似乎在于把工匠、制造业工人和商人看作全无生产或全不生产的阶级"。③ 另外，他认为，虽然重商主义者鼓励发展制造业和对外贸易是片面的，但是，"总算鼓励了它所要促进的产业。反之，重农学派的学说，却归根到底实际上妨害了它们所爱护的产业"。④ 基于这些理由，斯密极力反对政府干预。他认为，君主们只要做好三件事就行了："第一，保护社会，使不受其他独立社会的侵犯。第二，尽可能保护社会上各个人，使不受社会上任何其他人的侵害或压迫，这就是说，要设立严正的司法机关。第三，建设并维持某些公共事业及某些公共设施（其建设与维持绝不是为着任何个人或任何少数人的利益），这种事业与设施，在由大社会经营时，其利润常能补偿所费而有余，但若由个人或少数人经营，就决不能补偿所费"。⑤ 这就是国家职能的"守夜人"学说。

（2）反对垄断。斯密说："独占乃是良好经营的大敌。良好经营，只靠自

---

① ［英］亚当·斯密.国民财富的性质和原因的研究（下卷）[M].郭大力，王亚南译.北京：商务印书馆，1974：200.
② ［英］亚当·斯密.国民财富的性质和原因的研究（下卷）[M].郭大力，王亚南译.北京：商务印书馆，1974：45.
③ ［英］亚当·斯密.国民财富的性质和原因的研究（下卷）[M].郭大力，王亚南译.北京：商务印书馆，1974：241.
④ ［英］亚当·斯密.国民财富的性质和原因的研究（下卷）[M].郭大力，王亚南译.北京：商务印书馆，1974：252.
⑤ ［英］亚当·斯密.国民财富的性质和原因的研究（下卷）[M].郭大力，王亚南译.北京：商务印书馆，1974：253.

由和普遍的竞争，才得到普遍的确立。"① 这是因为，垄断者进行垄断的目的是为了获得超额利润，是为了维护他们这一小部分人的利益，这就损害了其他大多数人的利益，不利于整个国家的富裕。而且，垄断者由于可以获得超额利润，就不会节俭，并将以其穷奢极侈而给社会树立坏榜样，败坏社会风气。在斯密看来，节俭对于整个国家的富裕是至关重要的。斯密继承了洛克和休谟的观点，认为劳动是价值的来源，"劳动是衡量一切商品交换价值的真实尺度"。② 但是，他也和魁奈一样，把劳动分为生产性劳动和非生产性劳动。他说，"有一种劳动，加在物上，能增加物的价值；另一种劳动，却不能够。前者因可生产价值，可称为生产性劳动，后者可称为非生产性劳动"。③ 他认为，制造业工人的劳动是生产性劳动，家仆和上等阶级人士包括君主及其官吏和军队的劳动是非生产性的劳动。后者虽然不创造价值，却要消费前者创造的价值。因此，后者消费得越多，那么前者创造的价值中能用于积累的就越少，就越不利于国民财富的增长。因此，为了国民财富的持续增长，不生产阶级和不劳动阶级应当尽量节俭，减少开支。另外，斯密认为，"节俭可以增加社会资本，奢侈可以减少社会资本"。④ "总之，无论就哪一个观点来说，奢侈都是公众的敌人，节俭都是社会的恩人"。⑤

3. 自由是自然秩序成长的保障。斯密反对国家干预和垄断的目的都是为了使市场经济自由地发展。在斯密看来，自由对于市场经济的发展之所以如此重要，除了自由有利于整个国家而不是一部分人的富裕以外，还因为：

（1）自由是神圣的人权。斯密坚持洛克的观点，认为"劳动所有权是一

---

① [英] 亚当·斯密. 国民财富的性质和原因的研究（上卷）[M]. 郭大力, 王亚南译. 北京：商务印书馆，1972：141.
② [英] 亚当·斯密. 国民财富的性质和原因的研究（上卷）[M]. 郭大力, 王亚南译. 北京：商务印书馆，1972：26.
③ [英] 亚当·斯密. 国民财富的性质和原因的研究（上卷）[M]. 郭大力, 王亚南译. 北京：商务印书馆，1972：304.
④ [英] 亚当·斯密. 国民财富的性质和原因的研究（上卷）[M]. 郭大力, 王亚南译. 北京：商务印书馆，1972：320.
⑤ [英] 亚当·斯密. 国民财富的性质和原因的研究（上卷）[M]. 郭大力, 王亚南译. 北京：商务印书馆，1972：314.

切其他所有权的主要基础,所以这种所有权是最神圣不可侵犯的。一个穷人所有的世袭财产,就是他的体力与技巧。不让他以他认为正当的方式,在不侵害他邻人的条件下,使用他们的体力与技巧,那明显地是侵犯这最神圣的财产。显然,那不但侵害这劳动者的正当自由,而且还侵害劳动雇用者的正当自由"。①

(2) 自由有利于促进创新。国家干预和垄断将会使一国中所有高级人才和精英都被吸入政府职务中,结果该国中的社会实践和社会资源分配的权力就会集中于一个人数众多的官僚机构中,人们就会把进入此官僚机构并谋求高升作为唯一目标。在此情况下,该官僚机构就会日益僵化,既难以受到外在的约束,也难以从内部进行改革,因为既得利益者可以有效地实施反对。而所有人,包括体制内的人,都将不会有任何创新的动力和激情,只落得被这一体制所奴役而不能自拔的困境。这正如约翰·穆勒所说:"政府的工作趋于到处一样化,相反,个人和自愿联合组织则会做出各种不同的实验,得出无穷多样的经验。"②

(3) 自由有利于资源分配。在斯密看来,一方面,"关于可以把资本用在什么种类的国内产业上面,其生产物能有最大价值这一问题,每一个人处在他当地的地位,显然能判断得比政治家或立法家好得多",③所以政府干预就像人为地造一个大血管并迫使大部分产业与商业流入这个血管一样,一旦血管略有停滞,就会使全部政治组织陷入最危险的紊乱中。另一方面,自然秩序本身就存在一些无形的自然法则,在这些自然法则的作用下,市场经济会自动地趋向平衡。在斯密看来,自然法则包括自然价格和人口自发平衡法则等。斯密认为,自然价格是市场经济运行的中心价格,这一价格有使一切商品价格都受其吸引的能力,尽管有时各种意外的事件和障碍会使商品价格背离中

---

① [英] 亚当·斯密.国民财富的性质和原因的研究(上卷)[M].郭大力,王亚南译.北京:商务印书馆,1972:115.
② [英] 约翰·穆勒.论自由[M].许宝骙译.北京:商务印书馆,1998:131.
③ [英] 亚当·斯密.国民财富的性质和原因的研究(下卷)[M].郭大力,王亚南译.北京:商务印书馆,1974:27.

心价格,但是它正如万有引力一样最终会使背离它的价格向它靠近。人口的增长也是如此,在劳动报酬的调节下,劳动人口会自动趋向平衡。更重要的是,斯密认为人都是利己的,在利己心的刺激下,"在这场合,像在其他许多场合一样,他受一只看不见的手的指导,去尽力达到一个他本意想要达到的目的。也并不因为事非出于本意,就对社会有害。他追求自己的利益,往往使他能比在真正出于本意的情况下更有效地促进社会的利益"。①

总之,斯密自然秩序模式的市场秩序是建立在分工的基础上,以竞争和自由为核心的秩序。不过,值得注意的是,尽管斯密认为自然秩序会自动趋向和谐有序,但他并不认为现实中的市场秩序是完美无缺的。相反,他也看到竞争会使一些人破产,由于人的资质、年龄、财产和门第等生来就不平等,自由市场经济必然产生贫富分化并因此而使社会矛盾激化。他说,"有大财产的所在,就是有大不平等的所在。有一个巨富的人,同时至少必有五百个穷人。少数人的富裕,是以多数人的贫乏为前提的"。②他看到,这种贫富分化的结果使得劳资双方的矛盾变得非常尖锐,劳动者的斗争"总是声闻遐迩","有时甚至用极可怕的暴力",③而且雇主往往与政府勾结一起镇压劳动者的反抗,所以劳动者的反抗往往"以为首者受到惩罚或一败涂地而告终"。④另外,市场经济会不可避免地产生投机行为,"房子已经倾斜了,不能持久了,今晚就会倒塌吗?不见得吧,我姑且冒险住一晚——这是倦行者的心事,正好比喻汇票持有人的心理"。⑤而且,分工越进步,一个人一生越是专注于某一单纯的操作,他就会变得越愚钝。因此,斯密还提出了许多措施来保障市场经济

---

① [英]亚当·斯密.国民财富的性质和原因的研究(下卷)[M].郭大力,王亚南译.北京:商务印书馆,1974:27.
② [英]亚当·斯密.国民财富的性质和原因的研究(下卷)[M].郭大力,王亚南译.北京:商务印书馆,1974:272.
③ [英]亚当·斯密.国民财富的性质和原因的研究(上卷)[M].郭大力,王亚南译.北京:商务印书馆,1972:61.
④ [英]亚当·斯密.国民财富的性质和原因的研究(上卷)[M].郭大力,王亚南译.北京:商务印书馆,1972:62.
⑤ [英]亚当·斯密.国民财富的性质和原因的研究(上卷)[M].郭大力,王亚南译.北京:商务印书馆,1972:286.

的有序运行，包括使司法机关公正独立地执法，政府按比例征税，对普遍民众进行教育以弥补其由于分工而导致的对职业以外的知识缺陷，强迫精英做学问和让大众参与娱乐以使他们宣泄不满情绪，等等。可见，不管怎样，斯密的这些论述和主张都是为了使市场经济更加合理化、制度化，更加有利于人们遵从其规则，更加对人有价值。

第四节　近代市场经济的现代化理论

一、市场经济的问题与争论

从上面的分析可以看出，市场秩序理论发展到斯密那里，已经形成了一个比较完整的体系。无论是非正式制度包括伦理道德，还是正式制度包括政策法律，以及市场秩序的具体运行，等等，都已经有了比较明确而成熟的论述。实际上，以斯密集大成的这一整套市场秩序理论同时也是当时市场经济现代化的理论表征。在斯密出版《国富论》的1776年，一方面，英国资产阶级革命已经过去了将近80年。在这近80年里，随着生产力的发展，市场经济的生活方式在英国已经基本成形并深入扩展到欧洲大陆及其他许多地方。另一方面，工业革命在英国才刚刚开始，市场经济的发展整体上还处于初始阶段，还受到诸多束缚。在此情况下，斯密强调自由竞争的这种带有神学和力学色彩的市场秩序理论有利于打破市场经济的发展限制。因此，在斯密之后的相当长时期内，西方经济学家普遍坚持斯密的基本教义，坚决维护市场经济的自由和竞争，同时对斯密的市场秩序理论做了一定的补充和完善，如李嘉图的自由贸易论和约翰·穆勒利用边沁的功利主义对自由的论述，等等。但是，随着工业革命的进一步发展，随着德国等落后资本主义国家的崛起，随着由经济社会转型引起的矛盾日益增多和深化，斯密的市场秩序理论也日益面临着新的危机。一方面，马克思主义政治经济学的诞生使得古典经济学和斯密的市场秩序理论遭到了否定性的整体批判；另一方面，作为斯密自然秩序根据的具有神圣普适性的自然法则和自然权利等遭到了德国历史学派的否定。在此情况下，从边际革命中诞生的以门格尔为首的奥地利学派与德国历史学派展开了长期争论，以期维护自由市场经济的合理性。此外，经过约翰·穆勒和西尼尔等人的努力，斯密的市场秩序理论在马歇尔那里综合成了一个以新古典"经济人"假设为核心的秩序模型。

边际革命是由于英国的杰文斯（W.S.Jevons）、奥地利的门格尔（Carl Menger）和瑞士洛桑的瓦尔拉斯三位经济学家在19世纪70年代初分别在其著作中提出的边际效用论而导致的一场经济学理论"革命"。"边际效用是指消费者在一定时间内增加一单位商品的消费所得到的效用量的增量。"[①]边际效用论把个人最后欲望的满足程度作为衡量价值的标准，是一种效用价值论，这被看作是对劳动价值论的"革命"；它把古典经济学对生产、供给和成本的研究转向消费、需求和效用的研究，这被看作是研究路向的"革命"。从哲学的角度来看，"边际革命"开拓了经济学研究的领域，扩展了经济学研究的方法，深化了对市场经济的研究，适应了市场经济现代化发展的要求。一方面，"边际革命"产生的根源就在于由工业革命而导致的市场经济的高速度发展而使消费问题突显，而"现行的理论体系不足以解释市场制度如何运行"，[②]所以就需要有新的理论对其进行合理说明。另一方面，"边际革命"之后产生了大量边际分析方法，数学成了重要的分析工具，这些都有利于对市场经济中出现的各种问题进行更精确细致的说明。最后，"边际革命"结出的理论果实并不是孤立存在的，它还影响到资本主义各国政策法规等领域。例如，奥地利学派的核心人物庞巴维克、维塞尔、米塞斯等都曾担任政府要职。但是，这种对市场经济新的研究并非不存在质疑，而是一开始就面临着挑战，这突出

---

① 高鸿业.西方经济学（微观部分）（第3版）[M].北京：中国人民大学出版社，2004（3）：72.
② [英]哈耶克.经济·科学与政治——哈耶克论文演讲集[M].冯克利译.南京：江苏人民出版社，2000：205.

地表现在奥地利学派与德国历史学派的争论上。

德国历史学派是19世纪40年代在德国正式形成的一个经济学派。它以李斯特为先驱，又分为旧历史学派和新历史学派，前者以罗雪尔（Rosoher）、克尼斯（Knies）和希尔德布兰德（Hildebrand）为代表，后者以古斯塔夫·施穆勒（Gustav Schmoller）为代表。奥地利学派是在"边际革命"中形成的边际效用学派中最主要的一个学派。它产生于19世纪70年代，以奥地利维也纳大学为核心。它的早期成员除了创始人门格尔以外，还包括欧根·冯·庞巴维克（Eugen von Bǒhm-Bawerk）和弗里德里希·冯·维塞尔（Friedrich von Wieser）。德国历史学派与奥地利学派的争论主要表现为方法论之争。这主要包括：前者认为，经济学研究方法，应当是经验归纳法，后者认为，应当是抽象演绎法；前者认为，应当是整体主义方法，后者认为，应当是个人主义方法。实际上，这些争论隐含的是斯密的市场秩序模式是否普遍有效的问题。历史学派从当时德国生产力和社会经济发展水平比较落后的情况出发，主张经济社会发展的民族性，关注自身的发展经验，致力于国家的强大。他们认为，"历史是科学研究的教师；它证明无条件的'自由放任'原则在国民经济学领域是无稽之谈以及它的后果是不道德和败坏道德的；而社会主义理论也不能成为尊重人的社会蓝图的基础"。[①]因此，他们否定自然法则和自然权利的存在，用历史的相对性否定自由贸易和自由竞争的普适性，主张国家干预经济，实行保护主义，维护民族利益。相比之下，奥地利学派的目的实质上是在继承斯密和李嘉图等人抽象演绎法的基础上，在新的条件下用新的理论对市场经济的发展做更合理的说明。他们不是要否定而是要发扬光大斯密的市场秩序模式。实际上，他们从个人的效用角度研究市场经济得出的市场秩序模式与斯密的市场秩序模式是一致的，即应当尽可能让市场经济自由自发地生长。在此意义上，熊彼特认为，"经济学的标准方法是我们所称的'具体演

---

① [德] 席勒, 克吕塞尔贝格. 秩序理论与政治经济学：基本思想、概念与方法 [M]. 史世伟译. 太原：山西经济出版社, 2006：72.

绎法',而辅之以'反演绎法'或'历史法',以便研究整个社会结构的历史变动。假如适当了解了这一点,那么,后来的经济学家们关于归纳法同演绎法的无谓之争本来是可以避免的",① 以及他认为两者的争论"可能是完全不得要领的"② 等看法,或许才是真正不得要领的。因为,通过上述分析可见,从哲学的角度看,这场争论实际上反映了市场经济发展的现代化或全球化与民族利益之间的矛盾,是市场经济合理化、制度化、现代化即市场秩序发展的一个不可避免的环节。事实上,随着市场经济在全球的进一步发展,市场经济的现代化与民族利益的矛盾日益尖锐,这次争论只是拉开了这一序幕。例如,20世纪的发展经济学就是对这一矛盾的进一步解答。

二、新古典"经济人"假设

斯密的自然秩序模式除了在"边际革命"中获得新生并得到奥地利学派的维护以外,其另一成果就是"经济人"假说的形成。前面已经指出,早在休谟那里,他就已经为市场经济中人的行为提供了人性根据。他认为市场经济中每个人都是理性而利己的,并且利己是无害的。斯密继承了休谟的这些思想,对市场经济中人的利己行为做了进一步的抽象和描述:"我们每天所需的食料和饮料,不是出自屠户、酿酒家或烙面师的恩惠,而是出自于他们自利的打算。我们不说唤起他们利他心的话,而说唤起他们利己心的话。我们不说自己有需要,而说对他们有利"。③ 这通常被看作是"经济人"行为的第一次经典表述。不过,"经济人"一词并非斯密首创,而是约翰·穆勒提出来的。之后,西尼尔、李斯特、庞巴维克等人都坚持了"经济人"假设,不过,直到马歇尔综合创立了新古典经济学,"经济人"假设才得到了最突出的体现。

从哲学上来看,新古典经济学的"经济人"假设实质上是对斯密自然秩

---

① [美] 约瑟夫·熊彼特. 经济分析史（第二卷）[M]. 杨敬年译. 北京: 商务印书馆, 1992: 113.
② [美] 约瑟夫·熊彼特. 经济分析史（第三卷）[M]. 朱泱等译. 北京: 商务印书馆, 1995: 96.
③ [英] 亚当·斯密. 国民财富的性质和原因的研究（上卷）[M]. 郭大力, 王亚南译. 北京: 商务印书馆, 1972: 14.

序模式的抽象化、简单化和理想化。尽管它抽象掉了斯密自然秩序中的许多合理内涵,但是它保存了斯密自然秩序的基本面貌和特征,因此可以说是斯密自然秩序的典型化。具体来说,新古典经济学的"经济人"假设主要包括两个方面的内涵:

1. 主体特征。这主要指市场主体的思想和行为特征,它包括理性和利己两个方面。在新古典经济学的"经济人"假设中,市场主体只包括两方面,一是个人或家庭,一是厂商。就理性而言,在新古典经济学这里,市场主体的理性都是"完全理性",也就是说,市场主体不存在认识能力的不足,也不存在对市场信息把握的不充分。"他们能够掌握完备的市场信息,并能够对市场趋势做出正确的判断,对成本和利润做出准确的计算,因而能够实现利益的最大化。"① 利己是指市场主体都从满足自身的需要出发,把自身利益最大化作为目的,把与他人交换和合作等作为满足自身利益最大化的手段。这样,市场主体就具有典型的工具理性。具体来说,这一工具理性的表现就是,个人或家庭都在交换中追求效用即满足程度的最大化,厂商都在交换中追求利润最大化,在价格、竞争和供求等市场机制的作用下,双方利益都得到实现,市场实现出清即供求平衡。

2. 客观环境。这主要指市场主体行为的外在环境,包括价格、供求、竞争、信息、制度条件等。在新古典经济学的"经济人"假设中,客观环境的特征是:①完全竞争。"这就是说,买主一般都是自由地同买主竞争,卖主一般都是自由地同卖主竞争。虽然人人都是单独地行动,但是我们假定他对于别人在做些什么,一般地都有足够的认识,使他不致比别人要较低的价格或出较高的价格。暂时假定这适用于各种成品及其生产要素,适用于劳动的雇佣和资本的借贷。"② 具体来说,完全竞争就是指"第一,市场上有大量的买者和卖者;第二,市场上每一个厂商提供的商品都是完全同质的;第三,所有

---

① 董德刚等. 经济哲学 [M]. 北京:中共中央学校出版社,2003:37.
② [英] 马歇尔. 经济学原理(下卷)[M]. 陈良璧译. 北京:商务印书馆,2005:33.

的资源具有完全的流动性;第四,信息是完全的"。①因此,在此环境中,市场不存在资源浪费,不存在投资风险,一切都可以精确预定。②无制度摩擦。"它所涉及的社会是一个无摩擦的社会,在这种社会中,制度不存在,一切变化都通过完善运转的市场发生。总之,获得信息的成本、不确定性和交易成本都不存在。"②

这样,通过"经济人"假定,新古典经济学所描述的市场经济就呈现出完全自由竞争、自动实现供求平衡、个人利益和社会利益自动达到和谐一致的面貌。这正是斯密所期待的市场秩序的理想特征。这一理想特征用新古典经济学的术语来表达就是帕累托最优状态,即"资源配置已达到这样一种状态——无论怎样改变配置,如果不使其他人(哪怕一个人)效用水平下降,就不可能使任何别人(哪怕一个人)的效用水平有所提高"。③至此,新古典经济学不仅完成了对此前经济学理论的综合,而且从理论上完成了近代资本主义市场经济的合理化。

不过,正是由于新古典经济学"经济人"假设的以上内涵,因而它也就蕴含着内在的缺陷。因为在现实中,市场主体并非是一部自动实现自我物质利益的机器,市场主体之间的关系往往是错综复杂的,实现自我利益并非是其唯一的目的。并且,现实的市场环境也并非是完全竞争和无制度摩擦的。而它之所以出现这种缺陷,首先当然是为了对自由市场经济的合理性进行辩护。其次是因为,马歇尔把经济学的研究对象定位为研究生产力而非生产关系。他认为,"政治经济学或经济学是一门研究人类一般生活事务的学问;它研究个人和社会活动中与获取和使用物质福利必需品最密切相关的那一部分"。④这就必然导致对制度的忽视。最后,与斯密一样,马歇尔等人也深受牛顿力学的影响。新古典经济学以"均衡价格"论为核心,而"均衡"这一概

---

① 高鸿业. 西方经济学(微观部分)(第3版)[M]. 北京:中国人民大学出版社,2004:185.
② [美]道格拉斯·C. 诺思. 经济史上的结构和变革[M]. 厉以平译. 北京:商务印书馆,1992:9.
③ 刘泽民. 社会主义市场经济的哲学审视[M]. 北京:人民出版社,2001:104.
④ [英]马歇尔. 经济学原理(上卷)[M]. 朱志泰译. 北京:商务印书馆,2005:23.

念就直接来自牛顿力学，并且马歇尔还把市场中的均衡看作与一个盆中相互依靠在一起的许多小球所保持的机械均衡大体一致，把经济学的研究对象比喻为能够用货币衡量的对人的活动的动力和阻力。这样，新古典经济学"经济人"假设虽然从理论上达到了对斯密市场秩序模式的维护，但又与斯密的市场秩序理论一样存在共同的缺陷，即非现实性和机械性。总之，新古典经济学"经济人"假设在整体上不仅属于斯密的理论范式，而且是这一理论范式的完成。此后，随着市场经济的进一步发展以及新的理论与实践问题的出现，这一假设也日益面临危机，由此导致了新的理论范式的出现。

第三章　知识进化范式的市场秩序理论

第一节　市场秩序理论范式的变革

一、神圣力学范式市场秩序理论的危机

恩格斯说:"新的革命,只有在新的危机之后才可能发生。但是它正如新的危机一样肯定会来临。"[①] 以新古典"经济人"假设集大成的神圣力学范式的市场秩序模式是资本主义市场经济自由竞争时代的产物,是古典自由主义者的梦想。然而,好梦不长,随着以电力的发明和应用为标志的第二次工业革命所带来的社会生产力的高速发展,以及资本主义各国在全球范围内市场竞争的日益加剧,在19世纪末20世纪初,自由竞争日益发展成垄断竞争,资本主义逐渐演变成帝国主义。资本主义及其市场经济的这一转型和现代化进程导致了深刻的经济社会危机。首先是资本主义各国力量对比的变化。"日不落帝国"英国的昔日辉煌不再,以维也纳为中心的奥地利文明一去不复返,美、德、日等国的势力后来居上。其次是第一次世界大战的爆发。第二次工业革命和市场经济在资本主义各国之间发展不平衡,这种不平衡不仅改变了

---

① 马克思恩格斯选集,第1卷[M].北京:人民出版社,1995:471.

资本主义各国的力量对比，而且加剧了资本的全球扩张与各国民族利益的矛盾，导致了资本主义各国之间争夺资源和市场空间等之间的矛盾，最终引发了第一次世界大战。世界大战给资本主义各国带来了深重的灾难。就拿第一次世界大战以后奥地利学派所在的维也纳来说，"战后的维也纳极端贫穷，新成立的奥地利经受着饥荒、能源匮乏、通货膨胀和流行性感冒的侵袭，经济已经崩溃了"。① 再次是经济大危机的发生。1929~1933年的经济大危机造成千百万人流离失所，无家可归。资本主义各国工商企业普遍衰退、物价暴跌，生产大幅下降，出口贸易严重萎缩，整个市场经济处于一片混乱而悲观的状态。最可悲的是，经济大危机造成了德、意、日法西斯的执政和第二次世界大战的爆发。最后是新兴力量的崛起。第一次世界大战导致了第一个社会主义国家苏联的诞生及社会主义革命的到来，经济大危机使得苏联模式的计划经济富有了迷人的魅力。第二次世界大战之后，由于以苏联为代表的社会主义国家在经济和政治上的成功及其强大影响，苏联模式的计划经济更是赋予资本主义国家许多知识分子光荣与梦想。"认为只有跟随苏联的实践才能摆脱落后的信条，在50年代被广泛地接受，接受的范围甚至超出了正统的共产主义者的行列。"②

总之，用列宁的话来说，20世纪初期是个战争与革命的年代。这种战争与革命深刻地反映了资本主义市场经济传统与现代，全球化与民族利益之间的矛盾。这一矛盾的结果是"19世纪自由放任的自由主义死亡了，至少是处于一种休克状态"。③

在此背景下，神圣力学范式的市场秩序理论除了在外部受到马克思主义的批判以外，还面临着内部"市场失灵"（Market Failures）理论的攻击。市场失灵是指市场机制由于各种原因而不能实现供给和需求的自动平衡，导致

---

① [英] 艾伯斯坦. 哈耶克传 [M]. 秋风译. 北京：中国社会科学出版社，2003：28.
② [英] 霍华德等. 马克思主义经济学史：1929~1990 [M]. 顾海良，张新等译. 北京：中央编译出版社，2002：172.
③ [英] 艾伯斯坦. 哈耶克传 [M]. 秋风译. 北京：中国社会科学出版社，2003：142.

资源浪费、失业丛生、通货膨胀、经济衰退等各种无序现象。市场失灵理论可分为广义的市场失灵理论和狭义的市场失灵理论。前者指从宏观上包括从整个社会或国民经济发展的角度出发来说明市场经济的失灵及相应治理，后者是从中观和微观上即从具体的经济运行出发来说明市场经济的失灵及应对措施，两者都是对市场经济通过自由竞争能够自动实现均衡的否定。

就广义上而言，促使神圣力学范式市场秩序理论"死亡"或"休克"的主要是来自制度学派（Institutional School）和凯恩斯主义（Keynesianism）的双重夹击。制度学派是德国历史学派在美国的延伸，它同时又深受美国实用主义哲学的影响。"制度"在制度学派那里主要指社会习惯、产权等文化、伦理、法律因素。如凡勃伦就认为"制度实际上就是个人或社会对有关的某些关系或某些作用的一般思想习惯"，[①] 而在康芒斯看来制度是"集体行动控制个体行动"，[②] 即法律规则。制度学派又分为旧制度主义、新制度主义与后制度主义。旧制度主义盛行于 20 世纪 20~30 年代的美国，以凡勃伦（T.Veblen）、康芒斯（J. R. Commons）和米契尔（W. C. Mitchell）为代表；新制度主义是对旧制度主义的继承，流行于 20 世纪 30~50 年代，以贝利、米恩斯、艾尔斯、克拉克等为代表；后制度主义是在 20 世纪 50~60 年代，以加尔布雷斯（J. K. Galbraith）等为代表的经济学派。制度主义不同于新制度经济学，后者正式形成于 20 世纪 60~70 年代，以科斯（Ronald H. Coase）、威廉姆森（O. E. Williamson）和诺斯（Douglass C. North）等人为代表，并由威廉姆森命名。制度主义尤其是旧制度主义整体上对资本主义市场经济是一种"建设性的批判"，而新制度经济学则是"批判性的建设"。前者虽然不否定资本主义及其市场经济，但是对之颇多异议，属于资本主义市场经济理论的"异类"；后者则是维护和完善资本主义及其市场经济，极力与资本主义市场经济理论的主流"合拍"。

---

① [美] 凡勃伦.有闲阶级论——关于制度的经济研究 [M]. 蔡受百译. 北京：商务印书馆，1964：149.
② [美] 康芒斯.制度经济学（上册）[M]. 于树生译. 北京：商务印书馆，1962：87.

以凡勃伦、康芒斯为代表的旧制度主义对神圣力学范式市场秩序理论的批判包括：

1. 理论前提的批判。神圣力学范式的市场秩序理论是以休谟等人的人性论和牛顿的自然哲学为前提的，旧制度主义以社会进化论为根据对这两方面都进行了批判。社会进化论又称庸俗进化论，是用生物进化论来解释人类社会生活的理论。它认为，"人类社会中的生活，正同别种生物的生活一样，是生存的竞争，因此是一种淘汰适应过程；而社会结构的演进，却是制度上的一个自然淘汰过程"。① 在凡勃伦看来，人性虽然是利己的，但它是由人的本能决定的，正如生物一样，人的本能产生了思想和习惯，后者又构成了制度并决定了人的行为。具体而言，人的虚荣本能产生了财产所有权和金钱关系的制度，人的工作本能产生了物质生活的生产技术或物质生活的工具供给，这些制度都是广泛存在的社会习惯。更重要的是，"制度必须随着环境的变化而变化，因为就其性质而言它就是对这类环境引起的刺激发生反应时的一种习惯方式。而这些制度的发展也就是社会的发展"。② 这样，人性和制度都是历史的产物，是一个适应环境而不断发展变化的过程，而不是静止不变的。而且在康芒斯看来，人对环境的适应是主动的而不是被动的。康芒斯认为，洛克和休谟的经验主义哲学中用作前提的感觉都是机械的、被动的，而实际上风俗习惯和法律等都是人对环境的主动适应，是人对生存意义的找寻。可见，旧制度主义把社会进化论用作市场秩序理论的前提，打破了神圣力学范式的静态性和机械性。

2. 研究对象的批判。在新古典"经济人"假设中，经济学的研究对象被定位为研究生产力，而不研究人与人之间的社会关系。旧制度学派对此进行了批判。康芒斯认为，"一切经济研究是对人们经济活动的研究"。③ 在他看来，

---

① [美] 凡勃伦. 有闲阶级论——关于制度的经济研究 [M]. 蔡受百译. 北京：商务印书馆，1964：148.
② [美] 凡勃伦. 有闲阶级论——关于制度的经济研究 [M]. 蔡受百译. 北京：商务印书馆，1964：149.
③ [美] 康芒斯. 制度经济学（下册）[M]. 于树生译. 北京：商务印书馆，1962：363.

新古典"经济人"假设所表达的经济学是一种工程经济学,"制度经济学是人对人的关系,可是工程经济学是人对自然的关系。工程师的财富的概念不包括任何有关所有权经济学的问题,所有权经济学是历史的和制度的经济学,研究权利、义务、自由和暴露(注:指个体由于缺乏经济上的权利而可能受到其他人的'自由'的危害的状态)的演变"。① 因此,一旦经济学涉及伦理法律等社会关系,就会发现市场经济并非是无制度摩擦的,市场秩序也并非是机械平衡的,而是其中充满了利益冲突和矛盾,正是由此产生的规则而不是"看不见的手"维系了人们的社会关系。"这里的运行法则不是一种注定的利益协调,像神权或自然权利的说法或者古典派和快乐主义派的机械的平衡所假定的那样,而是它实际上从利益冲突中造成一种可以行得通的财产和自由的相互关系和有规则的预期。"② 对于这些冲突和矛盾,凡勃伦和康芒斯分别进行了大量的揭露。前者揭露了资产阶级即有闲阶级的寄生性,后者揭露了大型的垄断企业与中小企业的矛盾。不过,尽管如此,凡勃伦和康芒斯并非要毁灭资本主义市场经济,而是要使市场经济合理化以维护资本主义。例如,康芒斯就说,对于他的制度经济学来说,"它的默契的或者习惯的假设是以私有财产和利润为基础的资本主义制度将继续存在"。③ 为此,他们主张改良美国当时的市场经济。凡勃伦就主张建立一个由工程师、科学家和技术人员组织起来的"技术人员委员会",由它来代替企业经营者,对经济进行实际控制;而康芒斯则主张大企业通过提高薪金收买经理阶层,使之转变立场,帮助资本家宣传资本主义,对抗小资本家、农场主、工资劳动者,甚至政府。

3. 研究方法的批判。旧制度学派实际上是德国历史学派在美国的一个变种,因此,它用历史归纳方法和历史比较方法反对"边际革命"以后越来越多的抽象的数学演绎法;主张对市场经济进行制度和结构分析,用制度的民族性和历史的相对性否认在经济生活中存在永恒不变的自然秩序;主张整体

---

① [美] 康芒斯.制度经济学(上册)[M].于树生译.北京:商务印书馆,1962:303.
② [美] 康芒斯.制度经济学(上册)[M].于树生译.北京:商务印书馆,1962:113.
③ [美] 康芒斯.制度经济学(下册)[M].于树生译.北京:商务印书馆,1962:557.

分析方法并强调集体行动的重要性，反对个人主义的经济分析方法。这样，与德国历史学派一样，他们在政策上主张国家对经济进行调节，以克服市场经济所造成的缺陷和弊端。总之，他们否认自然秩序的普遍有效性，实际上是市场经济在发展的过程中所出现的传统与现代、全球化与民族利益的矛盾在美国的延续，是在资本主义现代化进程中对其市场经济的进一步合理化。

凯恩斯主义是以英国经济学家约翰·梅纳德·凯恩斯（J. M. Keynes, 1883~1946年）于1936年发表的著作《就业、利息和货币通论》为基础的经济学理论。与制度学派相似，凯恩斯主义也是在对神圣力学市场秩序理论的批判中建立的，不过，其批判的具体内容不同。凯恩斯主义的核心是"需求管理"理论，这一理论是针对萨伊定律即"供给创造自己的需求"提出来的。萨伊定律认为，资本主义社会生产的一切产品都会卖掉，整个社会不仅不会有生产过剩的现象，而且还能使生产达到最高水平，即达到充分就业状态。为了说明这一点，萨伊定律通过三个理论进行了论证。[①] 第一是劳动市场论。他们认为，社会的就业量和实际工资由劳动的供求双方决定，通过供求机制，一切愿意从事劳动的人都能充分就业，只有自愿失业者或正在转换就业位置的人才会处于失业状态。第二是利息论。他们认为，利息是"节欲"（节制现在的消费）或"等待"（等待将来的消费）的报酬，利息率是投资款的供给和需求的价格，通过利息率的调节作用，整个社会没有被消费掉的部分即储蓄都能转化为投资，因此社会不会生产过剩。第三是旧货币数量论。他们认为，货币只具备交换媒介的作用，不会影响经济的运行。总之，资本主义市场经济总是能处于充分就业的状态，不会出现生产过剩的危机。对此，面对经济大危机中严重的失业和生产过剩现象，凯恩斯对萨伊定律进行了批判，提出了"需求管理"理论。凯恩斯认为，"古典学派所假设的情况是各种可能的均衡状态中的一个极端之点。此外，古典理论所假设的特殊情况的属性恰恰不

---

① 萨伊定律的以下内容参见：[英]约翰·梅纳德·凯恩斯. 就业、利息和货币通论[M]. 高鸿业译. 北京：商务印书馆，1999：4-8.

能代表我们实际生活中的经济社会所含有的属性"。① 之所以如此，是因为生产和就业的水平不是决定于供给而是相反，决定于总需求，即整个社会对商品和服务的需求总量。资本主义市场经济之所以出现衰退和危机，主要是因为经济生活存在不确定性，导致总需求不足。因此，资本主义国家就有必要采取积极的财政和税收政策对经济进行干预，以刺激人们的消费欲望，拉动社会投资，扩大社会就业，提高国民收入水平，使消费、投资、就业和国民收入相互促进，最终使经济发展摆脱危机。此外，凯恩斯还具体主张国家通过累进税和转移支付等手段改变社会收入分配，缩小社会贫富差距，使社会更加公平。他甚至还提出了"投资社会化"的主张和"食利者阶级的消亡"的前景。② 不过，与凡勃伦和康芒斯相似，凯恩斯对自然秩序的否定并不是为了毁灭或否定而是为了拯救资本主义市场经济，实质上也是在资本主义现代化进程中对其市场经济进一步合理化以维护自由资本主义。凯恩斯在《通论》中明确宣称："我同意格塞尔的意见，认为弥补古典学派理论的缺点不是把那个'曼彻斯特制度'消除掉，而是指出经济力量或经济因素的自由运行所需要的环境，以便实现生产的全部潜力。"③ 与前者不同的是，凯恩斯主义还被称为"革命"并且随后成了西方经济学的主流，而凯恩斯开辟的国家干预主义也成了西方"第三条道路"和社会福利国家的活水源头。

就狭义上而言，对神圣力学范式的市场秩序理论进行攻击的"市场失灵"理论有很多，主要包括：

1. 外部性理论。外部性指的是市场主体的经济行为造成的社会效益。外部性源于马歇尔《经济学原理》中的"外部经济"概念。外部性分为正外部性和负外部性。前者指市场主体经济行为产生的私人收益小于私人成本，对社会而言是一种"付出"，后者则相反。外部性表明，个人利益与他人利益或社

---

① [英] 约翰·梅纳德·凯恩斯. 就业、利息和货币通论 [M]. 高鸿业译. 北京：商务印书馆，1999：7.
② [英] 约翰·梅纳德·凯恩斯. 就业、利息和货币通论 [M]. 高鸿业译. 北京：商务印书馆，1999：390.
③ [英] 约翰·梅纳德·凯恩斯. 就业、利息和货币通论 [M]. 高鸿业译. 北京：商务印书馆，1999：393.

会利益不一定和谐一致，如上游钢铁厂污染了下游的鱼等。

2. 不完全竞争理论。这是对新古典"经济人"假设中完全竞争内涵的否定。它认为，根据不同市场结构的特征，市场可以划分为完全竞争市场、垄断竞争市场、寡头垄断市场和完全垄断市场四种，在现实中，完全竞争市场只是一种特例而不是常态。

3. 纳什均衡理论。它指出在"囚徒困境"的博弈模型中，对博弈中个体最理性的选择对全体来说却是最不理性的选择；相反，对全体来说最不理性的选择对个体而言却是最好的选择。它同样说明了个人利益与他人利益或社会利益的不一致。

4. 阿罗的"不可能定理"。美国经济学家阿罗从数理逻辑的角度证明，"不可能找到一个令人满意的合乎理性要求的规则来从个人的偏好序出发，推导出社会福利函数或简单的社会选择顺序"。[①] 它说明，即使人人都自由，每个人的偏好都是社会偏好，也不可能证明存在一个理性的规则，以使人们在该规则的约束下形成和谐的社会秩序；相反，某一机构为了社会的整体福利，在价值观上实行独立于个人之上的裁决是不可避免的。这就从逻辑上否定了通过完全竞争形成秩序的可能性。

5. 公共物品理论。"所谓公共物品，是指满足社会公共需要的物品"，[②] 也就是这样一种物品，"它一旦被生产出来，生产者就无法决定谁来得到它，同时，每个人对该产品的消费不造成其他人的消费减少。这就是所谓公共物品的'非排他性'和'非竞争性'"。[③] 根据非排他性和非竞争性的不同，公共物品又分为纯公共产品和准公共产品。前者指具有完全非竞争性和非排他性的产品，如国防、法律、法规、外交等。后者又分为俱乐部产品和共同资源。俱乐部产品指在消费上具有非竞争性但是可以轻易地做到排他的产品，如公共游泳池、电影院等。共同资源指在消费上具有竞争性但是无法有效地排他

---

① 张卓元. 政治经济学大词典 [M]. 北京：经济科学出版社，1998：393.
② 郭小聪. 政府经济学 [M]. 北京：中国人民大学出版社，2003：43.
③ 程恩富，胡乐明. 新制度经济学 [M]. 北京：经济日报出版社，2004：55-56.

的产品,如公共渔场、公共牧场等。公共物品理论说明,由于公共物品的生产对个人来说无益可图或获益不大,因而光凭市场机制的作用必然会造成公共物品供给不足,政府就有必要干预公共物品的生产。

6. 集体行动理论。美国经济学家曼瑟尔·奥尔森(Mancur Olson)认为,个人理性不是实现集体理性的充分条件,因为理性的个人在实现集体目标时往往有"搭便车"的倾向,而集体行动的成果又具有公共性,所有集体成员,不管有没有付出代价,都可以从中受益,所以个人自发的自利行为往往导致对集体不利,甚至产生极其有害的结果。这也证明了个人利益与社会利益并不一定和谐一致。可见,与广义的市场失灵理论一样,狭义的市场失灵理论最终也说明了通过国家干预对市场经济进行合理化的必要性。

总之,在新的形势下,神圣力学范式的市场秩序理论不仅在实践中遭到了否定,在理论上也出现了危机。在此情况下,计划经济和国家干预成了新的时代潮流。但是,这种以计划和干预为主导的市场经济真的合理吗?为了维护自然秩序的基本教义,以哈耶克等为代表的经济学家对此做了积极回应。

二、知识进化范式市场秩序理论的出场

以哈耶克为代表的市场秩序理论一般被称为新自由主义理论。新自由主义是针对以马歇尔等为代表的新古典及其以前的古典自由主义而言的,顾名思义是对前者的继承和发展。从广义上来说,新古典之后的西方自由主义都是新自由主义,因此新自由主义一般又分为两大派:"New Liberalism"和"Neo Liberalism"。前者指激进式的自由主义,主要包括凯恩斯的国家干预主义和各种福利国家理论,主张市场经济的不完善性及国家干预的重要性;后者指保守式的自由主义,以奥地利维也纳大学、英国伦敦经济学院、德国弗莱堡大学和美国芝加哥大学为基地,主要代表人物除了哈耶克以外,还包括米塞斯、罗宾斯、弗里德曼、欧肯、布坎南以及新制度经济学家科斯、诺斯、威廉姆森等,主张维护斯密自然秩序的基本教义,保障市场经济的自发运行,反对国家干预和计划经济。不过,在这里"激进"和"保守"都是相对而言的,

因为两者都反对马克思主义，反对彻底消灭斯密以来的资本主义及其市场经济，在此意义上两者都"保守"；同时，两者又都支持对资本主义市场经济进行改良，对神圣力学范式的市场秩序理论进行修正，在此意义上两者又都"激进"。实质上，两者都是在资本主义现代化进程中，对资本主义市场经济的合理化，不过，两者对市场经济合理化的途径和方式有重大分歧。而从狭义上来说，新自由主义一般仅指保守式的自由主义或称新保守主义，本书在此意义上使用新自由主义。

针对以上实践和理论上的危机，哈耶克等为代表的新自由主义所做的回应主要表现在：

1. 研究思路的转向。这种转向主要表现在两方面，一是认识论的转向，二是进化论的转向。哈耶克等人认为，计划经济和国家干预之所以盛行，是因为受到由于科学技术飞速发展而产生的科学主义的影响。科学主义在马克斯·韦伯那里又称为科学理性或工具理性。在哈耶克这里，它指的是这样一种信念："在自然科学中能够做到的理性的精确，在制订社会计划时也可以做到。"① 因此，受到科学主义影响的人就如同工程师一样，"他们最大的雄心是把自己周围的世界改造成一架庞大的机器，只要一按电钮，其中每一部分便会按照他的设计运行"。② 因此，基于反对计划经济和国家干预的需要，哈耶克对"经济人"的认识能力进行了考察，并以此为根据提出了新的市场秩序理论。进化论的转向指的是不再像新古典"经济人"假设那样把市场经济看作是一个机械的均衡结构，而是看作"经济人"在遵从一定规则的情况下不断竞争和试错的过程。这在一定程度上接受了旧制度主义的研究方法。不过，与之不同的是，哈耶克强调人类的进化不是简单的生物进化而是文化进化。"我关心的问题不是内在属性的遗传进化，而是通过学习而产生的文化进

---

① [英]哈耶克. 知识分子为什么反对市场 [M]. 秋风译，长春：吉林人民出版社，2003：30.
② [英]哈耶克. 经济·科学与政治——哈耶克论文演讲集 [M]. 冯克利译，南京：江苏人民出版社，2000：309.

化——这当然时常会导致与某些和动物相近的自然本能发生冲突的结果"。①

2. 积极发动理论论战。一方面是与凯恩斯的论战，批判凯恩斯的国家干预主义，认为国家干预会扭曲价格等市场机制，结果通过扩大通货膨胀来解决失业只会导致更大的通货膨胀和更大量的失业。另一方面是与社会主义经济学家奥斯卡·兰格（Oskar Lange）进行论战。兰格基于外部性理论等市场失灵理论，认为市场经济在资源配置上有内在的盲目性，而且容易造成贫富分化。为了解决这些问题，他提出用计划模拟市场的"市场社会主义"模型。在这个模型中，兰格主张政府像自由企业一样通过借助一定的技术手段进行计算和试错来确定产品价格，用之指导国民经济各部门的资源配置和生产销售。为了证明兰格的这种"市场社会主义"不可行，哈耶克与之进行了多年的论战。

3. 积极组织社会活动。一是组织各种研究会。如米塞斯的私人研讨会和罗宾斯主持的研讨会等。二是组建各种学术组织，扩大学术队伍。其中，最著名的是1947年4月1日在瑞士朝圣山（Mont Pelerin）组建的朝圣山学社，另外，还有布坎南在弗吉尼亚大学组织的托马斯·杰弗逊政治经济学研究中心等。三是建立和巩固学术基地，形成了以奥地利维也纳大学、德国弗莱堡大学、英国伦敦经济学院和美国芝加哥大学为核心的学术共同体。

4. 积极拓展研究领域。比如提出和运用"交易成本"或"交易费用"（Transaction Costs）分析产权、企业和制度变迁等，把"经济人"假设运用于分析政治行为等，由此形成了新制度经济学和公共选择经济学等各种新理论。

总之，通过以上各种回应，以哈耶克为代表的新自由主义逐渐形成和壮大，并在这些回应的过程中发展出了一整套以知识进化为特征的市场秩序理论。

三、"知识"和"进化"的含义与意义

一般认为，"哈耶克论证自由之价值是以其知识观和文明进化观为基础

---

① [英] 哈耶克（F. A. Hayek）. 自由宪章 [M]. 杨玉生，冯兴元，陈茅等译. 北京：中国社会科学出版社，1999：10.

的"。① 不过在哈耶克那里,知识和进化都有特定的含义。

1. 知识的含义。一般来说,"人类的知识以两种方式存在着,一是内存于个体的头脑中,二是记载和附着在一定的物质形式(如语言、文字、符号,等等)上"。② 前者可称为主观知识,后者可称为客观知识,前者通过后者来表达,后者是前者的体现。在哈耶克那里,他侧重于主观知识,但是也注意到主观知识与客观知识的互动。他说,"我所说的知识,是由一种寻找特定条件的能力构成的,只有当它的拥有者,通过市场了解到对哪些物品或服务存在着需求,以及这种需求有多么迫切时,它才会成为有效的知识"。③ 可见,哈耶克所谓的知识实质上是个人所了解到的市场信息,包括需求、供给、竞争、制度、规则、文化、风俗习惯等各方面的市场信息。哈耶克的知识有几个明显的特点:①分立性。"知识只会作为个人的知识而存在。所谓整个社会的知识,只是一种比喻而已。所有个人的知识(the Knowledge of all the Individuals)的总和,绝不是作为一种整合过的整体知识(an Integrated Whole)而存在的。这种所有个人的知识的确存在,但却是以分散的、不完全的、有时甚至是彼此冲突的信念的形式散存于个人之间的。"④ 基于知识的这种分立性,哈耶克提出了知识分工的概念。他认为,"事实上,个人根据共同的规则而进行的合作,乃是基于知识的某种分工,亦即个人自己的具体知识和法律提供的一般性知识之间的分工"。⑤ 另外,他又把知识分为明确的知识和默会知识(Tacit Knowledge)。明确的知识指个人明确表达出来的信息,这种知识可以为他人所获知;默会知识指被个人所了解但没有明确表达出来的信息,这种信息是他人无法知道的。②有限性。哈耶克认为,由于知识是分立于个人头脑中的,

---

① 董德刚等.经济哲学[M].北京:中共中央学校出版社,2003:70.
② [英]哈耶克.经济·科学与政治——哈耶克论文演讲集[M].冯克利译.南京:江苏人民出版社,2000:123.
③ [英]哈耶克(F. A. Hayek).自由秩序原理(上册)[M].邓正来译.北京:生活·读书·新知三联书店,1997:22.
④ [英]哈耶克(F. A. Hayek).自由秩序原理(上册)[M].邓正来译.北京:生活·读书·新知三联书店,1997:55.
⑤ [英]哈耶克.知识分子为什么反对市场[M].秋风译.长春:吉林人民出版社,2003:29.

因而"单独一个头脑顶多只能知道全体个人所知道的事情中的一部分，这个事实限定了对不自觉的社会过程之后果进行支配的范围。人类并没有自觉设计这一过程，而且只是在它形成之后，他才逐渐认识到这一过程"。① 而且，人类的文明程度越高，人类的知识越多，那么个人相对来说，所知就越少。这样，知识就不是个人所能设计的，不是个人理性所能全部把握的，"个人对于文明运行所赖以为基础的诸多因素往往处于不可避免的无知（Unavoidable Ignorance）状态"。② ③进化性。由于知识是在个人与他人，个人与社会的互动中形成的，而人类社会和人类文明又是不断进化的，因而知识也是不断演变和变化的，知识的获得也是一个不断试错、日积月累而艰难获取的过程。

2. 进化的含义。前面已经指出，哈耶克的进化指文化进化。"文化在这里被定义为共享的价值和一套规则系统，以及一共同体内在社会交往方面的各种更具体的要素。"③ 具体来说，文化主要指风俗习惯、伦理道德、政治规章和法律法则等。哈耶克的这种文化进化论不同于生物进化论，也不同于旧制度学派的社会进化论。虽然三者都以自然选择、优胜劣汰和渐进演变为核心，但是与生物进化论相比，文化进化论认为，对于人类来说，不是生物进化决定文化进化，而是相反，生物进化依赖于遗传而文化进化依赖于个人的学习，生物进化慢而文化进化快，生物进化通过个体选择而文化进化通过集体选择来实现演变等；与社会进化论相比，文化进化论并不认为每个人都是由本能决定的，也不认为个人的生活是受环境的刺激而主动地适应，而是强调个人生活的学习、试错、无知等特点。另外，哈耶克的文化进化是没有规律的盲目进化。哈耶克根据其知识论认为，文化进化是个人对不可预知的环境不断适应的过程，其中不存在"进化规律"，也不存在"不可避免的历史发展规律"。

---

① [英]哈耶克.知识分子为什么反对市场[M].秋风译.长春：吉林人民出版社，2003：29.
② [英]哈耶克（F. A. Hayek）.自由秩序原理（上册）[M].邓正来译，北京：生活·读书·新知三联书店，1997：19-20.
③ [德]柯武刚，史漫飞.制度经济学：社会秩序与公共政策[M].胡朝华译，北京：商务印书馆，2000：200.

总的来看，哈耶克的"知识"和"进化"实质上是强调"经济人"理性的有限性和市场环境的不确定性，这是对新古典"经济人"假设的重大修正，也可以说是一种"革命"。因为凡勃伦是从制度进化的角度来否定新古典"经济人"假设的，而凯恩斯在论证"需求管理"必要性的过程中其实也强调了经济生活中的不确定性，可见，哈耶克虽然表面上与之存在重大分歧，但是实际上在这些方面与他们的看法相同。如果说前者是对新古典"经济人"假设的否定或"革命"，是对资本主义现代化进程中市场经济的进一步合理化，那么哈耶克也是如此。事实上，自凯恩斯主义"革命"以来，现代市场经济理论大部分都是建立在对"经济人"的这种修正基础上的。例如，新制度经济学对市场交易的研究就是建立在"有限理性"和"投机"（实质上也是指市场环境的不确定性）基础上的。用威廉姆森的话说，"我用'有限理性'和'投机'这样两种行为假设来支持这种合同研究方法。这两种假设与'众所周知的人类本性'都不矛盾"。[①] 在此意义上，现代市场经济理论都可以统一于"知识进化"这一范式之下。而相比之下，哈耶克对知识进化的阐述最早、最明确也最深刻，因此，通过对哈耶克知识进化市场经济理论的考察可以管窥现代西方市场经济理论的全貌，这也是研究市场秩序理论最好的解剖麻雀的方法。

四、知识进化范式市场秩序理论的根据

从哲学上看，如果以斯密为代表的神圣力学范式的市场秩序理论是建立在近代自然法理论、休谟人性论和牛顿自然哲学等之上的，那么以哈耶克为代表的知识进化范式的市场秩序理论则是建立在主观唯心主义的世界观、进化论理性主义、个人主义方法论和规则功利主义等之上的。

1. 主观唯心主义的世界观。哈耶克认为，社会科学不同于自然科学，自

[①] [美] 奥利弗·E.威廉姆森.资本主义经济制度：论企业签约与市场签约 [M].段毅才，王伟译.北京：商务印书馆，2004：5.

然科学对于物理世界的研究可以借助于实验等手段进行检验和还原，然而，社会科学不能做到。"我们称之为'社会事实'（Social Facts）的东西，与个人行动或者它们的客体一样，都不是自然科学中特殊意义上的那种事实；这些所谓的'事实'，必须与我们在理论社会科学（Theoretical Social Sciences）中所建构的模式一样，毋宁是一些我们根据我们在自己心智中发现的那些要素建构起来的心智模式。"①据此，他认为，①人们有关外部世界的所有知识都是由感官知觉（Sense Perception）派生的，所有的知识最终不过是人的主观知识。因此，"在社会演进中，没有什么东西是不可避免的，使其成为不可避免的是思想"。②当然，哈耶克所说的知识的主观性只是从最终来源上来讲的，前面已经指出，他并非不知道人的知识要依赖于人的行动才能获得和增长。②具体就经济学而言，一方面，他坚持主观价值论。哈耶克是奥地利学派的第四代掌门人，因而秉承了其主观主义价值论。他认为，"简而言之，在社会科学中，事物乃是人们认为的事物。钱之所以是钱，语词之所以是语词，化妆品之所以是化妆品，只是因为某人认为它们是钱、语词和化妆品"，"从理解一个人的行动来看，一种药品是否是药品，完全取决于那个人是否相信它是一种药品，而与作为观察者的我们是否赞同他的看法无关"。③另一方面，他坚持主观均衡论。均衡是现代经济学分析市场经济的核心范畴之一，哈耶克认为，市场均衡都是主观的。他提出了两种事实来源，一种是主观基据（Datum），一种是客观基据。前者指作为观察者的经济学家所应当知道的客观事实，后者指作为被观察者的行动者所知道的客观事实。他认为，"然而需要指出的是，均衡关系并不能仅仅从客观事实中推论出来，因为对人们将做什么事情的分析只能够以他们所知道的事情作为出发点。此外，均衡分析也不能只以一系列给定的主观基据作为出发点，因为不同人的主观基据既有可能相融合，

---

① [英]哈耶克. 个人主义与经济秩序 [M]. 邓正来译. 北京：生活·读书·新知三联书店，2003：105.
② [英]哈耶克（F. A. Hayek）. 通往奴役之路 [M]. 王明毅等译. 北京：中国社会科学出版社，1997：51.
③ [英]哈耶克. 个人主义与经济秩序 [M]. 邓正来译. 北京：生活·读书·新知三联书店，2003：91.

也有可能不相融合；这就是说，这些主观基据先行就决定了均衡是存在还是不存在这个问题"。① 总之，哈耶克的世界观是一种带有强烈主观唯心主义的世界观，虽然他晚年有所改变，但是基本立场并没有动摇。这也使他特别重视知识和知识分子的作用，认为如果能够改变人们对市场经济的认识和知识分子的立场，就可以实现他所主张的市场经济模式的合理化。

2. 进化论理性主义。理性有多种含义。在西方哲学史上，它一般被认为是人的本性之一，在古代有时也被看作是神性，是对神性的分有。近代以来，它一般被认为是相对于神性、感性和非理性而言的人的认识能力。但是，在哈耶克这里，理性不是与感性相对，而是与神性和非理性相对而言的。在他看来，感性也是理性。他基于以上对知识和进化的看法提出了自己的观点：①区分两种理性主义。他从认识论上大致把英国经验主义和法、德唯理主义分别称为进化论理性主义和建构论理性主义或建构主义（Constructivism）。他认为，前者以休谟、亚当·斯密、亚当·福格森、塔克、埃德蒙·伯克和威廉·帕列（William Paley）等为代表；后者以笛卡尔、百科全书派、重农学派、孔多塞（Condorcet）、奥古斯特·孔德（Auguste Comte）和黑格尔等为代表。当然，在他看来，国界并不是划分理性主义的唯一标准，因为法国人孟德斯鸠、贡斯当、托克维尔属于进化论理性主义，而英国人托马斯·霍布斯则属于建构论理性主义。②批判建构论理性主义。他把建构论理性主义看作是科学主义的表现，是计划经济和国家干预的认识根源。他认为，科学主义是近代以来自然科学高速发展及其在社会科学中误用的产物。科学主义视社会如同一架机器，社会科学如同工程学，认为凭借人的理性，就可以如同驾驭机器一样驾驭社会，如同实施工程一样精确地改造社会。因此，科学主义必然导致对社会建构的要求，必然导致计划经济和国家干预。在哈耶克看来，这种理性至上的看法和做法是一种"致命的自负"。相反，根据他的知识观，他认为人的理性是非常有限的，无时无刻都处在一种不可避免的无知状态，所以人类

---

① [英]哈耶克.个人主义与经济秩序[M].邓正来译.北京：生活·读书·新知三联书店，2003：66.

文明和制度不是人类设计的产物，人们只能在一定抽象规则的指导下通过不断试错来认识和改造社会。哈耶克的这种认识论实质上来源于波普尔的证伪主义并与其一致，不过，在波普尔那里，两者分别称为"批判的理性主义或真的理性主义（证伪性的）"和"非批判的理性主义或全面的理性主义（实证性的）"。① 事实上，"哈耶克1957年接受了波普尔的证伪主义"，② 而且哈耶克自己也说，"我们从卡尔·波普尔那儿知道（1934/1959），我们的目标只能是尽量加快我们犯错误的过程"。③ 这样，与波普尔一样，哈耶克也反对有任何历史规律，反对社会革命和全盘建构，主张点滴改良。"我们还必须始终在这个给定的整体中进行工作，旨在点滴的建设，而不是全盘的建构。"④

3. 个人主义方法论。个人主义是与集体主义相对而言的。"个人主义是一种社会观，它为解释个人行动和个人行为中的经济现象和社会现象提供了基础。它承认，个人具有不同的知识、偏好和目标"，"集体主义是一种与个人主义截然相反的社会理论。它将群体、集体视为有自身存在资格的事物，它们服从于其自己的（集体）目标"。⑤ 一般认为，个人主义方法论或方法论个人主义是奥地利学派的基本经济分析方法。据考证，"个人主义方法论"一词最初是由熊彼特发明的，后经米塞斯的使用而广为人知。在熊彼特那里，它指的是经济分析总是从个人的行为开始。在米塞斯那里，他强调的是人类所有的行为都是个人的行为，如果排除个人的行为，就不会有社会团体的存在和现实性。总的来看，"这一方法要求以个人行为为依据来解释一切社会现象；整体的联合特征被递次分解为经济人的个体选择；宏观现象应当存在着微观基

---

① [英] 卡尔·波普尔 (Popper, K.P.). 开放社会及其敌人（第二卷）——预言的高潮：黑格尔、马克思及余波 [M]. 郑一明等译. 北京：中国社会科学出版社，1999：348.
② 杨建飞，刘宏雄. 经济哲学若干理论问题刍议 [J]. 江海学刊，1999 (6).
③ [英] 哈耶克. 致命的自负——社会主义的谬误 [M]. 冯克利等译. 北京：中国社会出版社，2000：75.
④ [英] 哈耶克 (F. A. Hayek). 自由秩序原理（上册）[M]. 邓正来译. 北京：生活·读书·新知三联书店，1997：82.
⑤ [德] 柯武刚，史漫飞. 制度经济学：社会秩序与公共政策 [M]. 胡朝华译. 北京：商务印书馆，2000：189.

础"。① 不过，在哈耶克这里，除了这种一般意义以外，它还有特殊意义。①它以进化论理性主义为前提。哈耶克把个人主义分为真个人主义与伪个人主义，真个人主义以进化论理性主义为前提，伪个人主义以建构论理性主义为前提。他认为，只有真个人主义用于理论分析时才是彻底的个人主义方法论，伪个人主义用于理论分析时容易导致总体主义或集体主义方法论。②它不仅仅是一种还原式的经济实证分析方式，更重要的是一种制度分析方法。它强调社会制度都是从个人的行为中产生的，只有通过理解个人行为，才能理解人的集体行为。由于社会生活极其复杂，因而人们能够预知的仅仅是个人的行为，对集体和社会的行为只能做一种"模式预测"（Pattern Prediction），即根据一般规则来进行判断。可见，哈耶克的这种个人主义方法论尽管有一定的片面性，但对于从制度方面来认识市场经济也有一定的积极意义。马克思就说："人们的社会历史始终只是他们的个体发展的历史，而不管他们是否意识到这一点。他们的物质关系形成他们的一切关系的基础，这些物质关系不过是他们的物质的和个体的活动所借以实现的必然形式罢了。"②

4. 规则功利主义。功利主义是伦理学中的一个重要理论，其核心是追求"最大幸福"（Maximum Happiness）。在西方，功利主义与追求最大快乐的哲学有关，因此它可以追溯到伊壁鸠鲁哲学甚至更早。在近代，休谟的哲学就有比较明显的功利主义色彩，但是影响最大的是边沁（Jeremy Bentham）和约翰·穆勒（John Stuart Mill）的功利主义。边沁认为，①"人类由快乐和痛苦主宰"，③趋乐避苦是人性的普遍规律，理性的人类就像一部损益计算器一样，整天忙碌着安排自己的行动，以便从计算中获得最大的幸福。②社会是由独立的个人组成的，社会的幸福是个人幸福相加之和，社会的幸福应当以最大多数人的最大幸福来衡量。如果增加的最大多数人的最大幸福比减少的少，

---

① [英]霍华德等.马克思主义经济学史：1929-1990 [M].顾海良、张新等译，北京：中央编译出版社，2002：346.
② 马克思恩格斯选集（第4卷）[M].北京：人民出版社，1995：532.
③ [英]边沁.道德与立法原理导论 [M].时殷弘译.北京：商务印书馆，2000：57.

就符合功利原理。简单说来,"功利原理是指这样的原理:它按照看来势必增大或减小利益有关者之幸福的倾向,亦即促进或妨碍此种幸福的倾向,来赞成或非难任何一项行动"。①③计算个人的快乐或痛苦大小的指标包括其强度、持续时间、确定性或不确定性、邻近或偏远、丰度、纯度;如果是计算群体的快乐或痛苦大小,则还应当加上广度。②④什么是快乐、痛苦和幸福只有个人自己最清楚明白,个人在原则上是自身幸福最好的判断者,因此一个国家在经济方面应当实行自由放任,政府的职能只限于保护个人的自由和私有财产。边沁的这种功利主义得到了约翰·穆勒的继承,不过他更强调幸福的质而不是量,并且把边沁的自利原则改为自我牺牲原则,更强调他人的幸福和人类整体状况的改善。在约翰·穆勒之后,"边际革命"的代表人物之一杰文斯把边沁的功利主义作为其理论的出发点,认为经济学的目的就是以最小痛苦的代价购买最大快乐,使效用即幸福最大化;福利经济学的创始人英国经济学家庇古(A. C. Pigou)也采用了边沁的功利主义,认为个人的福利是他所有满足的总和,每个人都力求满足最大化,社会福利是每个人福利的总和。

一般认为,功利主义可分为三种:行为或情境功利主义(Act-Utilitarianism),普遍或一般功利主义(General-Utilitarianism),规则功利主义(Rule-Utilitarianism)。行为功利主义指个人在特定情况下追求最大幸福的行为,普遍功利主义指在特定情况下每个人都按照同一道德规范追求最大幸福的行为及后果,规则功利主义指在任何情况下每个人都遵守同一道德规范追求最大幸福的后果。在哈耶克看来,行为功利主义是一种"着重实效的功利主义"(Particularistic Utilitarianism),这种功利主义源于笛卡尔传统,探究的是"对每一个行为,都应在充分了解其可见后果的情况下加以判断",③就是说它预设了理性能够直接操纵复杂社会的全部细节,因而是错误的;后两种功利主义基本相

---

① [英]边沁. 道德与立法原理导论 [M]. 时殷弘译. 北京:商务印书馆,2000:58.
② [英]边沁. 道德与立法原理导论 [M]. 时殷弘译. 北京:商务印书馆,2000:87-88.
③ [英]哈耶克. 经济·科学与政治——哈耶克论文演讲集 [M]. 冯克利译,南京:江苏人民出版社,2000:598.

似，都可以称为生成论功利主义（Generic Utilitarianism），它们源于休谟，探究的是"在世代相传中形成的抽象原则所体现出的优点"，"承认我们理性的局限性，希望借着严格遵守抽象原则，使理性发挥最大的作用"，[①] 因而是正确的。不过，他虽然强烈反对行为功利主义，但他并不反对各种功利主义共有的人性利己假设，而且他还站在休谟和斯密等英格兰传统上极力维护这一假设。"哈耶克对人类本性的评价非常低，从来不相信'人类是完美的'这一说法。在此方面，他继承了苏格兰学派的观点，认为人类是懒惰的、目光短浅的、浪费成性的。只有在环境的驱使下和制度的规划下，人类才能扩大财富、合理有效地利用资源、用理性的方式来调整实现目标的手段。"[②] 可见，他反对行为功利主义而提倡规则功利主义的实质在于进一步修正新古典"经济人"假设，强化其制度色彩，使之更加合理化。

总的来看，以上哈耶克的主观唯心主义的世界观、进化论理性主义、个人主义方法论和规则功利主义，实质上都是对新古典"经济人"假设的进一步修正。经过这些修正，哈耶克的"经济人"就表现为：在一般规则约束下理性有限的个人通过不断的探索和试错追求效用最大化。这样，他的"经济人"带有了制度和历史色彩，反映了现代西方经济学"经济人"的基本特征，变得更加符合现实，更加符合现代市场经济发展的要求。

第二节　现代市场经济的现代化理论

马克思说："物质生产方式的改变和生产者的社会关系的相应的改变，先

[①] ［英］哈耶克. 经济·科学与政治——哈耶克论文演讲集 [M]. 冯克利译. 南京：江苏人民出版社，2000：598.
[②] ［英］安德鲁·甘希尔. 自由的铁笼：哈耶克传（Hayek: The Iron Cage of Liberty）[M]. 王晓冬，朱之江译. 南京：江苏人民出版社，2002：51-52.

是造成了无限度的压榨，后来反而引起了社会的监督，由法律来限制、规定和划一工作日及休息时间。"① 马克思在这里精辟地指出了市场经济的发展变化必然带来制度层面变化的道理。以上分析说明，上述各种理论实质上都是在资本主义市场经济现代化的过程中对市场经济的合理化，都是对新古典"经济人"假设所表征的神圣力学范式市场秩序理论的"革命"。不过，他们在对什么是市场经济的合理化和怎样实现市场经济的合理化等问题上存在重大甚至实质性分歧，这些分歧必然导致不同的制度主张。各种市场失灵理论基本上都主张国家干预，社会主义主张国家控制，法西斯主义则以极端的方式走向人类理性的反面因而主张国家侵略，这些都是在现代化进程中对资本主义发展危机的不同回应。在以哈耶克为代表的新自由主义者看来，这些回应都是建构论理性主义的表现，都是"致命的自负"，都将意味着霍布斯的"利维坦"国家重返人间，都是不好的征兆，因此，他们提出要侧重从一般规则上限制政府行为，以适应市场经济的现代化。为此，哈耶克对市场规则和法治民主等问题进行了研究和论述。

一、市场经济与市场规则

"所谓市场规则，就是各种市场主体从事市场交易所必须遵循的行为规范或准则。"② 哈耶克把市场规则分为两类：一类是"表示普遍适应的公正行为规则"（Nomos），另一类是"表示那些只适用于特定的人或只为制定规则者目标服务的规则"（Thesis）。③ 前者可称为普遍规则，后者可称为特殊规则。普遍规则又可以分为两种：一种是"仅仅在事实上得到服从，但从未明言的规则。如果我们说'公正意识'或'诱惑'，我们指的就是这种我们能够运用但并不确切了解的规则"；另一种是"虽然已形诸文字，但只是对很久以前就得到普

---

① 马克思.资本论（第1卷）[M].北京：人民出版社，2004：345.
② 刘根荣.市场秩序理论研究[M].厦门：厦门大学出版社，2005：133.
③ [英]哈耶克.经济·科学与政治——哈耶克论文演讲集[M].冯克利译.南京：江苏人民出版社，2000：365.

遍服从的东西作了近似表达的规则"。① 前者不妨称之为不成文的普遍规则，后者不妨称之为成文的普遍规则。他认为，不成文的普遍规则比成文的普遍规则重要，比特殊规则更重要，因为，所有明确的知识都来源于默会知识，而且规则越具体越具有目的性，就越可能不符合分立的个人所具有的知识境况。普遍规则是人类在文化进化过程中自发产生的，因此导致自发秩序（Cosmos）的产生；特殊规则是特定人为特定目的设计的，因此导致人为秩序（Taxis）的产生。两者在法律上的区别就如同公法与私法的区别，比如宪法与刑法的区别，因为，宪法适应于所有的人而刑法只适用于特定的人。这样，哈耶克对市场规则的区分与后来新制度经济学对市场制度的区别就有某些差异，这一点，国内的研究目前没有仔细区分。

新制度经济学往往把制度等同于规则，认为"制度是人类相互交往的规则"②，因此，把市场规则等同于市场制度。在新制度经济学这里，市场制度可分为内在制度（Internal Institution）和外在制度（External Institution）。前者又称为非正式制度，后者又称为正式制度。非正式制度是从人类日常生活经验中演化出来的风俗习惯、道德伦理、礼仪礼节，等等，一般不具有强制性；正式制度是由各种组织机构包括国家或政府正式制定和实施的法律法规、规章制度和政策条例等，一般都具有强制性。相比之下，可见不能把哈耶克对市场规则的区分等同于新制度经济学对市场制度的区分，不能把普遍规则等同于内在制度或非正式规则，也不能把特殊规则等同于外在制度或正式规则。哈耶克所指的普遍规则还包括宪法等公法，这些属于后者所指的正式规则；而他所指的特殊规则既可以指后者的某些正式规则，也可以指后者的某些非正式规则，如果这些非正式规则只是适用于特定人的特定目的的话。不过，哈耶克对市场规则的区分基本等同于新制度经济学对市场制度的另一种区分，

---

① [英] 哈耶克. 经济·科学与政治——哈耶克论文演讲集 [M]. 冯克利译. 南京：江苏人民出版社，2000：613.
② [德] 柯武刚，史漫飞. 制度经济学：社会秩序与公共政策 [M]. 胡朝华译. 北京：商务印书馆，2000：35.

即把市场制度分为指令性制度和禁令性制度。"指令性制度主动地指示和命令人们去干什么,它创立一种由领导人强加的行动秩序。禁令性制度在干什么上给行动者留下了很大的自由,但禁止某些有害的行为类型(遵循'汝不应……'思路的消极指示)。"① 在这里,前者基本上等同于哈耶克的特殊规则,而后者等同于普遍规则,这也正是哈耶克两类市场规则的根本区别所在。

在哈耶克看来,普遍规则是人类知识进化的产物,是符合进化论理性主义的。这种规则有三个特点:①抽象性。规则的抽象性指它的一般性或普适性,指它并非是针对具体事件的,是明了而可靠的,是对一切人都开放的。②消极性。普遍规则不具体指明个人应当做什么,而只规定个人不应当做什么。在没有限制的范围内,个人完全自由,他的私域(Private Sphere)完全获得保障,他可以信任其他人,等等。③公平性。普遍规则对任何人都是平等的,不存在适应规则的优先性,更不存在规则内与规则外的区别,所以他说,"只有那些当人们根据自己的目标做出个人决定时必须予以考虑的普遍而抽象的规则,才担当得起道德之名"。②

由于普遍规则具有这些特点,因而,他认为,普遍规则对于保障个人自由、公平正义、私有财产和市场经济的自由竞争,都是至关重要的。除此之外,普遍规则还是个人形成模式预测的必要条件。基于自然科学与社会科学复杂程度的不同,他认为,人们不能像对自然现象那样对社会现象进行精确预测。对于社会现象,"我们所能确定的,仅仅是决定着某个过程结果的一部分而不是全部具体情况,因此对于我们所期待的结果,我们只能预测它的某些性质,而不是它的全部性质。我们能够做出预测的,甚至往往不过是将要发生的事情的一些抽象特征——各因素之间的关系,而对那些因素本身,我

---

① [德] 柯武刚,史漫飞.制度经济学:社会秩序与公共政策 [M].胡朝华译.北京:商务印书馆,2000:116.
② [英] 哈耶克.致命的自负——社会主义的谬误 [M].冯克利等译.北京:中国社会出版社,2000:72.

们依然所知甚少"。① 因此，社会现象的预测只能是一种模式预测，只能在普遍规则的指引下进行。

基于普遍规则的这些特点和功能，他强烈反对与之相对的特殊规则。他认为，特殊规则是"知识的僭妄"，是建构论理性主义的产物，是计划经济和国家干预的工具，有害于个人自由、公平正义、市场自由竞争和市场机制的自发运行，等等。总而言之，"文明的伟大进步在于要创造出一个社会，使每个社会成员只能按抽象行为规则全部联系在一起，而无需创造出什么具体的共同目标"。② 为了使普遍规则真正成为每个社会成员都遵守的创造文明的规则，他对法治民主进行了探讨。

二、市场经济与法治民主

对哈耶克来说，遵守普遍规则最重要的是实行法治（the Rule of Law）。法治是针对政府行为而言的，一般有两层含义：一是指依法治理。在此意义上，它等同于法制（the Rule by Law）。二是遵守法的精神。"法治不仅承认依法而治的重要性，而且尤其强调法律的内容和法律制度本身要受更高级法律（如自然法）或法的道德性的制约。"③ 法的精神或道德性也称为"元法"（Meta Law）或元规则，"元规则是程序性规则（或原则）。它们并不直接影响普通公民，但旨在使外在规则系统保持协调"。④ 在哈耶克那里，元法具体指的是平等和自由等自由主义基本精神。这些基本精神后来在布坎南那里制度化为宪政，"一句话，宪政是制度中的重中之重。它是生成制度的制度，是规则的规则。

---

① [英]哈耶克.经济·科学与政治——哈耶克论文演讲集[M].冯克利译.南京：江苏人民出版社，2000：470.
② [英]安德鲁·甘希尔.自由的铁笼：哈耶克传（Hayek：The Iron Cage of Liberty）[M].王晓冬，朱之江译.南京：江苏人民出版社，2002：58.
③ 顾肃.自由主义基本理念[M].北京：中央编译出版社，2003：128.
④ [德]柯武刚，史漫飞.制度经济学：社会秩序与公共政策[M].韩朝华译.北京：商务印书馆，2000：171.

是元制度，元规则"。① 总之，"所谓法治就是按自由的原则制定法律，政府的一切活动都要受到这种体现自由精神的法律的约束"。②

民主（Democracy）从其词源来说指"人民的统治"或"大多数人的统治"，因此，也可以称为"民治"。在现代西方著名经济学家中，对民主的论述影响最大的可能要属熊彼特了。在熊彼特看来，"人民实际上从未统治过，但他们总是能被定义弄得像在进行统治"。③ 从技术上来说，由人民直接实行统治也是不可能的，所以熊彼特认为，"民主是一种政治方法，即，为达到政治——立法与行政的——决定而作出的某种形式的制度安排。因之其本身不能是目的，不管它在一定历史条件下产生的是什么决定都是一样"。④ 民主的这种工具性相比法治而言更是如此。政府实行法治意味着必须按照体现平等和自由等基本精神的法律进行治理，但是民主既不同于平等，也不同于自由。根据熊彼特的论述，如果民主等于平等，那么就意味着实行民主的国家不能有财产、宗教、性别、种族等方面的任何歧视或不公，而这些在任何国家都是不可能做到的，所以，结论将是民主是不可能的；如果民主等于不平等，那么因为任何国家都是不平等的，所以结论将是任何国家都是民主的，而且越不平等的国家越民主。民主之所以不同于自由，是因为，专制统治下的人民可能更自由，而且民主本身需要许多程序才能实现，这些程序本身就是对自由的限制。总之，民主只是一种手段，既可能是实行法治的手段，也可能是实行暴政的手段。

哈耶克对民主的看法与熊彼特的看法既相似也有不同。① 与熊彼特不同的是，他是站在传统自由主义的立场上看待民主的。并且，他认为，民主本

---

① [澳/美] 杰佛瑞·布伦南，詹姆斯·M. 布坎南. 宪政经济学 [M]. 冯克利等译. 北京：中国社会科学出版社，2004：1.
② 靳玉英. 自由主义的旗手：弗·冯·哈耶克 [M]. 石家庄：河北大学出版社，2001：171.
③ [美] 约瑟夫·熊彼特. 资本主义、社会主义与民主 [M]. 吴良健译. 北京：商务印书馆，1999：365-366.
④ [美] 约瑟夫·熊彼特. 资本主义、社会主义与民主 [M]. 吴良健译. 北京：商务印书馆，1999：359.

身是好的，是趋向于平等的，自由主义与民主都拥护平等的法律，反对法律特权。②与熊彼特相似的是，他认为对于政府而言，民主和自由主义一样，都只是一种手段。在他看来，自由主义关心的是限制政府的权力，包括由多数人统治的民主政府的权力；而民主关心的是政府是否由多数人领导。"民主制度的对立面是威权主义政府，而自由主义制度的对立面是极权主义政府。这两种制度同对方的对立面未必相互排斥：民主制度有可能握有极权主义权力，而威权主义政府可以遵照自由主义原则行事，至少并非不可想象之事。"①这样，像自由主义可能沦为威权主义的工具一样，民主也可能沦为极权主义的工具。③实行法治或自由主义的民主关键在于限制政府的权力。为此，哈耶克区分了"民主"与"民治"。他认为民主的本义是大多数人掌握最高权力（Ultimate Power），但是，"要求多数的意见取胜，并不意味着他们关于具体事务的意志也不应受到限制"，②就是说，民主并不是说不能实行国家干预或计划经济等与自由主义相违背的做法，因此，民主应当受到限制。这种受限制的民主在他看来才是真正的"民治"。这种"民治"的特点是，其最高权威只代表人民的意见而不是自己的意志，就是说，只遵守普遍规则而不是特殊规则，按法治或宪政办事而不是实施干预或计划。为此，他针对英国的立法机构提出了改革设想。

哈耶克站在传统自由主义三权分立的立场上，认为立法权与行政权、议会和政府应当截然分开，可是当时的英国议会（指下议院）越来越干预政治，插手政府的具体事物，甚至力图以人民民主的名义直接掌握最高权力。在他看来，"英国议会提出的掌握最高权力的要求一旦得逞，使它的统治可以不再服从法律，个人自由和民主的丧钟大概也就敲响了"。③因此，他建议把英国议

---

① [英] 哈耶克. 经济·科学与政治——哈耶克论文演讲集 [M]. 冯克利译. 南京：江苏人民出版社，2000：350.
② [英] 哈耶克. 经济·科学与政治——哈耶克论文演讲集 [M]. 冯克利译. 南京：江苏人民出版社，2000：383.
③ [英] 哈耶克. 经济·科学与政治——哈耶克论文演讲集 [M]. 冯克利译. 南京：江苏人民出版社，2000：422.

会一分为二,分为一个立法性议会和一个行政性议会。前者独立于任何党派之外,专门负责制定平等适用于一切人的普遍规则并交由司法机构强制执行,以构成对政府强制权的约束;后者协助政府制定特殊规则,为政府提供服务,同时在制定特殊规则时受前者制定的普遍规则的约束。为此,他还对立法性议会的组织和人员任免做了具体规定。他建议采用年龄代表制,所有代表当选时年龄都必须是40岁,任期15年,每年挑选1/15,当选后卸除个人的一切其他职务,由政府供养,任满后继续担任非专业法官的职务,等等。这样,他认为法治下的民主就能得到有效地实现,政府的权力受到约束,市场经济能够自由发展,传统自由主义的基本教义即自由放任也在改革的基础上得到了维护。哈耶克的这些改革设想后来得到布坎南的继承和发展。布坎南把哈耶克的普遍规则发展成罗尔斯提出的一致同意原则,作为宪政的根本指导原则,而且与哈耶克相似,"布坎南(1987)把制度的安排分为立宪性层次(Constitutional Level)与执行性层次(Operational Level)。所谓立宪性层次与执行性层次,分别是指对于制度进行选择的层次与在既定制度下进行选择的层次"。[①]

总之,对于哈耶克等新自由主义者来说,法治与民主密切相关,民主必须是法治下的民主,只有法治下的民主才有利于市场经济的自由发展,有利于实现公平自由的市场秩序。在他们看来,市场经济的现代化必须以此为目标进行制度安排。为此,他们不仅提出了自己的制度改革设想,而且还对在他们看来与之相对的以国家干预和计划经济为特征的制度化潮流进行了猛烈批判,在此基础上提出了自发的市场秩序模式等制度主张。

---

① 杨小猛.经济秩序的制度理性[M].北京:经济科学出版社,2007:199.

第三节 现代市场经济的制度化理论

一、市场经济的制度批判

哈耶克与斯密一样，批判一切国家干预和垄断，因此，凯恩斯的国家干预主义、法西斯的国家社会主义、苏联的社会主义及其他各种社会主义和福利国家理论等，都是他批判的对象。他把这些一视同仁，认为它们都想组织整个社会及其资源以达到某一特定目的，都拒绝承认个人目的至高无上的自主领域，因此，都是"极权主义"（意指寡头式的独裁专制），都是"通向奴役之路"。在他看来，这些都是建构理性主义的产物，既不合理也非常有害。为此，他对它们进行了猛烈批判，其中，对计划经济的批判最具有代表性。

1. 计划经济的不合理性。哈耶克认为，计划经济之所以不合理，主要是因为以下三点：

（1）计划经济必然导致无序。在哈耶克之前，米塞斯早在 20 世纪 20 年代就针对苏联计划经济提出了这一点。米塞斯反复强调，"社会主义领导者面临着一个他们无法完成的任务。他们没有能力选择并决定，在无数可能采用的生产方法中，究竟哪一个是最赢利的。这样一来，社会主义经济就会走向混乱"。[①] 也就是说，在计划经济体制下，由于所有的生产要素都不能买卖，因而，不存在市场价格，没有市场价格，计划者就不能进行成本核算，不能计算投入与产出的效率和效益。这样，计划经济体制下的生产只能是盲目的无序的生产。米塞斯的这一观点后被称为计划经济"不可能定理"。作为米塞斯

---

① [奥] 路德维希·冯·米瑟斯. 自由与繁荣的国度 [M]. 韩光明等译. 北京：中国社会科学出版社，1994：108.

的学生，哈耶克继承了他的基本观点，并且根据其知识进化理论进行了发挥。哈耶克认为，各种生产要素的变动情况和实际需要的商品和服务数量等知识，都是分立于个人的，并且是不断变化日趋复杂的，只有身处其中的个人最清楚，计划者不可能全部知道，计划者若想事事躬亲，实际上也不可能，所以计划必然是盲目的，计划经济必然是无序的。哈耶克还认为，不仅计划经济是无序的，而且一切国家计划都将如此。主张实行"指导性计划"（Indicative Planning）的人认为，"对将要生产的不同商品和服务数量的某种预测，会有助于确定应当生产的数量"。①哈耶克认为，这是错误的，因为，"根本没有任何理由设想，只要宣布一个目标，就会使它所指明的总产量，通过从事竞争的一部分生产者的努力而得到实现。也没有任何理由认为，政府或无论什么人，会比实际的管理者处在更好的位置上，可以事先确定不同产业的不同产出的适当数量，从而做到供需平衡"。②另外，希望"政府事先对自己的活动制定长期计划，公布这些计划并自觉地加以执行，从而使政府的活动变得更可预测"的这种愿望，哈耶克认为在"目前的条件下，这种计划不仅政治上完全行不通，而且和其他计划要求直接冲突"。③总之，一切国家计划都不可行，都必然导致经济无序。哈耶克的这些批判后来得到了其他某些经济学家的继承和发展，成了批判计划经济的重要理论根据。例如，布坎南就强调，"潜在的参与者们只有当他们进入过程时才知道他们自己的选择会是什么。因此，一个无所不包的计划者要知道这些选择，在逻辑上是不可能的，当然，除非我们排除个人意志自由"。④

（2）计划经济的人性前提错误。哈耶克坚持人性的利己性，认为计划经济以利他主义作为人性前提，以社会目标代替个人的物质需要，是根本错误

---

①② ［英］哈耶克. 经济·科学与政治——哈耶克论文演讲集 [M]. 冯克利译. 南京：江苏人民出版社，2000：196.
③ ［英］哈耶克. 经济·科学与政治——哈耶克论文演讲集 [M]. 冯克利译. 南京：江苏人民出版社，2000：200.
④ ［美］詹姆斯·M.布坎南. 自由、市场与国家——80年代的政治经济学 [M]. 平新乔，莫扶民译. 上海：上海三联书店，1989：106.

的。"哈耶克认为，私有制为个人利己动机的实现提供了物质基础。同时，市场经济体制又为个人利己动机的实现提供了最有效的途径"。① 在既不存在私有制又不存在市场机制的情况下，个人必将受到极大的危害。

（3）计划经济的方法前提错误。哈耶克认为，计划经济的方法论是集体主义，并且把集体主义等同于利他主义。一方面，他认为，集体主义在认识上是错误的。在他看来，进行储蓄和消费等经济活动的最终都是个人，都要还原到个人行为，像社会和阶级这样的集体不过是一种抽象的概念，集体从来不是一个真实的实体，所以，真实存在的只是分立的个人和分立的知识。另一方面，他认为，利他主义或集体主义实质上是人类在野蛮的原始时代在集体中形成的一种本能。他说："我认为渴望高尚的原始人生活这种返祖感情，是集体主义传统的主要根源。"② 计划经济以之为前提说明计划经济本质上是反对现代文明的，是现代社会发展的巨大障碍。并且，计划经济的这种集体主义或利他主义有着内在的矛盾。它实际上只能在一个比较小的集团里才行得通，但是实行计划经济的社会主义者却往往宣传国际主义。这样，一旦实施起来，不管是在德国还是俄国，社会主义就会马上变成强烈的民族主义。"这就从一个方面说明了西方世界大多数人所想象的那种'自由社会主义'何以是纯理论的，而各处实行的社会主义为什么却是极权主义的。集体主义不能容纳自由主义那种博大的人道主义，它只能容纳极权主义的狭隘的门户之见。"③ 这就是说，实行计划经济的社会将必然是波普尔所说的"封闭社会"。波普尔对集体主义的看法与哈耶克相似，他也认为集体主义或利他主义是一种原始社会遗留下来的部落情感，认为"神秘的或部落的或集体主义的社会

---

① 靳玉英.自由主义的旗手：弗·冯·哈耶克 [M].石家庄：河北大学出版社，2001：143.
② [英] 哈耶克.致命的自负——社会主义的谬误 [M].冯克利等译.北京：中国社会出版社，2000：16.
③ [英] 哈耶克（F. A. Hayek）.通往奴役之路 [M].王明毅等译.北京：中国社会科学出版社，1997：135-136.

也可以称为封闭社会,而每个人都面临个人决定的社会则称为开放社会"。①不过,波普尔还对个人主义、集体主义、利己主义和利他主义进行了辨析。波普尔认为,个人主义和集体主义都可以分别与利己主义和利他主义进行组合,因此,既存在利己主义的个人主义也存在利他主义的个人主义,既存在利己主义的集体主义也存在利他主义的集体主义。也就是说,坚持个人主义的人其目的往往并非利己而是利他,相反,坚持集体主义的人其目的却往往并非利他而是利己。在他看来,集体或集团利己主义,例如,阶级利己主义等,是十分常见的事。这就进一步为哈耶克批判计划经济提供了理论支持。波普尔的这种集体利己主义被布坎南引入到了对政治行为的分析以反对国家干预。布坎南认为,"理想的集体主义实际上是不存在也确实不可能存在的,政治领域中的人也如包括市场在内的其他领域的人一样追逐私利,一样的卑鄙",②因此,期望政府的行为能够代表公共利益是不切实际的,政府的干预只能越少越好。

2. 计划经济的危害性。这主要表现为:①计划经济必然没有公平自由。哈耶克认为,社会主义者之所以要实行计划经济,是为了实现分配公正或社会公正。但是,由于各人的知识境况不同,因而,对于什么是符合道德要求的分配,整个社会不可能达成一致。这样,计划者若想保证其目标能够实现,就必须借助严厉的行政命令来运作。结果,政府制订的计划越多,对社会公正的期待越高,整个社会将越不公正,个人将受害越深。这将是一条"通往奴役之路"。在这条道路上,社会没有平等,个人没有自由,还将随时被行政命令摆布,因此,也没有诚信和安全。这样,"社会主义通过破坏个人主义,破坏了道德,最终破坏了西方文明的所有成就。它还破坏了个人责任感的概念,瓦解了真理和理智。"③②计划经济必然导致经济无效率。由于计划经济既

---

① [英]卡尔·波普尔(Popper, K.P.).开放社会及其敌人(第一卷)——柏拉图的符咒[M].陆衡等译,北京:中国社会科学出版社,1999:325.
② [美]詹姆斯·M.布坎南.自由、市场与国家——80年代的政治经济学[M].平新乔,莫扶民译.上海:上海三联书店,1989:12.
③ [英]安德鲁·甘希尔.自由的铁笼:哈耶克传(Hayek: The Iron Cage of Liberty)[M].王晓冬,朱之江译.南京:江苏人民出版社,2002:57.

不能有效地利用知识来配置资源，又不重视个人的利己动机，没有个人财产，因而，计划经济体制必然缺乏激励，个人没有工作和创新的动力，社会物资缺乏，人们生活日益贫困。相反，在市场经济条件下，由于个人的利己动机受到重视，财产受到保障，价格能够传递信息，竞争能够发现知识，因而，个人就会积极进取，经济运行就会充满活力和效率，人们生活水平和文明程度日益提高。③计划经济必然导致矛盾和冲突。哈耶克认为，一方面，由于计划者不能知道分立的个人的情况，因而，计划者与被管理者必然存在矛盾和冲突，而个人之间由于没有诚信和安全也会相互冲突。另一方面，用计划取代竞争无异于给自己树敌。"现代的计划运动是一种反对竞争本身的运动，是一面将竞争的一切宿敌都集结其下的新旗帜。"① 还有，当时的苏联还试图实行世界计划，哈耶克预言，"在实行世界性计划时，现在任何一国的经济政策上所产生的经济利益冲突，事实上将成为所有民族之间的、只有诉诸武力才能解决的利益冲突，而且它将以更为激烈的形式出现"。②

二、市场经济的制度安排

针对以上对计划经济为代表的"极权主义"的批判，哈耶克提出了自己的制度安排。

1. 市场经济的政府职能。哈耶克强调，他反对计划经济和一切国家计划并不是说他反对计划本身。他认为，个人都是理性而利己的，因此，只要不是彻底的宿命论者，每个人都是个计划者，区别只在于计划的好坏和长短。这种一般意义上的计划他并不反对，所以，他说，关于计划的争论，"争论的关键之处并不在于是否应当制定计划，而毋宁在于应当由谁来制定计划，是由一个中央权力机构以集权的方式为整个经济系统制定计划，还是由许多个

---

① [英]哈耶克（F. A. Hayek）.通往奴役之路[M].王明毅等译.北京：中国社会科学出版社，1997：43.
② [英]哈耶克（F. A. Hayek）.通往奴役之路[M].王明毅等译.北京：中国社会科学出版社，1997：213.

人以一种分散的方式制定计划?"① 就是说,主要看计划是国家计划还是个人计划。而对于知识的争论也就是,到底是特定的个人所掌握的知识还是经由适当方式挑选出来的专家所组成的某个权力机构所掌握的知识更重要。因此,他主张实行个人计划,以代替上述国家计划或中央计划。所谓个人计划,就是他所指的一般意义上的计划,即个人自主地为自己制定的生活计划。为了保障个人计划的顺利实行,他主张重新界定政府的职能。①政府的职能主要是实施普遍规则。哈耶克反复强调,他并不主张实行无政府主义。他承认政府的存在及其拥有强制权力的必要性,但是,这种强制必须是用在为个人的自由活动提供保障而不是对其进行干预。其中最重要的是,政府应当仅仅给个人制定一些普遍规则,设计一些永久性的框架,在这些规则和框架的范围内,个人可以自由地活动,自主地竞争,充分地使用自己的知识和发挥自己的创造能力。他说,"政府的一切强制行动都必须限于对一般且抽象的规则的实施,这种制度极为重要"。② ②政府的职能还包括提供公共服务。这些公共服务包括以统一的原则征税、阻止犯罪、防止传染病蔓延,等等,即某些经济学家所谓的"公共物品",但不包括"福利经济"、"关税制"、"收入政策"、"累进税制"等政策措施,因为,这些都只是对某些人而不是所有人有利。③政府提供公共服务的权利应当平等地向所有人开放。哈耶克认为,"尽管市场所存在的一些局限为主张政府采取某些行动提供了正当的理由,然而市场的这些局限却切切实实不能证明以下论辩为正当,即只有国家应当有能力提供这些服务"。③ 因此,他认为,政府不能垄断这些服务,而是应当把所有服务平等地向所有人开放。为此,他甚至主张开展一个"自由货币运动",即取消政府对货币的垄断权,恢复自由银行制度,由私人发行竞争性的货币取而代之。哈耶克的个人计划主张及其对政府职能的界定,除了其极端观点,如自由货

---

① [英]哈耶克. 个人主义与经济秩序 [M]. 邓正来译. 北京:生活·读书·新知三联书店,2003:119.
② [英]哈耶克(F. A. Hayek). 自由秩序原理(上册)[M]. 邓正来译. 北京:生活·读书·新知三联书店,1997:191.
③ [英]哈耶克(F. A. Hayek). 自由秩序原理(上册)[M]. 邓正来译. 北京:生活·读书·新知三联书店,1997:153.

币政策之外，基本上也是其他新自由主义经济学家的共同主张。例如，弗里德曼也主张"一个自由社会政府的基本作用：提供我们能够改变规则的手段，调解我们之间对于规则意义上的分歧，和迫使否则就不会参加游戏的少数几个人遵守这些规则"；① 而在新制度经济学看来，"政府的职能通常是：（a）保护公民的各项自由；（b）生产共享品；（c）再分配产权。为了履行这些职能，政府要投入代理成本；而为了偿付这些成本，政府必须征税以便管理和筹措各种物质资源"，② 这些与哈耶克的主张都基本相似。

2. 市场经济的秩序模式。综观哈耶克的以上批判和主张，可见，他的目的在于维护斯密自由市场经济的基本教义，即自由放任。在他看来，即使是现代化的市场经济，也应当坚持这一教义不动摇，也只有坚持这一教义才能形成市场秩序。即使市场经济出现失灵和贫富分化等问题，那也无须担心，因为，在他的制度框架内，经过他修正的"经济人"会自动地实现良好的市场秩序。这一自动实现的良好的市场秩序在他看来，就是自发秩序（Spontaneous Order）。

与魁奈相似，哈耶克把社会秩序分为两种，一种是人为秩序、组织秩序或计划秩序（Taxis），一种是自发秩序或非计划秩序（Cosmos）。与魁奈不同的是，魁奈的人为秩序是就封建君主的干预而言的，哈耶克的人为秩序是就资本主义的国家干预和社会主义的计划经济等而言的；魁奈的自然秩序的实质是初步带有资本主义性质的农业生产秩序，哈耶克的自发秩序的实质是现代化条件下资本主义市场经济的全球秩序；魁奈的自然秩序是以自然法和社会契约论为根据的，哈耶克的自发秩序是以他的知识进化理论为根据的。他反对魁奈所凭借的法国社会契约论，认为那是建构论理性主义的产物。在哈耶克那里，"所谓自发的秩序，就是那些追求自己目的的个人之间自发生成的

---

① ［美］米尔顿·弗里德曼. 资本主义与自由［M］. 张瑞玉译. 北京：商务印书馆，2006：30.
② ［德］柯武刚，史漫飞. 制度经济学：社会秩序与公共政策［M］. 胡朝华译. 北京：商务印书馆，2000：357.

一种秩序，它是人类行动的结果，但不是人类有意识设计的结果"。[1]哈耶克的人为秩序和自发秩序具有以下特征：①目的性与非目的性。人为秩序是人为设计的产物，其最根本特点就是目的性，是指向特定目的，为特定人的特定目的服务的。自发秩序是经他修正的在普遍规则约束下知识分立而有限的"经济人"在探索和试错的过程中不经意间自发形成的，它不指向特定目的，也不为特定目的服务。由于这一点，哈耶克把人为秩序称为"受目标统治的社会"，而把自发秩序称为"法治社会"。②封闭性与开放性。从以上对计划经济的批判可见，人为秩序是一种只有利于特定群体的封闭秩序而自发秩序是对所有人都平等开放的秩序，人为秩序是一种僵化而没有活力的秩序而自发秩序是一种充满活力不断进化的秩序。自发秩序因此在哈耶克晚年又被称为扩展秩序，意指这种秩序是不断自我组织，不断扩散的。③强制性与非强制性。人为秩序建立在命令与服从关系的基础上，上级对下级具有绝对权威，有权对下级实施强制性指挥。自发秩序以个人的意图和意愿为基础，只受普遍规则的约束，是个人追求自我利益的偶然产物，因此没有强制性。④简单性与复杂性。由于人为秩序具有目的性、封闭性和强制性，因而，它就简单明了，可以精确预测。相反，自发秩序没有设计者，没有整体的目的，有的只是个人的目的，充满变数和不确定性，因此，是一种复杂的秩序。⑤非道德性与道德性。人为秩序没有自由平等，个人不能追求和实现自我价值，社会不能因其而实现文明进化，因而是不道德的秩序。反之，自发秩序以体现个人自由平等的普遍规则作指引，个人能够自由追逐自我利益，社会文明也因之而不断进化，所以，是一种合道德的秩序。总之，人为秩序就是实施计划经济和国家干预等的秩序，而自发秩序就是市场秩序。

哈耶克的自发秩序也是其他现代新自由主义者所主张的基本市场秩序模式。

（1）布坎南的"宪政秩序"。布坎南认为，政府公务员也是"经济人"，有自己的利益诉求，因此，政府决策也是一种交易，政治领域也是一个市场，

---

[1] 刘根荣.市场秩序理论研究［M］.厦门：厦门大学出版社，2005：57.

这个市场也需要普遍规则的约束，这些规则就是宪法。与哈耶克不同的是，布坎南认为，由于公务员的利己性，政府总会想方设法违背和破坏业已制定的宪法，因而，宪法需要不断地改革和修正。因此，布坎南不同意哈耶克关于规则都是自发进化的产物的观点，比较重视规则的人为设计和改良。但是，与哈耶克相似，布坎南认为，只要宪法等各种由集体决策的规则是众人自愿地一致同意的，只要政府的行为因之而得到了有效地约束，那么这些规则就将产生公平与效率，就会自发形成市场秩序。

（2）欧肯的"竞争秩序"。欧肯认为，社会秩序可分为现实秩序与理想秩序，后者又称为"奥尔多秩序"（Ordo），其实质是"竞争秩序"，即公平自由的完全竞争秩序。与哈耶克不同的是，欧肯主张国家对市场进行有限干预，制定秩序政策，维护社会公平正义。欧肯认为，市场经济要以实现"全民福利"为目标，并提出了"社会市场经济"的主张。因此，欧肯的自由主义又被称为温和的新自由主义。但是，与哈耶克相似，欧肯认为，政府行为的最终目的是为了创造良好的市场竞争环境，一旦这一环境具备，市场经济就会自发地形成竞争的市场秩序。

（3）科斯的"产权秩序"。科斯基于旧制度学派"交易"的概念，在1937年发表的论文《企业的性质》一文中提出了"交易费用"（Transaction Costs）概念，从而开创了新制度经济学派的分析基础。在科斯那里，交易费用主要是指生产费用以外的与达成和履行协议有关的费用，即制度运行的费用，包括确定产权的费用、确定交易对象和交易价格的费用、签约和履约的费用，等等。基于交易费用概念，科斯认为，第一，"在市场交易费用为零的情况下，产权制度安排对资源配置没有什么影响"；[①] 第二，在交易费用大于零的情况下，产权的初始界定会对经济效率产生影响，并且权利的调整只有在有利于产值增长，权利调整的费用低于产值增长的费用时才会发生；第三，"在交易成本大于零的情况下，产权的清晰界定将有助于降低人们在交易过程中

[①] 袁庆明. 新制度经济学 [M]. 北京：中国发展出版社，2005：74.

的成本，改进经济效率"。① 这分别被称为科斯的三大定理。由于现实的市场交易都是交易费用大于零的交易，因而，科斯及其他新制度经济学家都认为，市场交易的关键在于清晰地界定产权。只要产权界定清晰，产权主体就会受到激励，经济就会有效率；企业的外部性就可以内部化，私人生产公共物品就会比政府生产公共物品效率更高；"经济人"就会努力创造更高效率的制度来代替较低效率的制度，从而实现制度变迁。总而言之，一旦产权界定清晰，市场经济就会高效地自发地运转，而无需政府的干预。可见，科斯的这种"产权秩序"也是一种自发秩序，与哈耶克的自发秩序异曲同工。

（4）卢卡斯的"理性预期"秩序。20 世纪 70 年代诞生于美国的理性预期学派的代表人物小罗伯特·卢卡斯（Robert E. Lucas Jr.）提出了人们通过理性预期自发形成秩序，从而反对政府干预的理论。理性预期指的是"经济人"可以参照和利用现有知识准确预测未来。这种预期与哈耶克的模式预测不同，后者强调未来的不确定性，强调"经济人"只能在不断的探索和试错的过程中形成对未来的大致判断，是一种"适应性预期"。但是，尽管有这些不同，与哈耶克相似，卢卡斯认为，由于"经济人"具有这种理性预期的能力，因而，市场风险和未来不确定性不会对"经济人"产生重大影响，而且政府干预对经济活动所产生的影响也将会被"经济人"预测到，从而做到有备无患，这样，政府干预就达不到其想要的目的。总之，"经济人"完全可以凭借理性预期应对经济生活，无需政府干预，市场经济自发运转是最好的秩序。

总而言之，以哈耶克为代表的新自由主义者大都认为，市场秩序实质上就是自发秩序，他们所说的自发秩序，既是对斯密基本教义，即自由放任的坚持，又是在现代化的市场经济背景下对自由放任进行的新的合理化和制度化，是古典自由主义梦想在现代的新生。

---

① 袁庆明. 新制度经济学 [M]. 北京：中国发展出版社，2005：82.

三、市场经济的制度理想

古典自由主义梦想除了通过以上的制度批判和制度安排获得新生以外，还在哈耶克构想的乌托邦中获得了新生。哈耶克构想的乌托邦就是真自由主义的伟大社会（Great Society）。

1. 真自由主义与假自由主义。哈耶克从认识论上把西方自洛克以来的自由主义分为真自由主义和假自由主义。两者的共同点是，都坚持思想、言论和出版等个人自由，都坚持人人平等的信念，都主张改良并反对权威。两者的不同点在于：①认识路线不同。前者是进化论理性主义的产物，主要是英格兰经验哲学传统的自由主义；后者是建构论理性主义的产物，主要是德、法唯理主义哲学传统的自由主义。前者是一种"英国的"、"古典的"或"渐进的"自由主义类型；后者是一种"大陆的"或"建构论的"自由主义类型。②制度主张不同。前者坚持法治，主张受法治约束的民主，反对政府干预；后者坚持卢梭"主权在民"的理念，经常发动民主运动，不反对政府干预。并且，政治自由主义和经济自由主义对于前者来说是不可分的，可是对于后者来说正相反。具体来说，前者指的是哈耶克为代表的新自由主义，后者包括凯恩斯主义、福利资本主义和罗尔斯的自由主义，等等。③宗教信仰不同。"第一种自由主义至少同宗教信仰不相抵触，而且往往是由持强烈宗教信仰的人持有甚至加以发展，而'大陆'型的自由主义总是敌视一切宗教，同有组织的宗教不断发生政治冲突。"[①] 由于两者的这些区别，因而，哈耶克认为，前者有利于维护和发展资本主义传统文明，是真正的自由主义；后者则非常有害于资本主义传统文明，而且往往有走向社会主义之虞，所以是假自由主义。为此，他坚决反对假自由主义，认为应当按照真自由主义来发展资本主义市场经济，创造一个有助于复兴资本主义传统文明的伟大社会。

---

① [英]哈耶克.经济·科学与政治——哈耶克论文演讲集[M].冯克利译.南京：江苏人民出版社，2000：391.

2. 真自由主义的伟大社会。在哈耶克看来，这一伟大社会就是他主张的自发秩序或扩展秩序。为了使这一秩序真正扩展至全球，他提出了一些制度构想。这一制度构想的基本理念是在全世界范围内实行法治，基本制度是实行世界联邦（World Federation）制。所谓世界联邦制，其实就是美国联邦制的理想化和世界化。也就是说，世界各国按照真自由主义的法治原则联合起来制定一些普遍规则，先组成各种区域性联邦，然后共同组成一个国际政治主管机构，由该机构管理和协调世界各国的政治和经济行为。这个机构就像一个国际政府一样，它不干预各国的具体事务，但是要有能力阻止一国对他国进行强制。"我们所需要的是这样一个国际政治主管机构：它无权指挥各个民族必须如何行动，但必须能够制止他们损害其他民族的行动"。① 哈耶克认为，一旦有了这种实行国际法治的国际联邦政府，那么：①就可以在全球范围内实行个人计划，反对国家计划。"实际上，联邦制的主要优点之一，便是它能够这样来设计：使得大多数有害的计划难于实现，而同时却给值得期望的计划大开方便之门。"② ②世界和平将得到有效保障。"一个有效地限制国家对个人的权力的国际机构，将是对和平的一个最好保障。国际范围内的法治必须保障国家不对个人、同时保障这种新的超级国家不对各个民族国家施行暴政。"③ ③各国人民都能过上幸福美满的生活。"总的说来，既然避免了中央集权这种致命因素，那么小国人民的生活就会是更美好和更体面，而大国人民的生活就会是更幸福和更美满，这绝不是偶然的。"④ 总之，在他看来，"联邦制组织原则只需善为运用，确能成为世界上某些最为棘手的问题的最好解

---

① ［英］哈耶克（F. A. Hayek）. 通往奴役之路［M］. 王明毅等译. 北京：中国社会科学出版社，1997：220.
② ［英］哈耶克（F. A. Hayek）. 通往奴役之路［M］. 王明毅等译. 北京：中国社会科学出版社，1997：221.
③ ［英］哈耶克（F. A. Hayek）. 通往奴役之路［M］. 王明毅等译. 北京：中国社会科学出版社，1997：223.
④ ［英］哈耶克（F. A. Hayek）. 通往奴役之路［M］. 王明毅等译. 北京：中国社会科学出版社，1997：222.

决办法"。①

总的来看，由于哈耶克的这些制度构想是在第二次世界大战的背景下提出，因而，它们反映了哈耶克要求全球经济和政治生活更加合理化的愿望。但是，他提出这些构想本身就是建构论理性主义的体现，从而背离了他自己坚守的思想路线；另外，他的这些构想只是他个人良好的主观愿望，主要是为了宣扬他的真自由主义，并不具有很强的实践价值。由于这一点，西方学者明确地说，"哈耶克是一位乌托邦哲学家"。②但是，另一方面，正是由于哈耶克是乌托邦哲学家，因而，他对市场经济的价值性非常重视，进行了大量论辩。

第四节 现代市场经济的价值性理论

一、市场经济的特殊含义

在哈耶克那里，市场经济一词具有特殊的含义。他认为，"从狭义上说，一个经济是一种组织或安排，人们在其中自觉地把资源用于一系列统一的目标。"③这就是说，经济（Economy）一词本身就具有目的性，带有建构论理性主义色彩。而在他看来，市场指的是一种自发的交换过程（Catallaxy），是没有目的性，按照进化论理性主义运作的。因此他认为，市场经济一词具有严重的内在缺陷："首先，所谓的市场经济，在严格意义上讲并不真正是一个经济，而是大量相互作用的单个经济的组合。……市场经济一词的第二个缺陷

---

① [英]哈耶克（F. A. Hayek）. 通往奴役之路 [M]. 王明毅等译. 北京：中国社会科学出版社，1997：224.
② [英]艾伯斯坦. 哈耶克传 [M]. 秋风译. 北京：中国社会科学出版社，2003：270.
③ [英]哈耶克. 经济·科学与政治——哈耶克论文演讲集 [M]. 冯克利译. 南京：江苏人民出版社，2000：124.

是，在英语里它无法产生出一个便于使用的形容词，而这样一个表明具体行为是否适当的形容词当然是十分必要的"。① 为此，他提出要用"交换学"（Catallactics）一词取代"经济学"一词。交换学也被译为"通功易事"，"通功易事（德语：Catallaxis）概念源于希腊语的 Katallatein。它意味着相互交易并因此而化敌为友"。②

二、市场经济的基本价值

鉴于市场经济的这种特殊含义，哈耶克认为，市场经济的基本价值除了能够通过传递和发现知识并激发个人的利己动机以创造效率以外，还主要包括能够实现交换公正和个人自由。为此，他对交换公正和个人自由分别进行了辨析和论述。

1. 交换公正。早在古希腊，亚里士多德就对公正进行了深入的论述，他把交换公正称为回报的公正，指市场中的等价交换关系。哈耶克的交换公正实质上也是指市场中的等价交换关系，不过，他的交换公正含义更丰富，又可称为形式公正或程序公正，与社会公正相对。社会公正又可称为分配公正、实质公正或结果公正。具体来说，根据新制度经济学的定义，"公正指个人和权力机关对相同的事件平等相待，以及对所有人按统一标准（而不是根据个人的立场或所从属的特殊集团）施加管束。这是程序（或形式）公正的概念"，"社会公正定向于人类交往的结果平等，而不问人们的起点、运气和努力。社会公正的目的在于拉平收入、财富和其他人类交往后果的差异。"③

哈耶克认为，市场经济的公正只能是交换公正，对市场经济实施社会公正是错误的。这是因为：①社会公正是用词错误。哈耶克认为，从词源上来

---

① [英]哈耶克.致命的自负——社会主义的谬误 [M].冯克利等译.北京：中国社会出版社，2000：127-128.
② [德]柯武刚，史漫飞.制度经济学：社会秩序与公共政策 [M].胡朝华译.北京：商务印书馆，2000：278.
③ [德]柯武刚，史漫飞.制度经济学：社会秩序与公共政策 [M].胡朝华译.北京：商务印书馆，2000：102.

说，"'社会'(Society)……是要用它来描述一种自发产生的人类关系的秩序，以区别于特意设立的国家组织"。① 就是说"社会"一词本意就是指自发秩序，所以"社会"这个词的形容词"社会的"(Social)的本意应当是"自发秩序的"，"社会（的）公正（Social Fairness）"应当指自发秩序的公正。但是，在现实中，人们却往往把"社会公正"理解为国家组织实施的公正，即分配公正、实质公正或结果公正，这就颠倒了其本来含义，因此，是用词错误。他甚至说，"用社会的这个圆滑的词取代我们一直用'合乎道德的'(Moral)来称呼的那些价值，有可能是这个世界道德意识普遍退化的主要原因之一"。②②社会公正是理性的谬误。哈耶克认为，由于词义的这种颠倒，因而社会公正就变成了建构论理性主义的产物，这是理性的谬误。③社会公正根本就不存在。这是因为，"一是根本就不存在公认的分配公正的普遍性原则，也找不到这样的原则，二是即使能够在这样的原则上取得共识，在一个生产力取决于个人能够自由利用自己知识和能力追求各自目标的社会里，也不能采用这样的原则"。③ ④社会公正是一种原始的道德情感。哈耶克认为，虽然社会公正并不存在或者说没有意义，但是人们仍然相信它。之所以如此，是因为，正如集体主义一样，社会公正也是人类从原始社会中遗传和传递下来的一种道德情感。在原始社会，由于物资稀缺，生存困难，因而，人们集体生活，形成了共同的目标序列和按照个人功绩分配物品的习俗。由于人类生活在这一时代的时间远比生活在文明时代的时间长，因而这种习俗不可避免地成了人类的本能。社会公正正是这种本能的体现，是一种返祖现象。但是这种本能和返祖现象对于个人自由，对于市场竞争，对于人类文明的进化，却是非常有害的，因此，为了保证市场经济的自由发展，应当坚决反对之。

---

① [英]哈耶克. 经济·科学与政治——哈耶克论文演讲集[M]. 冯克利译. 南京：江苏人民出版社，2000：291.
② [英]哈耶克. 经济·科学与政治——哈耶克论文演讲集[M]. 冯克利译. 南京：江苏人民出版社，2000：293.
③ [英]哈耶克. 经济·科学与政治——哈耶克论文演讲集[M]. 冯克利译. 南京：江苏人民出版社，2000：348.

哈耶克反对社会公正，是为了宣扬交换公正。在他看来，交换公正具有如下特点：

（1）形式性。在这一方面：首先，交换公正的形式性也是规则性。哈耶克说，"自由主义是以实施公正行为的规则为前提的"。① 就是说，交换公正指的是个人在规则面前一律平等，至于个人的行为在遵守规则的前提下分别会产生什么结果，与它无涉。其次，交换公正的形式性也是程序性。任何规则的实施都是通过一定程序来进行的，所以，交换公正往往又称为程序公正。因之，交换公正也就是规则公正或程序公正，一般来说，三者的含义基本相同。例如，罗尔斯的程序公正就可以称为规则公正或交换公正。但是，与罗尔斯不同的是，哈耶克强调交换公正的规则是普遍规则而不是特殊规则，它是平等适应于任何人而不是有利于特定人的规则。基于这一点，哈耶克反对罗尔斯的程序公正。罗尔斯在其专著《正义论》中提出了正义的两个原则：

"第一个原则：每个人对与其他人所拥有的最广泛的基本自由体系相容的类似自由体系都应有一种平等的权利。

第二个原则：社会的和经济的不平等应这样安排，使它们①被合理地期望适合于每一个人的利益；并且②依系于地位和职务向所有人开放。"②

其中，第一个原则又称为平等自由原则，是关于公民的政治权利和义务的；第二个原则中的两个小原则又分别称为差别原则和机会的公正平等原则，它们用于调节社会和经济利益的分配。罗尔斯认为，对这些原则的选择应当按照一种"词典式序列"（Lexical Order）来进行，即第一个原则优先于第二个原则，第二个原则中的第二小原则即机会的公正平等原则优先于第一小原则即差别原则。对于哈耶克来说，他与罗尔斯在第一个原则上没有分歧，即个人的自由平等应当优于一切其他原则。他与罗尔斯的分歧在于罗尔斯的第二个原则中的第一个小原则即差别原则。尽管罗尔斯把这一原则放在选择序

---

① [英]哈耶克. 经济·科学与政治——哈耶克论文演讲集 [M]. 冯克利译. 南京：江苏人民出版社，2000：395.

② [美]约翰·罗尔斯. 正义论 [M]. 何怀宏等译. 北京：中国社会科学出版社，1988：60-61.

列的最后，但是，由于罗尔斯实质上是想通过这一原则要求国家对社会财富实施一种再分配，使社会最小受惠者得到补偿，这是哈耶克绝对不能同意的。在哈耶克看来，这实质上是把交换公正偷换成了社会公正，把普遍规则变相成了特殊规则，从进化论理性主义堕入了建构论理性主义，属于他所谓的假自由主义。哈耶克对罗尔斯程序公正的这种看法得到了诺齐克的继承和发展。众所周知，诺齐克对罗尔斯的程序公正进行了猛烈的批判。"诺齐克认为，人性具有无限的多样性，不存在完全相同的两个个体，这种差别是人类社会一切有价值东西的来源，否认这种差别就否定了特定个人存在的意义。因此，无论什么分配，只要它不侵犯别人的权利，只要它来自当事人一方的自愿交换，就都是可以接受的"。[①] 可见诺齐克批判罗尔斯的出发点与哈耶克基本一致，都反对以公正的名义对个人的活动进行干预，也就是说，对个人来说，只能有普遍规则而不能有特殊规则。

（2）平等性。平等是公正最主要的内涵，虽然公正并不意味着平等，但无平等则不存在公正。交换公正也意味着平等，但是这种平等不等于平均，只是一种形式平等和规则平等。除此之外，交换公正更重要是一种机会平等，所以，又可称之为机会公正。在哈耶克看来，市场就如同一场博彩游戏，一种体育比赛，个人在其中能否成功，完全靠自己的努力和运气。尽管由于家世和财产等各方面的原因，每个人在起点和结果上可能并不平等，但只要普遍规则得到贯彻，每个人都仍然有发财致富的机会。用布坎南的话说就是，"一个佃农的孩子同一个亿万富翁的孩子相比，绝不可能拥有成为总统的相等机会，但是可以建立各种制度以保证佃农的孩子不被公开地从竞争中排除出去，如果这个孩子被允许参加竞争，并且是在同样规则下竞争，他至少仍然有某种获胜的机会。"[②]

（3）消极性（Negative）。这是因为，交换公正的普遍规则并不规定个人

[①] 张宇. 马克思的公平理论与社会主义市场经济中的公平原则[J]. 教学与研究，2006（2）.
[②] [美]詹姆斯·M. 布坎南. 自由、市场与国家——80年代的政治经济学[M]. 平新乔，莫扶民译. 上海：上海三联书店，1989：195.

具体应当做什么,而是规定个人不能做什么,规则的目的不是规定什么是公正,而是规定并禁止什么是不公正。在规则划定的范围内,个人的私域受到保护,行动完全自由。这样,交换公正就相当于法律下的自由或法律公正。这正如斯密所说:"绝大多数情况下,正义只是一种消极的美德,只是不让我们去伤害别人"。①

鉴于交换公正的这些特征,哈耶克认为,只有交换公正才能真正称得上"社会公正",才有利于市场经济发展,有利于实现良好的市场秩序。如果市场经济实行的是这样一种公正,他非常赞成,而且他认为,应当使之制度化。这一制度在他看来,就是自由企业制度。所谓自由企业制度,实质上就是自由放任和财产私有制的另一种说法,就是政府不干预企业的经营事务,工会组织等不对企业的经营行为进行监督和评价,企业能在遵守法律的情况下自主地经营和发展,企业和个人的财产能得到有效保护。他认为,"事实上,唯有自由企业制度发展出了这样的社会,它在为我们提供丰富的物质手段的同时,即使这些手段是我们主要的需要,它仍然允许个人自由在物质报酬和非物质报酬之间作出取舍。"②就是说,只有建立了自由企业制度,整个社会才能物质财富丰裕、精神文化繁荣,这才是真正的"社会公正"。

2. 个人自由。在哈耶克那里,个人自由的含义与洛克和约翰·穆勒等论述的自由的含义基本相同,也是指消极自由、法律之下的自由和理性自由。不同的是,他是以知识进化理论为根据进行论述的,而后者主要是以自然法和社会契约论为根据进行论述的。除此之外,对于个人自由,他还特别阐述了以下几方面:

(1) 自由与强制(Coercion)。在哈耶克看来,"所谓'强制',我们意指一人的环境或情境为他人所控制,以至于为了避免所谓更大的危害,他被迫

---

① [英] 亚当·斯密. 道德情操论 [M]. 韩巍译. 北京:中国城市出版社,2008:67.
② [英] 哈耶克. 经济·科学与政治——哈耶克论文演讲集 [M]. 冯克利译. 南京:江苏人民出版社,2000:67.

不能按自己的一贯的计划行事，而只能服务于强制者的目的"。① 所以，强制是与自由对立的，自由就是强制被减少到最小可能的限度。因此，在他看来，对于自由来说，"强制是一种恶，它阻止了一个人充分运用他的思考能力，从而也阻止了他为社会做出他所可能做出的最大的贡献"。② 但是，他又认为，强制是不能完全避免的，因为，只有依靠强制才能防止强制。所以，问题不是取消强制，而是恰当地使用强制。强制必须由国家来执行，是国家依法拥有的一种权力，任何个人都不能对他人使用强制，而且国家也只有在制止私人使用强制的场合才能使用强制。唯其如此，个人自由才能得到保障，才不会沦为他人的工具。

（2）自由与责任。与洛克一样，哈耶克也强调自由是理性自由，自由的理性体现就是责任。对于不能承担个人责任的人而言，是没有自由可言的。这正如弗里德曼所言，"只有对负责任的个人而言，自由才是可以维护的目标。我们不主张对疯子和儿童的自由"。③ 责任同时也是维系市场经济诚信的根本，没有责任则无诚信可言，个人只有在享受自由的同时承担相应的责任，市场经济的诚信才能得到保障。

（3）自由与安全。"安全与相信人们能在或远或近的未来享受到自由的信心相关。它是不用担心民间主体或集体主体横加暴力干预的自由。"④ 在哈耶克看来，安全可分为绝对的安全与相对的安全。绝对的安全指社会主义和福利国家中的安全，在那里，一切都是预定的或有保障的，个人看起来无需为任何事情担心。但是，哈耶克认为，这种绝对的安全其实最不安全。这是因为：首先，绝对的安全使得人们不思进取，经济效率遭到破坏，结果造成物资缺

---

① ［英］哈耶克（F. A. Hayek）. 自由秩序原理（上册）[M]. 邓正来译. 北京：生活·读书·新知三联书店，1997：16.
② ［英］哈耶克（F. A. Hayek）. 自由秩序原理（上册）[M]. 邓正来译. 北京：生活·读书·新知三联书店，1997：165.
③ ［美］米尔顿·弗里德曼. 资本主义与自由[M]. 张瑞玉译. 北京：商务印书馆，2006：38.
④ ［德］柯武刚，史漫飞. 制度经济学：社会秩序与公共政策[M]. 胡朝华译. 北京：商务印书馆，2000：102.

乏，人们的生活没有保障。其次，绝对的安全是以一部分人有特权配置资源和随时发布指令为前提的，这样，人们就有可能随时受到特权的伤害。最后，绝对的安全是以牺牲个人自由为代价的，个人就像一部无人性的机器中的一个齿轮，毫无人生价值可言。与绝对的安全相比，相对的安全指市场经济中的安全，是一种有最低限度保障的安全，指的是政府为市场经济中的物质严重缺乏的人提供最低限度的生活保障，以维护其生计。这种保障是通过市场之外的途径进行的，仅仅是维护个人自由的一种手段。

（4）自由的功能。自由可能是善的，也可能是恶的。善的自由是指，自由有利于创新，有利于发现和检验知识，从而有利于社会进步。恶的自由是指，"自由并不意味着一切善物，甚或亦意味着一切弊端或恶行之不存在。的确，所谓自由，亦可能意指有饥饿的自由，有犯重大错误的自由，或有冒生命危险的自由"。[①] 但是，真正的自由本身应当是善的而不是恶的，因为，以上这些恶的自由要么是非理性的，要么是非法的，都不符合自由的真义。并且，真正的自由不仅是善，而且是最重要的善，其他的善，如公正和平等都必须以自由为条件。哈耶克就说，"我们必须指出，自由不仅是一种特殊价值，而且还是大多数道德价值的渊源和条件"，[②] "在没有自由的情况下，道德评价是毫无意义的"。[③]

从以上哈耶克对市场经济基本价值的论述来看，可见：这些价值是在市场经济现代化的背景下，对洛克等人所论述的平等、自由和财产权等基本价值的进一步合理化、制度化。

进而言之，综观市场秩序理论在近代和现代的发展，可见：第一，市场秩序理论的各个部分虽然各有侧重，但彼此之间并不存在截然区别，而是相

[①] ［英］哈耶克（F. A. Hayek）. 自由秩序原理（上册）[M]. 邓正来译. 北京：生活·读书·新知三联书店，1997：13.

[②] ［英］哈耶克（F. A. Hayek）. 自由秩序原理（上册）[M]. 邓正来译. 北京：生活·读书·新知三联书店，1997：8.

[③] ［英］哈耶克（F. A. Hayek）. 自由秩序原理（上册）[M]. 邓正来译. 北京：生活·读书·新知三联书店，1997：94.

互交融在一起的。第二，由于市场经济发展的时代背景不同，因而，市场秩序理论考察的逻辑顺序不能强求一致。以斯密市场经济理论为代表的神圣力学范式的市场秩序理论所反映的实际上是资本主义近代市场经济的发展要求，而以哈耶克市场经济理论为代表的知识进化范式的市场秩序理论则反映的是资本主义现代市场经济发展的要求。对于前者来说，它首先需要的是要摆脱神权秩序的束缚，确立自身的合理性和价值性，这样，才有实现自身的发展和形成相应秩序的可能；对于后者来说，在原有市场经济在实践上和理论上都面临危机的情况下，它首先需要的除了继续确证自身的合理性以外，还需要从理论上解答其现代化的目标和途径，这样，才有继续发展，形成秩序和实现价值可言。第三，这种理论考察在逻辑上的区分不等于市场经济实际发展的不同。市场经济在发展的过程中实际上是各种问题同时呈现的，逻辑上的区分仅仅是为了更好地再现市场经济的历史发展。第四，以上考察说明，尽管各种理论之间存在重大的或实质性的分歧，但是它们最终都是为了使资本主义市场经济更加合理化、制度化和现代化，使市场主体遵从由此产生的制度规则并从中实现自身的价值，这就说明了市场秩序本身就是这样一种过程和状态。第五，由于市场经济就其诞生以来而言，就是以财产私有制为基础和核心的，因而，许多经济学家把市场经济、资本主义和自由主义在此意义上等同起来；因而，他们对市场经济、自由主义或资本主义中任何一个的维护其实也是对其他两个的维护。以米塞斯和哈耶克等为代表的新自由主义就是如此，他们也因此深感维护和发展好市场经济的重大意义。这一意义用米塞斯的话来说就是，"资本主义是一切社会关系中唯一可行的制度"。[①] 正是针对这一点，马克思对市场经济展开了否定性批判。

[①] [奥] 路德维希·冯·米塞斯. 自由与繁荣的国度 [M]. 韩光明等译. 北京：中国社会科学出版社，1994：118.

第四章　社会发展范式的市场秩序理论

马克思说:"我的观点是把经济的社会形态的发展理解为一种自然史的过程。不管个人在主观上怎样超脱各种关系,他在社会意义上总是这些关系的产物。"[①] 在马克思看来,[②] 市场经济并非像斯密所说的那样,是神圣的、永恒的,也并非像米塞斯所说的那样,是唯一的、不可取代的,而是有其产生、发展和灭亡的规律的,是人的发展的一种历史形态,是高度发达的商品经济。为此,马克思对近代资本主义市场经济(本章以下简称市场经济)进行了深入的研究,对其合理性和价值性进行了辩证地、历史地考察,指出市场秩序本质上不过是以人的发展为核心的自然历史秩序。并且,马克思立足于人的未来发展,否定了资本主义经济和政治制度的绝对合理性和价值性,提出了在生产力高度发达、人类历史发展为世界历史的条件下,通过无产阶级革命重塑秩序,实施计划经济的制度构想。马克思的这种构想得到了列宁和斯大林的继承和发展,最后产生了高度集权的苏联计划经济秩序模式。

[①] 马克思恩格斯选集(第2卷)[M].北京:人民出版社,1995:101-102.
[②] 注:本书认为,在邓小平正式提出市场经济与计划经济手段论之前,虽然自20世纪30年代以来,中国、西方理论界早就逐步形成和发展了与此相关的许多思想,但是,总体上并没有在理论上明确突破在经济意义上把市场经济等同于资本主义或自由主义以及把计划经济等同于社会主义的市场经济与计划经济对立论(见第六章相关论述)。因此,历史地看,在邓小平之前的市场经济理论中,市场经济与资本主义或自由主义基本上可以等同起来,这在马克思那里也是如此。不过,正如下文所述,马克思并没有使用过"市场经济"一词,而更多地使用"交往形式"、"交往关系"和"市民社会"等词,并且马克思早年也很少使用"资本主义"一词,而更多地使用"资产阶级社会"一词。

第一节 马克思的市场经济理论

一、马克思市场经济理论的界定

一般认为,"市场经济"的概念是在 20 世纪初期由米塞斯在《社会主义制度下的经济计算》一文中明确提出的,因此,马克思从来没有使用过"市场经济"一词。但是,这并不意味着马克思没有研究市场经济。恰恰相反,市场经济一直是马克思关注的重点之一。

1. 市场经济是马克思研究的主要对象之一。马克思研究的主要对象之一是资本主义生产方式,而就其形成和发展来看,至少在马克思所处的时代,资本主义生产方式完全与市场经济吻合。因为,在马克思那里,资本主义是近代以来生产力发展的产物,私有制是资本主义的基本经济制度,这在市场经济也是如此。在此意义上,马克思对资本主义生产方式的研究也可以说是对市场经济的研究。

2. 市场经济是马克思经济研究的主要内容之一。马克思在 1859 年首次公布的"六册计划"(《资本》、《土地所有制》、《雇佣劳动》、《国家》、《对外贸易》、《世界市场》)都可以说是对市场经济的研究,而且马克思的主要著作《资本论》的主要内容之一就是关于市场经济的。"《资本论》就是市场经济理论和资本主义独有的社会形式理论两大块理论的有机结合的体系"。[①]

3. 马克思使用的许多词带有"市场经济"的色彩。马克思生活在市场经济环境中,这种环境不能不对他创造新的理论产生重大影响。这种影响体现在他早期使用的某些术语中,这些术语包括:

---

① 杨永华. 论马克思的市场经济均衡模型[J]. 当代经济研究,1995(2).

（1）交换形式。在 1846 年《德意志意识形态》中，马克思说，"交往形式的联系就在于：已成为桎梏的旧交往形式被适应于比较发达的生产力，因而也适应于进步的个人自主活动方式的新交往形式所代替；新的交往形式又会成为桎梏，然后又为别的交往形式所代替。由于这些条件在历史发展的每一阶段都是与同一时期的生产力的发展相适应的，所以它们的历史同时也是发展着的、由每一个新的一代承受下来的生产力的历史，从而也是个人本身力量发展的历史"。[①] 在这里，"交往形式"一般被认为等同于"生产关系"，马克思的这句话因而也被认为是对生产力与生产关系相互作用原理的一种表达。其实，这里的"交往形式"带有一定的"市场经济"色彩。一方面，这种"生产关系"意义上的"交换形式"虽然存在于各个历史时代，但是马克思集中关注的是近代资本主义的"交往形式"，是从这种特定的"交往形式"出发来看待其他"交往形式"的。另一方面，前已指出，在马克思的理论视野中，近代资本主义这种特定的"交往形式"与"市场经济"是等价的。因此，马克思在这里明确地把"交往形式"看作为"个人自由活动类型"，把"交往形式"发展的历史看作是"个人本身力量发展的历史"。这些都带有明显的"市场经济"色彩。此外，在 1847 年《道德化的批判和批判化的道德》中，马克思说，"'财产关系上的不公平'以现代分工、现代交换形式、竞争、积聚等等为前提，绝不是来自资产阶级的政治统治，相反，资产阶级的政治统治倒是来自这些被资产阶级经济学家宣布为必然规律和永恒规律的现代生产关系"。[②] 在这里，马克思把"交换形式"与财产关系、分工、竞争和积聚等联系在一起，也说明"交往形式"带有"市场经济"的色彩。

（2）交换关系。与"交往形式"相比，"交换关系"更是带有"市场经济"的色彩。在 1848 年《巴黎〈改革报〉论法国状况》中，马克思说，"但是，阶级对立是建立在经济基础上的，是建立在迄今存在的物质生产方式和由这

---

① 马克思恩格斯选集（第 1 卷）[M]．北京：人民出版社，1995：124．
② 马克思恩格斯选集（第 1 卷）[M]．北京：人民出版社，1972：171．

种方式所决定的交换关系上的。而《改革报》认为改变和消灭这种对立的最好的手段，莫过于使自己的视线离开阶级对立的现实基础，就是说离开这些物质关系"。① 在这里，"交换关系"不仅相当于"生产关系"，而且马克思明确地把它等同于"物质关系"，而这正是市场经济的本质关系，可见"交往关系"所赋有的"市场经济"色彩。

（3）市民社会。马克思早年经常使用"市民社会"一词。例如，在《德意志意识形态》中，马克思就说，"市民社会包括各个个人在生产力发展的一定阶段上的一切物质交往。它包括该阶段上的整个商业生活和工业生活"。② 在1846年《马克思致巴·瓦·安年柯夫》的信中，马克思说，"社会——不管其形式如何——是什么呢？是人们交互活动的产物。人们能否自由选择某一社会形式呢？决不能。在人们的生产力发展的一定状况下，就会有一定的交换（Commerce）和消费形式。在生产、交换和消费发展的一定阶段上，就会有相应的社会制度、相应的家庭、等级或阶级组织，一句话，就会有一定的市民社会。有一定的市民社会，就会有不过是市民社会的正式表现的一定的政治国家"；③ 在1859年的《〈政治经济学批判〉序言》中，马克思说，"法的关系正像国家的形式一样，既不能从它们本身来理解，也不能从所谓人类精神的一般发展来理解，相反，它们根源于物质的生活关系，这种物质的生活关系的总和，黑格尔按照18世纪的英国人和法国人的先例，概括为'市民社会'，而对市民社会的解剖应该到政治经济学中去寻求"，④ 等等。可见，尽管根据当前的研究，马克思所指的"市民社会"在不同语境中可能具有不同的含义，但是在上述话语中，马克思把"市民社会"看作包括商业和工业生活在内的"物质交往"、"人们交互作用的产物"、"物质生活关系的总和"，这些实质上都具有鲜明的"市场经济"色彩。

---

① 马克思恩格斯选集（第1卷）[M]. 北京：人民出版社，1972：313.
② 马克思恩格斯选集（第1卷）[M]. 北京：人民出版社，1995：130.
③ 马克思恩格斯选集（第4卷）[M]. 北京：人民出版社，1995：532.
④ 马克思恩格斯选集（第2卷）[M]. 北京：人民出版社，1995：32.

可见，马克思虽然没有使用"市场经济"一词，但是无论从他研究的主要对象、他研究的主要内容，还是从他使用的某些术语来看，市场经济都是他关注的重点之一。

二、马克思市场经济理论的来源

马克思不仅关注和研究了市场经济，还形成了独特的市场经济理论。从思想渊源来看，马克思市场经济理论主要来源于三个方面：

1. 空想社会主义的市场经济思想。市场经济自其产生以来就存在对其进行批判和否定的思想，空想社会主义的市场经济思想就是其中之一。空想社会主义产生于16世纪，直到19世纪三四十年代才落下帷幕。在空想社会主义存在的这几百年的历史过程中，空想社会主义者对市场经济进行了大量的反思和批判，提出了许多制度构想，并进行了多次有益的实验。具体来说，空想社会主义的市场经济思想主要包括：

（1）否定市场经济的合理性和价值性。与资本主义近代思想家一样，空想社会主义者都坚持以永恒的理性和正义审视和评价人和社会存在的合理性和价值性。但是，与前者对市场经济的辩护和维护相反，"他们着眼于产业革命时代的经济社会问题，以伦理道德的批判标尺，估价了市场经济的社会成本，即社会的分配不公与道德沦丧，全面质疑了市场经济存在的合理性，并提出求助政府理智与社会良知校正与根除市场经济的社会成本，重建市场经济，以增进社会成员的共同福利"。[①]

（2）相信人类社会进步的必然性。空想社会主义一般都认为人类社会是一个从低级阶段到高级阶段的发展过程。例如，傅立叶就把到他为止的社会历史划分为蒙昧、宗法、野蛮和文明四个阶段，他认为，社会历史就是这样依次递进的发展过程。空想社会主义者还相信，经过人们对社会的主动改造可以实现人们所期待的和谐美好的理想社会。他们认为，社会主义是绝对理

[①] 王根蓓.市场新秩序论［M］.上海：上海财经大学出版社，1997：182.

性和正义的表现，只要坚持社会主义的原则，发明一些新的更完善的制度，就可以改造社会，实现社会进步。

（3）提出计划经济并实验"和谐制度"以重塑秩序。空想社会主义者认为，市场经济之所以产生贫富分化、剥削与被剥削、欺诈和贿赂等种种不合理、不道德的现象，是因为存在自由放任、财产私有制和不公平分配等制度；因此，他们主张废除私有制、建立新的分配制度并重塑秩序。为此，一些空想主义者提出了计划经济的构想。例如，"英国空想社会主义的创始人托马斯·莫尔在他的《关于最完善的国家制度和乌托邦新岛的既有益又有趣的全书》一书中，便把商品经济和市场看成是与社会主义无法相容的'异己'之物，因而主张废除私有制，建立生产资料公有制，提出了社会主义必须消灭商品经济，在全社会范围内实行计划生产等设想"。[①] 另外，空想社会主义的代表人物之一傅立叶还设计了著名的"和谐制度"，而另一代表人物罗伯特·欧文不仅是"最早主张经济资源实行计划配置的思想家之一"，[②] 而且还对"和谐制度"进行了实验。除了曾管理苏格兰的新拉纳克大棉纺厂并组织合作社和劳动市场等以外，他还于1824年在美国印第安纳州南部沃巴什河岸边建立了"新和谐公社"，并期望通过这一公社，建立一个人人各司其职、各尽所能、"和谐"相处的新秩序。

2. 黑格尔的"市民社会"概念。前述分析已指出，马克思在早年使用的"市民社会"一词带有鲜明的"市场经济"色彩。其实，马克思在此意义上所用的"市民社会"主要来源于黑格尔。但是，黑格尔的"市民社会"对马克思的影响不仅仅是其词义本身，而且还涉及对市场经济的整体认知。在黑格尔那里，"市民社会"的含义包括：

（1）"市民社会"是"伦理"发展的中间环节。黑格尔是在1821年的《法哲学原理》中提出"市民社会"概念的，这一概念与他法哲学的整个理论体

---

① 林地. 马克思主义市场经济理论研究对象的重大超越 [J]. 湖北师范学院学报（哲学社会科学版），1998（5）.
② 王元璋. 马克思主义经济发展思想史 [M]. 乌鲁木齐：新疆人民出版社，2006：50.

系有关。在黑格尔的法哲学体系中,他把人类社会的发展划分为三个阶段,依次为家庭、市民社会和国家,三者分别是感觉、知性和理性的体现,三者之间的历史联结代表了"伦理"的运动过程。"黑格尔的'伦理'谈的主要是社会组织秩序、制度及人对他所生活于其中的社会组织秩序、制度的意识和情感。"[1] 其中,核心是个人与社会的关系。黑格尔认为,在"伦理"的这三个阶段中,家庭代表古代社会,建立在感觉的基础上,以"爱"为联结纽带,只具有特殊性而不具有一般性;市民社会代表近代资本主义社会,建立在知性的基础上,以追求私利为联结纽带,既具有特殊性又具有一般性,但一般性只是抽象的一般性;国家代表产生于近代并超越近代的未来理想社会,建立在理性的基础上,以国家权威和法律为联结纽带,是特殊性和一般性、个人利益与公共利益的真正统一。在黑格尔看来,人类社会的发展是由家庭到市民社会到代表"绝对精神"的国家的必然过程,市民社会是这个过程中不可缺少的中间环节。

(2)"市民社会"的核心是市场经济。在黑格尔之前,洛克和 18 世纪的法国思想家用"市民社会"指称人们社会生活中的经济关系和财产关系,使其与体现国家的政治和法律关系的"政治国家"相区别,强调"市民社会"高于或者说外在于"政治国家"。[2] 与之相似,黑格尔也认为"市民社会"是"私利的战场","它赋予特殊性以全面发展和伸张的权利","市民社会"是相对"政治国家"而言的。但是,与之不同的是,黑格尔更强调"市民社会"与"政治国家"的密切关系,认为"市民社会"是以国家为原则和基础,受国家支配。"具体地说,'市民社会'包括三个部分:第一是'需要的体系',即社会经济关系;第二是'司法',包括私有财产权和契约,规定公民在法律上和政治上的权利与义务等内容的法律、实施法律的法院和审判制度等;第三是'警察和同业公会'。"在这里,警察等同于"公共权力","同业公会"(Cor-

---

[1] 丛日云. 论黑格尔的"市民社会"概念 [J]. 哲学研究, 2008 (10).
[2] 刘放桐. 市场经济、"市民社会"、个体主体和现代化 [J]. 河北学刊, 1997 (1).

poration）主要是一种社会组织和经济组织。① 可见，在黑格尔那里，"市民社会"不仅以人与人之间的物质关系为根本，而且国家、法律以及各种社会经济组织都主要是为这种物质关系服务的，因此，黑格尔的"市民社会"实质上是一种以市场经济为核心的经济社会关系。

（3）"市民社会"的发展前途是国家干预。黑格尔认为，虽然市民社会相对于家庭，更为合理、更加进步，但是相对于国家，它还很不完善，存在内在的缺陷："个人与他人、个人与社会整体之间存在着矛盾冲突，社会建立在不稳定的基础之上，人的社会性没有得到充分发展，人的自由只是表面的、形式的自由，等等。"② 因此，他认为，市民社会在发展的过程中必然扬弃自身，通过教育这一途径而达到国家阶段。因此，黑格尔实际上是想通过国家干预来实现市场经济的合理化和有序化。他认为的理想的市场经济是一种国家主导型的市场经济。

3. 古典经济学的经济学理论。众所周知，马克思的经济学理论是在对斯密和李嘉图等人的经济学理论进行批判和改造的基础上形成的。由于这一关联，西方某些经济学家甚至仍然把马克思看作是古典经济学的一名成员。例如，熊彼特就认为，马克思经济学的理论主要来源于李嘉图和魁奈。③ 在他看来，"就纯粹理论而言，必须把马克思看作是一个'古典'的经济学家，更明确地说，是李嘉图学派的一个成员"。④ 甚至某些西方马克思主义者也是如此认为："尽管马克思对古典政治经济学的批判有重要的意义，但在许多方面他仍然是一位古典经济学家，从政策层面上更是显而易见的。"⑤ 古典经济学对马克思的深刻影响由此可见一斑。

---

①② 丛日云. 论黑格尔的"市民社会"概念 [J]. 哲学研究，2008（10）.
③ 注：熊彼特认为，作为理论家，马克思是李嘉图的学生。另外，马克思是从魁奈那里得到整个经济过程的根本概念的。参见：[美] 约瑟夫·熊彼特. 资本主义、社会主义与民主 [M]. 吴良健译. 北京：商务印书馆，1999：68.
④ [美] 约瑟夫·熊彼特. 经济分析史（第二卷）[M]. 杨敬年译. 北京：商务印书馆，1992：18-19.
⑤ [英] 霍华德等. 马克思主义经济学史（1929~1990 年）[M]. 顾海良，张新等译. 北京：中央编译出版社，2002：214.

三、马克思市场经济的基本含义

通过批判和改造上述这些思想和理论,马克思创立了独特的市场经济理论,这一理论主要包括两个基本观点:

1. 市场经济是人的发展的一种历史形态。上述分析表明,空想社会主义的市场经济思想和黑格尔的"市民社会"都具有历史感,都把人类历史划分成不同阶段,把它看作是一种不断进步的发展过程。不过,在马克思看来,空想社会主义之所以是空想,并不在于其对市场经济的基本态度和基本倾向,而在于由于时代的局限,他们对市场经济的批判不是基于现实的科学分析,而是出于想象和道义,因此,他们的实验必然失败,他们的制度安排注定不能实现,他们对美好秩序的期待只能成为幻想。至于黑格尔的"市民社会"概念,马克思并不否认其基本含义和特征,而是批判黑格尔颠倒了市民社会与国家的关系。马克思强调的是市民社会最终决定了政治国家而不是相反。有鉴于此,基于对两者的批判和改造,马克思提出了人的发展的"五形态"理论和"三形式"理论。

(1)"五形态"理论。在1859年《〈政治经济学批判〉序言》中,马克思说:"大体说来,亚细亚的、古代的、封建的和现代资产阶级的生产方式可以看做是经济的社会形态演进的几个时代。资产阶级的生产关系是社会生产过程的最后一个对抗形式,这里所说的对抗,不是指个人的对抗,而是指从个人的社会生活条件中生长出来的对抗;但是,在资产阶级社会的胎胞里发展的生产力,同时又创造着解决这种对抗的物质条件。因此,人类社会的史前时期就以这种社会形态而告终。"[①] 在这里,"亚细亚的、古代的、封建的和现代资产阶级的生产方式"及未来社会通常分别被看作原始社会、奴隶社会、封建社会、资本主义社会和共产主义社会的同义词,所以马克思的这种划分又被称为"五形态"理论。由于在马克思的理论视野中,"现代资产阶级的生

---

① 马克思恩格斯选集(第2卷)[M].北京:人民出版社,1995:33.

产方式"和"资产阶级的生产关系"其实主要是市场经济,因而,"五形态"理论也可以看作是对市场经济的一种基本认识。进而言之,如果以市场经济为界,马克思的这种"五形态"理论实际上也可以看作是区分"史前时期"和"史后时期"的"两形态"理论,前者包括市场经济及此前的一切经济社会,后者则专指共产主义社会。这种区分的关键在于个人的社会生活条件对个人生存和发展的意义。马克思这句话隐含的意思是,"史前时期"都是内在地充满矛盾和对抗的社会,因此,是不利于个人的生存发展的;而"史后时期"则应当是内在地消除了矛盾和对抗的社会,因此,个人将能自由而全面地发展。市场经济将是这两个时期的一种过渡,将是人类通达理想社会的必由之路。这样来看,马克思的"五形态"理论就与"三形式"理论联系起来了。

(2)"三形式"理论。马克思在《政治经济学批判》(1857~1858年草稿)中说:"人的依赖关系(起初完全是自然发生的),是最初的社会形式,在这种形式下,人的生产能力只是在狭窄的范围内和孤立的地点上发展着。以物的依赖性作为基础的人的独立性,是第二大形式,在这种形式下,才形成普遍的社会物质变换、全面的关系、多方面的需求以及全面的能力的体系。建立在个人全面发展和他们共同的、社会的生产能力成为从属于他们的社会财富这一基础上的自由个性,是第三个阶段。第二阶段为第三阶段创造条件。"[①]在这里,马克思把人类社会的历史发展划分为"人的依赖关系"、"物的依赖关系"和"个人全面发展"三种依次更替的形式,所以,这种划分又被称为"三形式"理论。一般认为,因为马克思是以劳动交换关系为划分依据的,所以这三种形式实质上分别指的是自然经济、市场经济和产品经济。可见,虽然划分的角度不同,但是马克思在这里同样是把市场经济视为人类实现每个人自由而全面发展的不可避免的历史阶段。

马克思的这两种理论都说明,市场经济是人发展的一种历史形态。这是马克思对市场经济的整体认识。这一认识表明,市场经济具有如下总体特征:

---

① 马克思恩格斯全集(第30卷)[M].北京:人民出版社,1995:107-108.

第一,市场经济是人类发展不可逾越的阶段。这一方面说明了市场经济存在的必然性,另一方面也说明了市场经济存在的历史性,即市场经济是动态的和发展的,最终会趋于消亡。

第二,市场经济的存在和发展是由生产力水平决定的。马克思指出:"只是在劳动能力本身对它的所有者来说已经成为商品,从而工人成为雇佣工人,货币成为资本的地方,产品才普遍采取商品形式,生产者相互作为卖者和买者的关系才是支配他们的社会联系。"[①] 市场经济是生产力高度发展的产物,也将随着生产力的不断发展而逐步扬弃自身。

第三,市场经济的核心问题是人与物的关系。马克思把市场经济的本质特征概括为"物的依赖关系",这说明在市场经济条件下,一方面个人已经获得了人身自由,能够自主地为满足自身的物质需要而努力;另一方面,个人将因追逐物质利益而使人的关系被物的关系所掩盖,这正如黑格尔所形容的那样,市场经济将是"私利的战场"。也就是说,市场经济必然给人造成新的奴役,而这种奴役只有在生产力进一步发展的基础上才能打破。只有在那时,"人以一种全面的方式,就是说,作为一个总体的人,占有自己的全面的本质"。[②]

2. 市场经济是高度发达的商品经济。具体而言,马克思把商品经济划分为简单商品经济和发达商品经济,马克思所说的商品经济发展的高级阶段实际上就是我们现在所说的市场经济。商品是社会分工发展到一定程度的产物,是用来交换的劳动产品。与产品的不同在于,它是为交换而生产并以交换为目的的,因此,商品的出现即意味着市场的存在,但是,这并不意味着市场经济的存在。马克思认为,商品经济发展的高级阶段的存在必须具备以下几个条件:

(1)生产力的普遍发展。马克思说:"只有随着生产力的这种普遍发展,人们之间的普遍交往才能建立起来。"[③] 这就是说,虽然在自然经济时代,人们

---

① 马克思恩格斯全集(第47卷)[M].北京:人民出版社,1979:356.
② 马克思.1844年经济学哲学手稿[M].北京:人民出版社,2000:85.
③ 马克思恩格斯选集(第1卷)[M].北京:人民出版社,1995:86.

之间也存在商品交换，但是由于那种商品交换只是自发地、孤立地、偶然地发生，不具有普遍的社会意义，因而，那种商品交换只能称为简单的商品经济而不能称为市场经济。具体来说，在马克思那里，市场经济与资本主义是同时产生的，是15世纪以来逐步形成的。马克思把自那时以来的分工和生产力的发展分为三个阶段，即简单协作、工场手工业和机器大工业阶段。在他的视野中，只是到了机器大工业阶段，市场经济才真正确立。"世界贸易和世界市场在16世纪揭开了资本的现代生活史"。[①]

（2）商品生产成为占统治地位的生产方式。马克思指出："只有在资本主义生产的基础上，商品生产才表现为标准的、占统治地位的生产方式。"[②] 在资本主义社会，商品生产之所以成为占统治地位的生产方式，如上所述，首先是因为，资本主义社会具备了发达的生产力和普遍的交往关系。其次是因为，资本主义社会具有了使商品生产成为占统治地位的生产方式的社会条件。这个条件包括：生产资料与劳动者分离，生产资料表现为资本，劳动者成为雇佣工人，劳动力成为商品，等等。这样，在资本主义社会，商品生产就不是为了弥补个人或家庭因自发生产能力的不足而导致的需要，而是本身就是目的。为了实现剩余价值的最大化，资本主义的本质特征就表现为用商品生产商品。

（3）资本成为社会的生产关系。资本是能够带来剩余价值的价值，是能够产生更多货币的货币。货币与资本的区别也是简单商品经济与市场经济的区别。在简单商品经济条件下，货币只是用来实现商品交换的工具和手段，只是覆盖在商品交换之上的一层"面纱"（Veil），本身不是目的；但是，在市场经济条件下，由于存在雇佣劳动关系和出于追逐剩余价值的目的，因而，货币就成了一切权力的权力，具有了生产更多货币的功能。所以，马克思说："资本也是一种社会生产关系。这是资产阶级的生产关系，是资产阶级社会的

[①] 马克思.资本论（第1卷）[M].北京：人民出版社，2004：171.
[②] 马克思.资本论（第2卷）[M].北京：人民出版社，2004：40.

生产关系"。①

（4）竞争成为消灭一切的原则。在简单商品经济条件下，由于商品交换只是以偶然的形式在有限的地点进行着，商品生产者是为了弥补个人需要的不足而进行生产的，因而，商品生产者之间的竞争非常有限。但是，在市场经济条件下，"大工业把大批互不相识的人们聚集在一个地方。竞争使他们的利益分裂"，②而且，"大工业通过普遍的竞争迫使所有个人的全部精力处于高度紧张状态。它尽可能地消灭意识形态、宗教、道德，等等，而在它无法做到这一点的地方，它就把它们变成赤裸裸的谎言"。③

（5）私有制成为一种异己的力量。马克思认为，商品经济是在社会分工和私有制相互作用下产生的，"并且主要是由于私有制的存在，才使处于专业化生产状态下的生产者的私人劳动与社会劳动之间的矛盾必须通过市场交换的方式加以解决，从而使劳动产品表现为商品，生产和交换表现为商品生产和商品交换"。④可见，私有制是简单商品经济和市场经济的共同基础。但是，与简单商品经济不同的是，市场经济的私有制不仅是商品交换的前提，更是一种异己的力量。"因为交换——在存在着私有财产的前提下——必然发展到价值。其实，进行交换活动的人的中介运动，不是社会的、人的运动，不是人的关系，它是私有财产对私有财产的抽象的关系……在这种关系中私有财产是自身异化了的。"⑤

（6）剩余价值成为一切目的的目的。马克思认为，简单商品经济条件下的商品生产是劳动过程和价值形成过程的统一，而在市场经济条件下，由于存在雇佣劳动制度，因而，商品生产是劳动过程和价值增值过程的统一。"资本主义生产不仅是商品的生产，它实质上是剩余价值的生产。工人不是为

---

① 马克思恩格斯选集（第1卷）[M]. 北京：人民出版社，1995：345.
② 马克思恩格斯选集（第1卷）[M]. 北京：人民出版社，1995：192.
③ 马克思恩格斯选集（第1卷）[M]. 北京：人民出版社，1995：114.
④ 杨旭东. 马克思的商品拜物教理论与社会主义市场经济的现实 [J]. 科学社会主义，1997（4）.
⑤ 马克思恩格斯全集（第42卷）[M]. 北京：人民出版社，1979：19-20.

自己生产，而是为资本生产。"① 这样，在市场经济条件下，资本家就成了资本人格化的代表，他的灵魂变成了资本的灵魂，他的最终动机就是剩余价值最大化。

（7）商品生产具有不断扩大的趋势。马克思把商品生产划分为简单再生产和扩大再生产，前者是在维持原有规模基础上的再生产，后者是在规模扩大基础上的再生产。前者可以说是简单商品经济条件下的生产特征，后者是市场经济条件下的特征。马克思认为，由于市场经济条件下的商品生产以剩余价值最大化为最终目的，因而，它就有扩张的本质，就必然不停地扩张生产资料和生存手段，不断扩张资本以及劳动力。

可见，马克思是着眼于人在社会和历史中的发展来审视市场经济的，因此，他的市场经济理论实质上是一种人的社会发展理论，可称为以人为本的社会发展范式的市场经济理论。这种市场经济理论与现代西方市场经济理论具有一定的互补性：

第一，现代西方市场经济理论在相当程度上弥补了马克思的不足。正如马克思在《资本论》序言中所说的，"我要在本书研究的，是资本主义生产方式以及和它相适应的生产关系和交换关系。到现在为止，这种生产方式的典型地点是英国"。② 具体而言，马克思主要是通过分析商品货币的"物"的关系来揭示这些"物"背后的阶级关系，即资产阶级与无产阶级的关系，说明资本主义生产方式的历史性和无产阶级生存状况的"非人"性，从而说明资本主义制度灭亡的必然性与合理性。因此，马克思虽然对包括生产力和生产关系在内的资本主义生产方式做了宏观的历史的考察，揭示了其中的本质关系和本质特征，但对于资本主义生产力和生产关系的具体表现所做的研究却不够细致而具体，对市场经济的否定也具有一定的片面性。另外，受空想社会主义思想的影响以及研究视域的限制（马克思考察的主要是当时英国的状况

---

① 马克思. 资本论（第1卷）[M]. 北京：人民出版社，2004：582.
② 马克思. 资本论（第1卷）[M]. 北京：人民出版社，2004：8.

并以此进行推断的),马克思关于市场经济未来的结论具有一定的空想色彩。例如,他在《资本论》中就没有看到市场经济可以通过改良而实现自我完善的可能,而是通过推断认为,"生产资料的集中和劳动的社会化,达到了同它们的资本主义外壳不能相容的地步。这个外壳就要炸毁了。资本主义私有制的丧钟就要响了。剥夺者就要被剥夺了"。① 与之相比,在生产力的研究方面,自马歇尔到萨缪尔森的西方主流市场经济理论可谓在相当程度上弥补了马克思在理论研究上的不足。而在生产关系的研究方面,其他现代西方市场经济理论,如制度学派、福利经济学和新制度经济学等也填补了马克思研究的许多空白。当然,它们也存在许多缺陷,其科学性也有待进一步完善。

第二,现代西方市场经济理论在理论视野上是向马克思"回归"。就理论的视野而言,现代西方市场经济理论并没有完全超越马克思,反而在某种程度上是"回到马克思"。这是因为,西方市场经济理论在某种意义上可看作是从"以物为本"向"以人为本"发展的过程。前已述及,以斯密等为代表的古典市场经济理论虽然在一定程度上关注人的社会关系,如社会的贫富分化和剥削压迫等,但主要是追求国民物质财富的增长;"边际革命"之后,经过马歇尔的综合,西方主流市场经济理论主要关注生产什么、如何生产和为谁生产等物质生产问题。可见,这些市场经济理论都明显地带有"以物为本"的色彩。之后,西方某些市场经济理论,如制度学派等吸收和利用了马克思的一些市场经济思想,开启了对市场经济的研究从生产力转向生产关系研究的大门,不过,制度学派并没有成为西方市场经济理论的主流。此后,在吸收制度学派"交易"概念的基础上,新制度经济学以"交易费用"为核心范畴,围绕产权、契约和市场组织等展开了详细而深入的研究。并且,新制度经济学还在一程度上避免了由片面研究生产力转向片面研究生产关系的弊端,其中一些著名人物,如诺斯等在研究国家和意识形态等制度时,还注重从技术或生产力的发展变化来说明制度的变迁。如今,随着新制度经济学的兴起

---

① 马克思.资本论(第1卷)[M].北京:人民出版社,2004:874.

及其影响的扩大,西方主流经济学在坚持以生产力的研究为核心的同时,也越来越重视制度和生产关系层面的研究,公共产品、公共领域、政治关系、法律关系和家庭关系等都已经纳入了西方主流市场经济理论的视野。可见,西方市场经济理论在理论视野上有向马克思"回归"的趋势。

第三,现代西方市场经济理论"回归"马克思,依然任重道远。新制度经济学和当今西方主流市场经济理论虽然在这一"回归"上取得了积极进展,甚至在某些方面超越了马克思本人的研究,但是,如何使对市场经济的研究真正成为对人的研究,使市场经济的发展成为人的发展,新制度经济学和当今西方主流市场经济理论都还远未解决。例如,"虽然新制度经济学研究人与人之间的相互关系,但是以生产资料为基础的社会关系的运动并不在他们研究的视野范围之内,其分析的目的是研究市场交易中设计怎样的制度规则来制约个人的不确定行为,更好地实现行为者的利益最大化目标"。[①] 在此意义上,马克思的市场经济理论虽然产生在现代西方市场经济理论之前,但是其理论视野在逻辑上仍可处于现代西方市场经济理论之后,可称得上是一种"后现代"的市场经济理论。

马克思的这种"后现代"的市场经济理论的实质在于,它只承认市场经济的历史合理性,反对基于任何抽象的普遍原则而把市场经济绝对地合理化,认为市场经济由于具有上述某些特征,因而并不是绝对合理的完美的,必然由于其内在的矛盾导致自我否定,产生新的经济形态,形成新的秩序。为此,马克思还进一步批判了市场经济的价值性。

---

① 魏崇辉. 马克思主义与新制度经济学意识形态思想的比较研究 [J]. 天府新论, 2008 (2).

第二节 马克思关于市场经济的价值性批判

马克思承认，市场经济远比之前的任何经济形态更有效率，使人更平等、更自由，更有利于人的发展；但是，他和恩格斯都着重强调，市场经济在产生效率的同时，更是产生了各种问题，特别是极大的不平等和不自由，因而，是人进一步发展的桎梏。

一、市场经济的效率

马克思看到，市场经济远比自然经济有效率。他指出，资产阶级的生存方式就是使生产工具、生产关系乃至全部社会关系不断地革命化。早在《评弗里德里希·李斯特的著作〈政治经济学的国民体系〉》一文中，马克思就尖锐地批判了李斯特面对德国封建专制所具有的软弱性，称赞英、法等国家发达的市场经济。马克思说："这种能够获得劳动的最好的组织，就是现在的组织，就是自由竞争，就是所有它先前的似乎是'社会的'组织的解体。"[①] 在《共产党宣言》中，马克思和恩格斯生动地叙述了市场经济的发展所带来的翻天覆地的变化。他们总结说："资产阶级在它的不到一百年的阶级统治中所创造的生产力，比过去一切世代创造的全部生产力还要多，还要大。"[②] 在《资本论》中，马克思进一步分析了效率产生的机制。他认为，市场经济之所以有效率，是因为，资本主义生产过程是劳动过程和价值增值过程的统一。所以，为了实现剩余价值最大化，资本家必然竭力加快资本周转，提高生产资料的利用率，重视科学的研究和技术的运用，等等。不过，正如恩格斯所看到的，

---

① 马克思恩格斯全集（第42卷）[M]．北京：人民出版社，1979：255．
② 马克思恩格斯选集（第1卷）[M]．北京：人民出版社，1995：271．

"资产阶级社会的症结正是在于，对生产自始就不存在有意识的社会调节。合理的东西和自然必需的东西都只是作为盲目起作用的平均数而实现"，①所以，市场经济在产生效率的同时，也必然由于资本家只顾短期利益而导致资源的浪费和生态环境的破坏。在《自然辩证法》中，恩格斯就指出，"一个厂主或商人在卖出他所制造的或买进的商品时，只要获得普通的利润，他就满意了，而不再关心商品和买主以后将是怎样的。人们看待这些行为的自然影响也是如此"。②结果，资本主义生产方式常常对自然环境造成破坏。为此，他举了西班牙种植场主在古巴焚烧山坡上的森林，以至于后来大雨把沃土变成岩石的例子。更重要的是，与市场经济的效率相伴随的，却是实质上极大的不平等和不自由。

二、市场经济的平等

马克思说："平等是人在实践领域中对自身的意识，也就是人意识到别人是和自己平等的人，人把别人当作和自己平等的人来对待。"③所以，平等实质上是一种权利，这正如恩格斯所说的，"一切人，或至少是一个国家的一切公民，或一个社会的一切成员，都应当有平等的政治地位和社会地位"。④在马克思看来，市场经济瓦解了旧式的人身依附关系，用契约的形式的平等代替了公开的等级制度，因此，在历史上起着革命的作用。但是，市场经济的平等只是一种形式上的平等，它实质上是不平等。这种不平等主要表现为贫富分化和剥削压迫。马克思认为，由于交换价值必定发展成资本，生产交换价值的劳动必定发展成雇佣劳动，因而，"资产阶级运动借以在其中活动的那些生产关系的性质绝不是单一的、单纯的，而是两重的；在产生财富的那些关系中也产生贫困；在发展生产力的那些关系中也发展一种产生压迫的力量"。⑤

---

① 马克思恩格斯选集（第4卷）[M]．北京：人民出版社，1995：581．
② 马克思恩格斯选集（第4卷）[M]．北京：人民出版社，1995：386．
③ 马克思恩格斯全集（第2卷）[M]．北京：人民出版社，1957：48．
④ 马克思恩格斯选集（第3卷）[M]．北京：人民出版社，1995：444．
⑤ 马克思恩格斯选集（第1卷）[M]．北京：人民出版社，1995：153．

结果，"工人生产的财富越多，他的产品的力量和数量越大，他就越贫穷。工人创造的商品越多，他就越变成廉价的商品。物的世界的增值同人的世界的贬值成正比"。①在《资本论》中，通过仔细的研究，马克思还预计，随着资本有机构成的不断提高和平均利润率的不断下降，无产阶级将日益贫困化。所以，马克思认为，市场经济的平等实际上是非常不合理的平等。要改变这种不合理的状况，必须依靠无产阶级的斗争。

三、市场经济的自由

马克思早年对自由的认识与后来恩格斯对自由的认识存在差别。马克思早年主要从人与人之间的社会关系来看待自由，他与自由主义者对自由的认识基本相同。这表现在，他们都把自由看作一种法律权利。马克思在《论犹太人问题》一文中曾明确地说："自由是可以做和可以从事任何不损害他人的事情的权利。每个人能够不损害他人而进行活动的界限是由法律规定的，正像两块田地之间的界限是由界桩确定的一样。"②因此，马克思还特别重视法律。他说，"法律是肯定的、明确的、普遍的规范，在这些规范中自由获得了一种与个人无关的、理论的、不取决于个别人的任性的存在。法典就是人民自由的圣经。"③可见，与从洛克到哈耶克的自由主义者一样，马克思在这里所说的自由也是一种消极的法律下的自由。但是，在恩格斯那里，"自由不在于幻想中摆脱自然规律而独立，而在于认识这些规律，从而能够有计划地使自然规律为一定的目的服务"。④这主要讲的是人的认识和行动的能力，是一种典型的积极自由。不过，虽然存在这种差别，但是马克思的自由观与恩格斯的自由观并不对立。马克思早年信奉自由主义的自由观是因为，他认为自由主义在反对封建专制方面是积极的进步的，这在恩格斯早年也是如此。在从自由主

---

① 马克思. 1844年经济学哲学手稿 [M]. 北京：人民出版社，2000：51.
② 马克思恩格斯全集（第3卷）[M]. 北京：人民出版社，2002：183.
③ 马克思恩格斯全集（第1卷）[M]. 北京：人民出版社，1995：176.
④ 马克思恩格斯选集（第3卷）[M]. 北京：人民出版社，1995：455.

义式的革命民主主义者转变成共产主义者之后，马克思抛弃了自由的这种消极性，转而主张通过无产阶级的斗争来争取自由。这主要是因为，他看到了市场经济中自由的虚伪性。这种虚伪性主要表现在两个方面：

1. 劳动异化。马克思认为，人的类本质就是自由的有意识的活动，"没有一个人反对自由，如果有的话，最多也只是反对别人的自由"。① 所以，自由本身就是人的一种基本存在方式，是人的本性，而人的这种本性是通过劳动实践来体现的。因此，就劳动和自由的关系来看，劳动应当是工具或手段，自由才是目的。但是，在市场经济中，由于存在私有制和剥削关系，劳动者在生产劳动中不仅不能实现自由，劳动不仅本身就变成了目的，而且劳动反而成了奴役劳动者的一种异己力量。在《1844年经济学哲学手稿》中，马克思对劳动的这种异化性质进行了深刻的揭露和批判。他分析了劳动者同自己的劳动产品、自己的生命活动、自己的类本质直到人与人相异化的整个过程。通过这一分析，他认为，劳动异化是资本主义私有制的必然产物，因此他提出了扬弃私有制和自我异化而实现共产主义的构想。马克思说："共产主义是私有财产即人的自我异化的积极的扬弃，因而是通过人并且为了人而对人的本质的真正占有。"② 可见，马克思在这里已经完全抛弃了自由的消极性，转向了积极的自由。不过，马克思在这里的批判还主要是一种道德批判，还没有找到劳动异化生成的科学机制。在《德意志意识形态》中，马克思对劳动异化有了进一步认识。他认为，分工导致市场力量不断扩大，市场越扩大，劳动异化就越严重。他说："单个人随着自己的活动扩大为世界历史性的活动，越来越受到对他们来说异己的力量的支配（他们把这种压迫想象为所谓宇宙精神等等的圈套），受到日益扩大的、归根结底表现为世界市场的力量的支配，这种情况在迄今为止的历史中当然是经验事实。"③ 在《资本论》中，马克思更进一步发现，"资本主义生产的整个体系，是建立在工人把自己的劳动力当作商

---

① 马克思恩格斯全集（第1卷）[M].北京：人民出版社，1995：167.
② 马克思.1844年经济学哲学手稿 [M].北京：人民出版社，2000：81.
③ 马克思恩格斯选集（第1卷）[M].北京：人民出版社，1995：89.

品出卖的基础上的。分工使这种劳动力片面化，使它只具有操纵局部工具的特定技能"。① 就是说，分工之所以导致异化，是因为，存在雇佣劳动制，存在资本家对剩余价值的追逐。所以，生产力越发达，生产技术越进步，劳动异化的程度更严重。马克思说："可见，资本主义生产方式使劳动条件和劳动产品具有的与工人相独立和相异化的形态，随着机器的发展而发展成为完全的对立。"② 这样，马克思就发现了市场经济劳动异化生成的整个机制，即财产私有制产生雇佣劳动制度，雇佣劳动制度产生剩余价值并导致资本家对剩余价值的无限追逐，资本家对剩余价值的追逐促进了分工的深化和科学技术的进步，而分工的深化和科学技术的进步则一方面产生异化，另一方面又使资本家具有了获取更多剩余价值的能力，从而巩固和放大了私有制。结果，劳动异化就在这一循环往复的机制中越陷越深。市场经济越发展，地域市场越是发展成世界市场，劳动异化将更趋严重。可见，马克思的异化劳动理论其实是对无产阶级日益贫困化的另一种论证，不过，理论界往往忽视了这一点。

2. 资本拜物教。在市场经济中，与劳动异化相对应的是资本拜物教。资本拜物教是从商品拜物教到货币拜物教演变而来的。所谓商品拜物教，指的是"商品形式在人们面前把人们本身劳动的社会性质反映成劳动本身的物的性质，反映成这些物的天然的社会属性，从而把生产者同总劳动的社会关系反映成存在于生产者之外的物与物之间的社会关系"，③ 这种颠倒的关系在商品生产者以观念再现时，就使商品具有了神秘性质，结果造成商品生产者对商品的膜拜，正如对神灵的膜拜一样。马克思认为，市场经济的商品生产不可避免地带有拜物教性质。"劳动产品一旦作为商品来生产，就带上拜物教性质，因此拜物教是同商品生产分不开的。商品世界的这种拜物教性质，像以上分析已经表明，是来源于生产商品的劳动所特有的社会性质。"④ 而且，商品拜物

---

① 马克思. 资本论（第 1 卷）[M]. 北京：人民出版社，2004：495.
② 马克思. 资本论（第 1 卷）[M]. 北京：人民出版社，2004：497.
③ 马克思. 资本论（第 1 卷）[M]. 北京：人民出版社，2004：89.
④ 马克思. 资本论（第 1 卷）[M]. 北京：人民出版社，2004：90.

教还不可避免地发展成货币拜物教和资本拜物教。这是因为，货币本身就是商品，并且是衡量一切商品的商品，货币能够消灭商品的一切质的差别，所以，货币比商品更神秘。而资本是能够产生货币的货币，是能生钱的钱，所以，资本比货币又更神秘。结果，商品拜物教直到演变成生息资本的形式，才能完成。马克思说："在生息资本的形式上，资本拜物教的观念完成了。"①对于市场经济的这些拜物教，马克思多次进行了批判。例如，对于货币拜物教，在《1844年经济学哲学手稿》中，马克思就总结了莎士比亚所刻画的货币的两个基本特征："（1）它是有形的神明，它使一切人的和自然的特性变成它们的对立物，使事物普遍混淆的颠倒；它能使冰炭化为胶漆。（2）它是人尽可夫的娼妇，是人们和各民族的普遍牵线人。"他进而指出，在资产阶级社会，"凡是我作为人所不能做到的，也就是我个人的一切本质力量所不能做到的，我依靠货币都能做到"。②

总的来看，虽然马克思和恩格斯都看到市场经济非常有效率，使个人摆脱了封建的人身依附关系，获得了形式上平等和自由活动的权利，但是由于其产生贫富分化、剥削和压迫，以及异化和拜物教等，因而，其中的每个人，包括劳动者和资本家，都生活在一种非人的状态中。③所以，资本主义市场经济的价值是历史的、相对的，其效率、平等和自由都远不是绝对合理的。因此，他们主张，"必须推翻那些使人成为被侮辱、被奴役、被遗弃和被蔑视的东西的一切关系"，④以便"把人的世界和人的关系回归于人自身"，⑤实现人的经济社会生活的合理化。为此，他们对秩序的自发性和人为性进行了探讨，提出了以计划经济取代市场经济的制度构想，以此指引和领导无产阶级进行

---

① 马克思.资本论（第3卷）[M].北京：人民出版社，2004：449.
② 马克思.1844年经济学哲学手稿[M].北京：人民出版社，2000：144.
③ 注：本书在此主要是分析马克思关于市场经济的相关理论和看法，至于如何认识和看待马克思的这些理论和看法，本书第六章有分析和评论。本书认为，在对市场经济做一般性分析，特别是在分析我国社会主义市场经济时，不能简单套用本章马克思对近代资本主义市场经济的分析及由此而形成的各种观点和看法。
④ 马克思恩格斯选集（第1卷）[M].北京：人民出版社，1995：10.
⑤ 马克思恩格斯全集（第3卷）[M].北京：人民出版社，2002：189.

革命，重塑秩序。

第三节　马克思取代市场经济的制度化构想

一、市场经济的秩序模式

在马克思看来，社会经济形态的发展是一种自然历史过程，"历史本身是自然史的即自然界生成为人这一过程的一个现实部分"。① 因此，在他看来，市场经济不过是自然历史过程的一个阶段，市场秩序是一种自然历史秩序。随着生产力的不断发展，随着人们认识世界和改造世界的能力不断提高，市场经济的自发性将日益为人为性所取代，最终计划经济将取代市场经济，成为未来社会的经济形态。

1. 市场经济的自发性。所谓自发性，在马克思看来，就是市场经济的盲目性和偶然性。这种盲目性和偶然性，其实是资本主义生产方式内在规律的外在化，它在主观上源于资本家想越来越多地占有抽象财富。

（1）市场经济有着内在的规律。在《资本论》中，马克思对市场经济的内在规律进行了深入的研究。他研究的规律包括价值规律、竞争规律、供求规律，等等。此外，他还发现了资本主义商品生产的许多其他规律，包括剩余价值的形成及在各职能资本家之间的分割、资本积累不断扩大、资本积聚不断增强、资本有机构成不断提高、平均利润率不断下降、资本主义经济危机日益加剧等规律。

（2）市场经济规律表现的偶然性。市场经济的各种规律都是以偶然性的形式表现的。对于市场经济中规律发生作用的必然性和偶然性，恩格斯在

---

① 马克思. 1844 年经济学哲学手稿 [M]. 北京：人民出版社，2000：90.

《家庭、私有制和国家的起源》中做了精辟的论述，值得详细引证。他说："随着商品生产，即不再是为了自己消费而是为了交换的生产的出现，产品必然易手。生产者在交换的时候交出自己的产品，他不再知道产品的结局将会怎样。当货币以及随货币而来的商人作为中间人插进生产者之间的时候，交换过程就变得更加错综复杂，产品的最终命运就变得更加不确定了。商人是很多的，他们谁都不知道谁在做什么，商品现在已经不仅是从一手转到另一手，而且是从一个市场转到另一个市场；生产者丧失了对自己生活领域内全部生产的支配权，这种支配权商人也没有得到。产品和生产都任凭偶然性来摆布了。但是，偶然性只是相互依存性的一极，它的另一极叫作必然性……一种社会活动，一系列社会过程，越是超出人们的自觉的控制，越是超出他们支配的范围，越是显得受纯粹的偶然性的摆布，它所固有的内在规律就越是以自然的必然性在这种偶然性中去实现自己。这种规律也支配着商品生产和商品交换的偶然性：它们作为异己的、起初甚至是未被认识的、其本性尚待努力研究和探索的力量，同各个生产者和交换的参加者相对立。商品生产的这些经济规律，随着这个生产形式的发展阶段的不同而有所变化，但是总的说来，整个文明都处在这些规律的支配之下。直到今天，产品仍然支配着生产者；直到今天，社会的全部生产仍然不是由共同制定的计划，而是由盲目的规律来调节，这些盲目的规律，以自发的威力，最后在周期性商业危机的风暴中显示着自己的作用。"①

可见，早在哈耶克之前，恩格斯就洞察到了商品生产者和商品交换者之间的分立性及其对未来不可避免的无知，认识到了市场经济自发性产生的内在机制。不过，由于哈耶克没有掌握市场经济这种自发性与其内在规律的辩证关系，因而，哈耶克不承认任何历史规律。在这一点上，他深受波普尔的影响。

2. 市场经济的人为性。马克思认为，人类历史就是人们有意识、有目的

---

① 马克思恩格斯选集（第 4 卷）[M]. 北京：人民出版社，1995：175-176.

地利用和改造自然的历史。人与动物的区别在于，人的活动是能动的、有目的的活动。"蜘蛛的活动与织工的活动相似，蜜蜂建筑蜂房的本领使人间的许多建筑师感到惭愧。但是，最蹩脚的建筑师从一开始就比最灵巧的蜜蜂高明的地方，是他在用蜂蜡建筑蜂房以前，已经在自己的头脑中把它建成了。劳动过程结束时得到的结果，在这个过程开始时就已经在劳动者的表象中存在着，即已经观念地存在着。他不仅使自然物发生形式变化，同时他还在自然物中实现自己的目的，这个目的是他所知道的，是作为规律决定着他的活动的方式和方法的，他必须使他的意志服从这个目的"。[①] 所以，在生产和交换的实践中，商品生产者和商品交换者必然不断总结经验，形成各种习惯，制定各种规则和法律，使市场经济逐步人为化。马克思还论述了秩序形成的机制："规则和秩序，正好是一种生产方式的社会固定的形式，因而是它相对地摆脱了单纯偶然性和单纯任意性的形式。在生产过程以及与之相适应的社会关系的停滞状态中，一种生产方式所以能取得这个形式，只是由于它本身的反复的再产生。如果一种生产方式持续一个时期，那么，它就会作为习惯和传统固定下来，最后被作为明文的法律加以神圣化。"[②] 而且，他们还认为，"历史随着人们的生产力以及人们的社会关系的越益发展而越益成为人类的历史"。[③] 这样，生产力越益发展，商品生产和商品交换实践越益丰富，市场经济的自发性将受到更多习惯、规则和法律的约束，受到人们有意识有目的的计划的支配，从而市场秩序将越益成为人为的秩序。这种人为的秩序将最终发展成计划经济秩序。

可见，马克思眼中的这种秩序模式与神圣力学范式的市场秩序和知识进化范式的市场秩序有着实质性的区别。首先，自然历史秩序是具体的秩序而非抽象的秩序。马克思坚决反对抽象地看待市场秩序，甚至把市场秩序的自发性神圣化。针对亚当·斯密的市场秩序观点，他批判说："关键并不在于，

[①] 马克思. 资本论（第1卷）[M]. 北京：人民出版社，2004：208.
[②] 马克思. 资本论（第3卷）[M]. 北京：人民出版社，2004：896-897.
[③] 马克思恩格斯选集（第4卷）[M]. 北京：人民出版社，1995：532.

当每个人追求自己私人利益的时候,也就达到私人利益的总体即普遍利益。从这种抽象的说法反而可以得出结论:每个人都妨碍别人利益的实现,这种一切人反对一切人的战争所造成的结果,不是普遍的肯定,而是普遍的否定。"① 其次,自然历史秩序是辩证的发展的秩序。市场经济的自发性和人为性,客观规律的运行和人的主观建构是有机统一的,历史发展的。这样,就克服了片面强调市场经济的自发性或人为性。最后,自然历史秩序是阶级关系不断变化的秩序。马克思和恩格斯都特别重视自然历史秩序中的阶级关系。他们认为,人类自原始社会以来的历史都是阶级斗争的历史,阶级斗争是推动历史发展的重要动力。在他们看来,市场经济中人与人之间的社会关系不是抽象地表现为物质利益关系,人与人之间的矛盾冲突也不是抽象地表现为物质利益冲突,而是具体地表现为阶级利益关系与阶级利益矛盾和冲突。市场秩序的自然历史发展过程同时也是资产阶级和无产阶级矛盾日益深化,无产阶级将最终战胜资产阶级并建构新的计划经济秩序的过程。总之,马克思和恩格斯着眼于现实的人特别是无产阶级的发展来看待市场秩序,因此,他们眼中的市场秩序可称为社会发展范式的秩序。

二、计划经济的制度构想

基于上述认识,马克思提出了在生产力高度发达的基础上,通过无产阶级革命重塑秩序,废除市场经济,消灭资本主义,实行计划经济的构想。具体而言,这种构想主要包括以下内容:

1. 重建所有制和分配方式。马克思认为,市场经济一切罪恶和不合理性的根源就是资本主义私有制。"劳动者在经济上受劳动资料即生活源泉的垄断者的支配,是一切形式的奴役,社会贫困、精神屈辱和政治依附的基础"。② 因此,他始终把消灭私有制作为无产阶级革命的基本目标,重塑秩序的基础。

---

① 马克思恩格斯全集(第46卷)(上)[M].北京:人民出版社,1979:102.
② 马克思恩格斯选集(第2卷)[M].北京:人民出版社,1995:609.

在《共产党宣言》中，他和恩格斯就明确地说："共产党人可以把自己的理论概括为一句话：消灭私有制"。① 为此，①他研究了所有制的历史发展。例如，早在《德意志意识形态》中，他就从分工的角度研究了资产阶级社会以前所有制的历史演变并把所有制划分为部落所有制、古典古代的公社所有制和国家所有制、封建的或等级的所有制等。② 在马克思和恩格斯看来，总的来说，人类社会的所有制的发展表现为一个从原始社会的公有制到奴隶社会、封建社会和资本主义社会的私有制直到共产主义社会新的公有制的辩证发展过程，因此，消灭私有制并重建新的所有制将是市场经济发展的历史使命。在《资本论》第一卷《资本主义积累的历史趋势》中，对于具体如何消灭私有制，马克思做了一定的论述。他把人类社会的私有制划分为劳动者的私有制和剥削者的私有制，认为消灭私有制不应当是抽象地消灭所有的私有制，而是具体地消灭剥削者的私有制，并且这种消灭也不是简单地否定而是历史地扬弃。根据他的论述，私有制的历史发展将经历辩证发展的三个阶段：第一阶段是"个人的、以自己劳动为基础的私有制"；第二阶段是对第一阶段的否定，是资本主义私有制；第三阶段是对第二阶段的否定，是在人民群众剥夺完资本家财富实现生产资料共同占有的基础上重建个人所有制，是对第一阶段的否定之否定。③ ②他提出了新的财富分配方式。从逻辑上看，这大致包括三个阶段。第一阶段，无产阶级夺取国家政权，控制一切生产工具。在《共产党宣言》中，他和恩格斯就提出无产阶级应该夺取资本主义国家政权，把一切生产工具都集中在国家手里，以便尽可能地增加生产力的总量。为此，他们提出了十条具体措施，如"剥夺地产，把地租用于国家支出"、"征收高额累进税"、"通过拥有国家资本和独享垄断权的国家银行，把信贷集中在国家手里"，④等等。第二阶段，实行社会主义，进行按劳分配。在1875年《哥达纲领批判》

---

① 马克思恩格斯选集（第1卷）[M]. 北京：人民出版社，1995：286.
② 马克思恩格斯选集（第1卷）[M]. 北京：人民出版社，1995：68-70.
③ 马克思. 资本论（第1卷）[M]. 北京：人民出版社，2004：874.
④ 马克思恩格斯选集（第1卷）[M]. 北京：人民出版社，1995：293.

中，他把共产主义分为低级阶段和高级阶段。他认为，在低级阶段即社会主义阶段①，共产主义在各方面还带有资产阶级旧社会的痕迹，劳动还是谋生的手段，所以，应当实行按劳分配。第三阶段，实行共产主义，进行按需分配。马克思认为，只有在生产力高度发达，物质财富极大丰富，人们精神境界极大提高的阶段，即只有在共产主义高级阶段，"社会才能在自己的旗帜上写上：各尽所能，按需分配！"②但是，对于重建个人所有制和实施新的分配方式等方面的具体细节，总的来看，马克思和恩格斯并没有做明确而系统的规划和设计，他们对未来社会所有制及其分配方式的制度安排基本上是一种构想。

2. 重新安排政治制度。这种新的安排主要包括以下方面：

（1）民主。在这一方面，马克思和恩格斯与熊彼特有相似之处，即都认为民主是一种政治手段，民主既可以为资产阶级服务，也可以为无产阶级服务。熊彼特认为，"在适当的社会环境状况下，社会主义发动机可以按照民主原则运行"。③而恩格斯则说："无产阶级为了夺取政权也需要民主的形式，然而对于无产阶级来说，这种形式和一切政治形式一样，只是一种手段。"④与熊彼特及哈耶克等不同的是，第一，马克思和恩格斯侧重强调民主的本质。马克思指出，"民主是作为类概念的国家制度。君主制则只是国家制度的一种，并且是不好的一种。"⑤在他看来，民主本质上是一种比君主制更好的国家制度，是一个阶级实施对另一个阶级的统治的工具，资本主义的民主就是资产阶级对无产阶级进行统治的工具。第二，马克思和恩格斯还认为，对于无产阶级而言，民主在近期内也是目的。由于民主本质上是阶级统治的工具，因而，他们认为，要推翻资产阶级的统治，消灭资本主义社会的剥削压迫，

---

① 注："第一个明确将共产主义社会和社会主义明确划分的是列宁"，而不是马克思。参见：张卓元. 政治经济学大词典 [C]. 北京：经济科学出版社，1998：67.
② 马克思恩格斯选集（第3卷）[M]. 北京：人民出版社，1995：306.
③ [美] 约瑟夫·熊彼特. 资本主义、社会主义与民主 [M]. 吴良健译. 北京：商务印书馆，1999：414.
④ 马克思恩格斯选集（第4卷）[M]. 北京：人民出版社，1995：662.
⑤ 马克思恩格斯全集（第1卷）[M]. 北京：人民出版社，1956：280.

"工人革命的第一步就是使无产阶级上升为统治阶级,争得民主。"[1] 第三,马克思和恩格斯认为,民主与专政、法律和权威是统一的。马克思和恩格斯认为,作为一种阶级统治的工具,统治阶级的民主即意味着对被统治阶级的专政。在阶级性方面,民主与法律是统一的。"马克思、恩格斯认为,法律与民主都是有阶级性的,都是维护统治阶级利益的……恩格斯认为,无产阶级不仅需要民主,而且也需要法制。无产阶级斗争的目的,就是'力求以无产阶级的法律代替资产阶级的法律'。"[2] 在专政方面,民主与权威是统一的。与马克思和恩格斯相比,熊彼特也特别重视权威的作用。不过,在熊彼特那里,权威是指资本主义大企业垄断的权威,他认为,垄断有利于创新,有利于科学技术进步,而科学技术的进步将产生"创造性毁灭"的作用。这种"创造性毁灭"的作用一方面将推动社会不断进步,另一方面也将破坏资本主义的制度根基,最终导致新的社会主义制度的出现。这种社会主义制度实质上是高度垄断的资本主义,即以实施社会化管理和经营的大型垄断企业为特征的资本主义。而在马克思和恩格斯这里,权威主要指无产阶级革命的权威。恩格斯认为,巴黎公社之所以失败,就是因为缺乏集中和权威,所以,革命的权威将有利于集中力量取得革命胜利。另外,他认为,在大工业条件下,权威对于企业组织生产是非常必要的。他实际上是希望未来社会的企业进行集中的有计划的管理。总的来看,"囿于时代的局限性以及马克思学说产生的目标性,马克思、恩格斯的社会主义民主理论,基本上只是一些原则性的论述,而没有系统的、具体的论述",[3] 也可以说只是一些大致的构想。

(2) 国家。与民主密切相关,马克思和恩格斯对国家的论述主要包括以下几个方面:第一,国家是生产力和生产关系发展的产物。"一切政府,甚至最专制的政府,归根到底都不过是本国状况的经济必然性的执行者。"[4] 在这一

---

[1] 马克思恩格斯选集(第1卷)[M].北京:人民出版社,1995:293.
[2] 徐东礼.马克思、恩格斯的民主观[J].山东社会科学,2003(5).
[3] 孙永芬.历史地透析马克思恩格斯的民主思想[J].科学社会主义,2008(1).
[4] 马克思恩格斯选集(第4卷)[M].北京:人民出版社,1995:715.

点上，他们与社会契约论者的国家观有着根本的区别。后者把国家的形成建立在抽象的非历史的自然状态的基础上，实质上是把当时的资本主义生产关系绝对化。第二，国家的本质具有两重性。一方面，与民主一样，国家也是实行阶级统治的工具。恩格斯明确地说："国家是文明社会的概括，它在一切典型的时期毫无例外地都是统治阶级的国家，并且在一切场合本质上都是镇压被压迫被剥削阶级的机器。"① 另一方面，国家是一种公共权力。"我们已经看到，国家的本质特征，是和人民大众分离的公共权力"。② 但是，总的来看，他认为，国家的阶级本质是主要的。第三，国家的职能也具有双重性。与国家的本质相关，他们认为，国家的职能也包括实行政治统治和执行某种社会职能两个方面，并且，"政治统治到处都是以执行某种社会职能为基础，而且政治统治只有在它执行了它的这种社会职能时才能持续下去。"③ 不过，他们更强调前者，他们认为，虽然前者的存在必须以后者为依托，但是，后者最终是为前者服务的。因此，恩格斯反对古典经济学自由放任的观点，认为古典经济学漠视资本主义国家的积极作用，避而不谈其阶级本质，实际上是把资本主义国家的阶级本质虚无化。他早在《英国工人阶级状况》中就说："自由竞争不能忍受任何限制，不能忍受任何国家监督，整个国家对自由竞争是一种累赘，对它来说，最好是没有任何国家制度存在，使每个人都可以随心所欲地剥削他人……但是，资产阶级为了使自己必不可少的无产者就范，就不能不要国家，所以他们利用国家来对付无产者，同时尽量使国家离自己远些。"④ 但是，恩格斯反对古典经济学自由放任的观点并不意味着他认为国家的作用总是积极的；相反，他认为国家的作用也具有两重性。他认为，国家作为一种上层建筑，对经济基础既可能产生促进作用，也可能产生阻碍作用。恩格斯在1890年致康·施米特的信中就明确阐述了这一点。第四，资产阶级

---

① 马克思恩格斯选集（第4卷）[M]．北京：人民出版社，1995：176.
② 马克思恩格斯选集（第4卷）[M]．北京：人民出版社，1995：116.
③ 马克思恩格斯选集（第3卷）[M]．北京：人民出版社，1995：523.
④ 马克思恩格斯全集（第2卷）[M]．北京：人民出版社，1957：566.

国家必然灭亡。恩格斯认为，虽然资产阶级民主共和国在反对封建专制中起过历史的进步作用，"不过无论如何，民主共和国毕竟是资产阶级统治的最后形式：资产阶级统治将在这种形式下走向灭亡"。① 而且他还认为，"未来无产阶级革命的最终结果之一，将是称为国家的政治组织逐步解体直到最后消失"。② 在这一方面，在资本主义著名经济学家阵营中，迄今为止只有熊彼特明确赞同资本主义国家将消亡。不过，熊彼特与恩格斯有重大区别，其关键在于国家消亡的机制不同。熊彼特认为，国家消亡是自发产生的。他认为，"开动和保持资本主义发动机运动的根本推动力，来自资本主义企业创新的新消费品、新生产方法或运输方法、新市场、新产业组织的形式"。③ 这些新的产品和方式方法将相继导致资本主义社会心理的变化，意识形态的变化，最终导致上层建筑的变化。长此以往，资本主义将旧貌变新颜，自动地蜕变为社会主义。所以，他认为，是资本主义的成功最终成就了社会主义，"社会主义的真正开路人不是宣扬社会主义的知识分子和煽动家，而是范德比尔特、卡内基和洛克菲勒这类人"。④ 这实质上是消解阶级斗争，美化垄断资本主义。而恩格斯认为，资本主义之所以消亡，一方面是因为生产力包括科学技术的高度发展，另一方面是因为无产阶级的积极斗争和能动改造。在这一点上，他同样坚持一种自然历史的观点。不过，与熊彼特相比，恩格斯和马克思都没有详细地描述资本主义消亡的具体过程，基本上也是一种预测或构想。

结合前面的分析，可见，在马克思和恩格斯的构想中，未来社会秩序将包括以下特征：生产力高度发达；实施单一的生产资料公有制；不存在商品货币关系，对产品实行有计划的调节；在全社会实行按劳分配；国家和阶级都将消亡；每个人都能自由而全面地发展；等等。这些通常也被看作为马克思和恩格斯构想的市场经济之后计划经济的基本特征。

---

① 马克思恩格斯选集（第4卷）[M]. 北京：人民出版社，1995：662.
② 马克思恩格斯选集（第4卷）[M]. 北京：人民出版社，1995：656.
③ [美] 约瑟夫·熊彼特. 资本主义、社会主义与民主 [M]. 吴良健译. 北京：商务印书馆，1999：146.
④ [美] 约瑟夫·熊彼特. 资本主义、社会主义与民主 [M]. 吴良健译. 北京：商务印书馆，1999：214.

第四节　马克思、列宁的世界历史理论及实践

马克思和恩格斯对市场经济未来的上述构想，即在生产力发达的基础上，消灭私有制度，建立新的所有制和分配制度，废除资本主义国家，用计划经济取代市场经济等，既是对市场经济历史地合理化和制度化，也可看作是对市场经济的现代化，因为，他们是基于市场经济的现代化发展进行制度构想的。其实，马克思和恩格斯之所以提出对市场经济的这种现代化，一个重要原因就在于，他们深刻地洞察到了市场经济现代化的根本矛盾，即市场经济发展过程中所面临的传统与现代、全球化和民族利益的矛盾。这具体体现在他们的世界历史理论中。

一、马克思的世界历史理论

马克思和恩格斯的世界历史理论直接来源于黑格尔，但又根本不同于黑格尔的世界历史理论。

1. 黑格尔世界历史理论的含义。简单说来，黑格尔的世界历史理论是指，在黑格尔看来，人类历史是人们从各种孤立的地域性的生活和联系发展到全世界普遍性的生活和联系的过程，这是一个按照必然规律从低级阶段发展到高级阶段的历史过程。具体而言，在黑格尔那里，世界历史是从古代东方文明发展到随后的西方文明最后发展到他所处的普鲁士王国集人类文明之大成的过程，这一过程的动力和决定力量是自由意志。在他看来，世界历史实质上不过是"绝对精神"在现实中经过一系列否定之否定阶段而自我生成的历史。总的来看，黑格尔所看到的世界历史具有以下鲜明的特征：①规律性。世界历史是按照内在规律运行的，不以人的意志为转移。②精神性。世界历史是由"绝对精神"决定的，是"绝对精神"在人类历史的行程中外化到客

体又复归到主体，从而实现主客体辩证统一的过程。③矛盾性。世界历史的发展过程是开放的辩证的，但世界历史的结局却是封闭的形而上学的，整个过程实质上是一个把起点作为终点的圆环运动，不过这一运动是丰富了自身内容的运动。④简单性。世界历史的行程表面上经历了一系列否定之否定的曲折阶段，但实质上是一种线性运动，这是一个有着明确目的导向的行迹单一的运动。在黑格尔的世界历史理论中，"世界精神"在时间上从古发展到今，在地域上从小发展到大，其行程表现为一种双线合而为一共同推进的过程。

2. 马克思对黑格尔世界历史的扬弃。马克思和恩格斯批判地继承了黑格尔的世界历史理论。不过，他们对世界历史的认识自身也经历了一个发展过程，这一个过程可以大致分为两个时期：

（1）发现世界历史客观必然性的时期。这一时期论述世界历史的著作包括《1844年经济学哲学手稿》、《德意志意识形态》、《共产党宣言》、《政治经济学批判》（1857~1858年草稿）和《资本论》等。在这些著作中，马克思和恩格斯对世界历史的认识经历了一个逐步深化的过程。

首先，揭示了世界历史生成的客观机制。他们认为，"历史向世界历史的转变，不是'自我意识'、宇宙精神或者某个形而上学怪影的某种纯粹的抽象行动，而是完全物质的、可以通过经验证明的行动，每一个过着实际生活的、需要吃、喝、穿的个人都可以证明这种行动"。[1] 早在《1844年经济学哲学手稿》中，马克思就否定了黑格尔对世界历史的唯心主义看法，把世界历史的生成建立在客观的劳动实践的基础上。马克思说："对社会主义的人来说，整个所谓世界历史不外是人通过人的劳动而诞生的过程，是自然界对人来说的生成过程，所以关于他通过自身而诞生、关于他的形成过程，他有直观的、无可辩驳的证明。"[2] 在《德意志意识形态》中，马克思、恩格斯进一步认识到世界历史的发展是建立在人们物质生活需要基础上的，是由以分工为基础的生

---

[1] 马克思恩格斯选集（第1卷）[M]. 北京：人民出版社，1995：89.
[2] 马克思恩格斯全集（第3卷）[M]. 北京：人民出版社，2002：310.

产力和生产关系决定和推动的。他们认为，在人们的物质生产实践中，"各个相互影响的活动范围在这个发展进程中越是扩大，各民族的原始封闭状态由于日益完善的生产方式、交往以及因交往而自然形成的不同民族之间的分工消灭得越是彻底，历史也就越成为世界历史。"① 随后，他们更进一步认识到，具体对于资本主义社会而言，驱动生产力和生产关系不断发展从而使地域和民族的历史日益成为世界历史的内在动力，不仅仅是人们的物质生活需要，更重要的是资产阶级对市场和资本的渴求。"不断扩大产品销路的需要，驱使资产阶级奔走于全球各地。它必须到处落户，到处开发，到处建立联系"。② "资本的必然趋势是在一切地方使生产方式服从自己，使它们受资本的统治"。③

其次，揭示了世界历史形成中的深刻矛盾。这一矛盾对市场经济来说，就是传统与现代、全球化与民族利益的矛盾。一方面，世界历史的形成以消灭各民族传统的自然经济形态为前提。大工业"首次开创了世界历史，因为它使每个文明国家以及这些国家中的每一个人的需要的满足都依赖于整个世界，因为它消灭了各国以往自然形成的闭关自守的状态。"④ 另一方面，生产力和生产关系的发展将使各民族的物质生活和精神生活均质化。"大工业到处造成了社会各阶级间相同的关系，从而消灭了各民族的特殊性"。⑤ "资产阶级，由于开拓了世界市场，使一切国家的生产和消费都成为世界性的了……过去那种地方的和民族的自给自足和闭关自守状态，被各民族的各方面的互相往来和各方面的互相依赖所代替了。物质的生产是如此，精神的生产也是如此。"⑥

最后，发现了解决现代化根本矛盾的途径。他们认为，世界历史形成过程中的民族矛盾将以阶级矛盾的形式出现。在生产力高度发达的条件下，"人们的世界历史性的而不是地域性的存在已经是经验的存在了"。⑦ 届时，一

---

① 马克思恩格斯选集（第1卷）[M]．北京：人民出版社，1995：88．
② 马克思恩格斯选集（第1卷）[M]．北京：人民出版社，1995：276．
③ 马克思恩格斯全集（第46卷）（下）[M]．北京：人民出版社，1980：246．
④⑤ 马克思恩格斯选集（第1卷）[M]．北京：人民出版社，1995：114．
⑥ 马克思恩格斯选集（第1卷）[M]．北京：人民出版社，1995：276．
⑦ 马克思恩格斯选集（第1卷）[M]．北京：人民出版社，1995：86．

方面，资产阶级社会的阶级关系将日益简单化，整个社会将最后分裂成两大对立的集团，即资产阶级和无产阶级；另一方面，大工业将把全世界的无产阶级联合起来。这样，资产阶级和无产阶级决战的时刻就到来了。而作为先进生产力和生产关系的代表，无产阶级必然取得决战的胜利，由此人类将进入共产主义的新时代。在这一新时代，每个人的自由全面发展将成为一切人自由而全面发展的条件，从而传统与现代、全球化和民族利益之间的矛盾将冰消玉解。

可见，在这一时期，马克思和恩格斯一方面否定了黑格尔世界历史理论的内容，另一方面仍然基本上保留了黑格尔的世界历史理论的形式。这特别表现在他们也把世界历史的发展看作是双线合而为一的推进过程，即世界历史在时间上从传统的自然经济发展到现代大工业的市场经济，在空间上从各民族的分散状态发展到全世界无产阶级的普遍联合状态。在这一过程中，历史似乎是严格按照必然规律发展的，偶然性的作用并不突出。

（2）发现民族道路选择的多样性时期。马克思和恩格斯晚年都认识到了他们早期世界历史理论的缺陷，试图弥补其中的不足。马克思晚年在《给维·伊·查苏利奇的复信》（1881年2~3月）中，面对查苏利奇提出的俄国农村公社的必然命运和历史前途问题，经过反复研究和思考，提出了俄国不应当走西欧式发展道路的回答。他认为，无论是东方或西方，其社会发展的道路是由特定的历史条件决定的。俄国土地公有制"和控制着世界市场的西方生产同时存在，使俄国可以不通过资本主义制度的卡夫丁峡谷，而把资本主义制度所创造的一切积极的成果用到公社中来"，[①] "他能够不通过资本主义制度的卡夫丁峡谷，而吸取资本主义制度所创造的一切积极的成果"；[②] "如果革命在适当的时刻发生，如果它能把自己的一切力量集中起来以保证农村公社的自由发展，那么，农村公社就会很快地变为俄国社会新生的因素，变为优于其

---

① 马克思恩格斯全集（第25卷）[M]. 北京：人民出版社，2001：461-462.
② 马克思恩格斯全集（第25卷）[M]. 北京：人民出版社，2001：466-467.

他还处在资本主义制度奴役下的国家的因素"。① 这样,"马克思对俄国农村公社历史命运的分析实际上阐述了一种不同于西欧社会市场经济社会发展道路的社会发展类型"。② 与此相似,恩格斯在其晚年的书信中,针对有些人把马克思的唯物史观理解成经济决定论,详细地阐述了历史发展过程中必然性和偶然性的关系,提出了"合力论",并且更加明确地解释了上层建筑,如国家和法律与经济基础的辩证关系,特别强调了其中偶然性的作用。他还承认,"青年们有时过分看重经济方面,这有一部分是马克思和我应当负责的"。③ 可见,马克思和恩格斯晚年虽然保留了早期世界历史理论的基本内容,但是实际上对其形式作了重大修正。经过这一修正,虽然世界历史的发展方向仍然明确,但具体轨迹却显得远为模糊和不确定。这就在逻辑上为列宁提出新的理论埋下了伏笔。

二、列宁对世界历史理论的发展

列宁继承和发展了马克思和恩格斯的世界历史理论,深入分析了他们之后市场经济发展的新特征,发现了资本主义发展的不平衡规律,提出了新的革命理论并成功地领导俄国无产阶级取得了"十月革命"的胜利,这样,就开辟了一条不同于马克思和恩格斯所构想的重塑秩序的道路。具体来说,列宁的继承和发展主要表现在:

1. 分析了市场经济发展的新特征。在列宁之前,许多马克思主义者,包括希法亭、卢森堡和考茨基都对马克思和恩格斯之后市场经济的新特征做了深入研究,提出了帝国主义理论。"列宁正是以布哈林为中介,在基本继承希法亭、部分吸纳卢森堡、激烈批判考茨基的过程中形成自己的帝国主义理论的。同时,他在这一过程中也批判地采用了非马克思主义者霍布森的一些研

---

① 马克思恩格斯全集(第25卷)[M].北京:人民出版社,2001:469.
② 巴能强.马克思的市场经济社会发展观新解[J].中共福建省委党校学报,2001(8).
③ 马克思恩格斯选集(第4卷)[M].北京:人民出版社,1995:698.

究成果"。① 在此基础上，列宁于1916年写成了《帝国主义是资本主义的最高阶段》。在这本著作中，列宁明确地给出了帝国主义的含义，描绘了帝国主义的特征，说明了无产阶级革命的迫切性。他认为，帝国主义是资本主义的特殊历史阶段，是垄断的、寄生的或腐朽的资本主义。在这一阶段，垄断组织成了经济生活中的决定力量，银行资本和工业资本融合为金融资本，资本输出成了主要的对外贸易形式，资本家组成了国际垄断同盟并已经把世界各国的领土瓜分完毕。他认为，帝国主义是无产阶级革命的前夜，是资本主义即将崩溃的征兆。

2. 提出了市场经济发展的新规律。基于对市场经济新发展的认识，列宁发现了各资本主义国家发展的不平衡规律。在《无产阶级革命的军事纲领》、《论面目全非的马克思主义和"帝国主义经济主义"》等著作中，列宁发现，资本主义经济发展的水平是不相同的，既有发达的资本主义国家，也有不发达的资本主义国家，还有被资本主义国家侵略和掠夺的落后国家。而且，帝国主义对落后国家的侵略和掠夺必将导致被侵略和掠夺国家人民的反抗，从而导致战争与革命，并加重资本主义的危机。这样，在帝国主义时代，"可能有而且必然会有：第一，革命的民族起义和战争；第二，无产阶级反对资产阶级的战争和起义；第三，这两种革命战争的汇合等等"。②

3. 开辟了无产阶级革命和重塑秩序的新道路。在认识到资本主义发展不平衡规律的基础上，一方面，列宁强调了各民族发展道路的特殊性，认为"一切民族都将走向社会主义，这是不可避免的，但是一切民族的走法却不会完全一样，在民主的这种或那种形式上，在无产阶级专政的这种或那种形态上，在社会生活各方面的社会主义改造的速度上，每个民族都会有自己的特点。"③ 另一方面，列宁提出，无产阶级革命可以率先在落后国家如俄国取得胜

---

① 姚顺良. 第二国际关于资本主义现代形态理论的当代审视——兼论列宁经典帝国主义理论的贡献和缺陷 [J]. 南京大学学报（社科版），2007（1）.
② 列宁全集（第28卷）[M]. 北京：人民出版社，1990：89.
③ 列宁全集（第28卷）[M]. 北京：人民出版社，1990：163.

利。根据这一认识,列宁领导俄国无产阶级取得了"十月革命"的胜利,建立了第一个社会主义国家苏联。这样,列宁改变了马克思和恩格斯在生产力高度发达的资本主义国家进行革命的构想,开辟了重塑理想秩序的新道路。

三、计划经济的形成与历史实践

在列宁领导下建立的第一个社会主义国家苏联根据马克思和恩格斯对理想秩序的构想,率先进行了实践,这一实践经历了一个"否定之否定"的过程。

1. 战时共产主义政策。列宁虽然改变了马克思和恩格斯构想的革命道路,但是在"十月革命"胜利前后,他基本上仍然想按照马克思和恩格斯有关未来社会的理想直接向共产主义"过渡",再加上受当时国内战争环境的影响,因此,他在1918年提出并实行了战时共产主义政策。这一政策的内容包括消灭商品和货币关系,在城市实行供给制,把中小企业国有化,在农村实施余粮收集制等。他甚至期待"整个社会将成为一个管理处,成为一个劳动平等、报酬平等的工厂"。①战时共产主义政策一直延续到1920年国内战争结束。可见,这一时期可以看作是对马克思和恩格斯未来秩序构想的"肯定"。

2. "新经济政策"。国内战争结束以后,面对资本主义国家的威胁和国内的饥荒等内外交困的局面,列宁认识到,在俄国经济文化非常落后、生产力水平非常低下的情况下,实施战时共产主义政策只会损害小农的利益,引发社会矛盾。因此,列宁在1921年3月俄共(布)十大决定,立即废止战时共产主义政策,转而实行"新经济政策",以恢复和发展生产力。所谓"新经济政策",实质上是实行一定程度的市场经济,即恢复商品货币关系。其具体政策包括以粮食税代替余粮收集制,允许私人自由贸易,把部分小企业重新私有化,引进外资等。因此,"新经济政策"可视为对马克思和恩格斯未来秩序构想的部分"否定"。

3. 苏联计划经济模式。列宁去世之后,斯大林对苏联的经济发展道路进

---

① 列宁选集(第3卷)[M].北京:人民出版社,1995:202-203.

行了探索，他认为，苏联的经济发展不能走西方资本主义工业化和原始积累的道路，而必须依靠国有化和厉行节约来进行。因此，他逐步停止了"新经济政策"，把商品货币关系严格限制在消费资料领域，集中进行了工业国有化和农业集体化，并建立了高度集权的思想、政治和文化体制，这样，就形成了以指令型计划为特征的经济模式，又称为苏联计划经济模式。由于这一模式主要是在斯大林手中完成的，因而又可称为斯大林计划经济模式或斯大林模式。这一模式的主要特征是："在经济上实行生产资料公有制（包括全民所有制和集体所有制），带有平均主义色彩的按劳分配，单一的计划经济管理体制，排斥商品和市场经济；在政治上强调阶级斗争，实行无产阶级专政，权力高度集中于共产党一党领导，党政不分；思想上坚持以马克思列宁主义为指导思想，强调高度集中统一。"[①] 可见，苏联模式基本上可看作是对马克思和恩格斯未来秩序构想的"否定之否定"。

总的来看，经过这一"否定之否定"的过程，苏联模式大致取得了马克思和恩格斯理想秩序的外观。另外，在实践中，这种模式一开始就产生了巨大的经济效率。在资本主义市场经济普遍陷入大危机而不能自拔的 20 世纪 30 年代，凭借苏联模式，社会主义苏联却取得了惊人的经济增长，充分展现了它巨大的魅力。而且，苏联模式还在第二次世界大战和苏联战后经济重建等过程中，体现出了相对于资本主义市场经济的明显优势。这样，苏联模式就成了第二次世界大战后各社会主义国家重建经济社会秩序的基本模式。但是，由于苏联模式实质上并不是马克思和恩格斯所设想的生产力自然历史发展的结果，而是斯大林在苏联经济文化发展水平都非常落后的情况下，在面对战争威胁的形势下，通过运用政治权力强制打造的，因而，它就无法克服米塞斯和哈耶克等人提出的计划经济的各种缺陷，如不能有效进行经济核算，无法充分利用信息等。因此，苏联模式自产生伊始就具有先天的不足，这种不足虽然在战争环境下能够掩盖，但是，在和平年代却不可避免地显示出来。

---

① 陈仁庚."苏联模式"的兴衰[J]. 实事求是，1996（3）.

因此，苏联模式内在地需要进行自我改革。不幸的是，在斯大林之后，"当历史把在新的时代条件下通过对原'苏联模式'的改革来完善和发展社会主义制度、创造新的社会主义模式的使命交给斯大林的后继者时，他们或者未能对原苏联社会主义模式的弊病进行有成效的改革，以促进社会主义的发展；或者在改革的旗号下把存在于苏联模式中的社会主义基本原则和基本制度也完全否定和抛弃了"，①结果导致 20 世纪 80 年代末 90 年代初的东欧剧变和苏联解体，社会主义建设几十年间取得的许多成果顷刻间灰飞烟灭。但是，即使这样，东欧剧变和苏联解体也只能说明苏联模式社会主义的失败，而不能说明马克思和恩格斯理想秩序的失败。实践证明，马克思和恩格斯的理想将在新的道路上获得新生，这一新的道路就是社会主义市场经济道路。

---

① 陈仁庚."苏联模式"的兴衰[J].实事求是，1996（3）.

第五章　我国社会主义市场秩序的形塑

第一节　我国社会主义市场经济的合理性

毛泽东说："苏联共产党就是我们的最好的先生，我们必须向他们学习。"①新中国成立以后，正如大多数其他社会主义国家一样，我国也按照苏联模式建立了高度集权的计划经济体制。②我国社会主义市场经济就是在全面突破这种体制的基础上形成的。之所以要突破这种体制，是因为，虽然这种体制在特定时期取得了巨大的成绩，但是，就现阶段我国经济社会的发展来看，这种体制是非常不合理的。不过，我国对于苏联模式不合理性的认识和探索，却经历了一个艰难、曲折的过程。

一、市场经济的艰难探索

这种艰难性和曲折性，突出地表现在一系列的"否定之否定"过程中。例如，受当时国内外各种因素的影响，苏联模式在我国的确立似乎一开始就经历了一个"否定之否定"的过程。

---

① 毛泽东选集（第4卷）[M]. 北京：人民出版社，1991：1481.
② 注：本章在探讨我国社会主义市场秩序时，根据邓小平有关市场经济的理论，把计划经济和市场经济看作一种经济社会体制而不是一种基本制度。

1. 初步肯定阶段。新中国成立之初，经过土改和肃反运动，我国从 1953 年开始转入大规模经济建设，制定了"一五"计划和过渡时期的总路线，开始了社会主义改造。在这一时期的改造过程中，可以说经济体制是完全按照苏联模式建立的。这正如毛泽东所说的："由于我们没有管理全国经济的经验，所以第一个五年计划的建设，不能不基本上照抄苏联的办法。"① 这表现为把没收与"和平赎买"而来的企业国有化，建立公有制，即全民所有制和集体所有制；对农业生产进行合作化，建立合作社；逐步消灭商品货币关系，建立集中管理和集中分配生产和生活资料的计划制度；优先发展重工业；与此同时，进行大规模的思想改造，如批判"武训传"，等等。这可看作是对苏联模式的完全"肯定"。

2. 表示怀疑阶段。1956 年，赫鲁晓夫在苏共"二十大"对斯大林进行批判和否定，这对社会主义各国乃至全世界都产生了强烈震撼。受之影响，毛泽东等党和国家领导人对苏联模式进行了反思。例如，当时毛泽东就在《论十大关系》中指出："特别值得注意的是，最近苏联方面暴露了他们在建设社会主义过程中的一些缺点和错误，他们走过的弯路，你还想走？"② 在当年年底，毛泽东甚至还说："只要社会需要，地下工厂还可以增加。可以开私营大厂，订条约，十年、二十年不没收。华侨投资的二十年、一百年不要没收。可以开投资公司，还本付息。可以搞国营，也可以搞私营。可以消灭了资本主义，又搞资本主义。"③ 更为重要的是，党的八大修订了关于我国社会主义的主要矛盾的说法，把它从阶级矛盾更改为人民群众日益增长的物质文化需要同落后的社会生产之间的矛盾。另外，毛泽东还指出苏联模式的农业、轻工业和重工业比例不合理，国家、集体和个人的关系不合理等。这些似乎都可以视为对苏联模式的有限"否定"。

3. 再次肯定阶段。虽然毛泽东等对苏联模式有了一些怀疑和动摇，不过，

---

① 毛泽东文集（第 8 卷）[M]. 北京：人民出版社，1999：117.
② 毛泽东著作选读（下册）[M]. 北京：人民出版社，1990：720-721.
③ 薄一波. 若干重大决策与事件的回顾（上卷）[M]. 北京：中共中央党校出版社，1991：433-434.

这些都没有维持多久,而且远没有贯彻落实到具体实践中。1957年,毛泽东到莫斯科参加共产党和工人党会议,会上赫鲁晓夫提出苏联15年"赶美",为了不至于落后,毛泽东也提出中国要15年"超英"。回国以后,根据这一许诺,毛泽东在1958年便创造性地发动了"大跃进",搞大炼钢铁和人民公社运动等,从而再次全面"肯定"了苏联模式。

与这一个"否定之否定"相似,在1978年党的十一届三中全会之前,苏联模式在我国至少还经历了两个"否定之否定"。众所周知,由于1958年对苏联模式的上述"肯定",自1959年开始我国就进入了三年困难时期,由此导致1962年七千人大会的召开。在这次会议及之后,我国对此前的政策进行了反思和调整,有些领导人甚至提出了类似于后来的"联产承包制"的设想。这些不妨看作是对1958年"肯定"的部分"否定"。不过,与第一次"否定"一样,这次"否定"的命运也很快结束了。1966年5月16日,毛泽东正式发动了"文化大革命"。不久,对苏联模式进行"否定"的领导人相继被打倒。这不妨看作是对1962年开始的反思的"否定之否定",是对1958年的"肯定"。"文化大革命"虽然持续了10年,但是实际上只有五六年就破产了。1971年"9·13"林彪叛逃事件的发生就表明"文化大革命"的神话不攻自破。之后邓小平重新复出,对经济、社会进行了大胆的整治,在很大程度上对"文化大革命"作了纠偏,这不妨又看作是对"文化大革命"的部分"否定"。也正是因为如此,邓小平随后很快又被打倒,从而"文化大革命"又获得了"否定之否定",直到"两个凡是"达到了顶峰。

上述一系列"否定之否定"过程表明,改革开放之前我国计划经济体制虽然遭到多次"否定",但是这些"否定"基本上均以失败告终,可见突破这种体制的艰难。总的来看,这种体制的突破之所以如此艰难,是因为,受国内外各种复杂因素的影响,大多数人,尤其是党和国家的主要领导人没有从根本上认识到这种体制的不合理性,苏联模式被教条化了。这用邓小平的话来说就是,"社会主义究竟是个什么样子,苏联搞了很多年,也并没有完全搞清楚。可能列宁的思路比较好,搞了个新经济政策,但是后来苏联的模式僵化了。"① 所以，我国经济社会体制的转型是从以真理标准大讨论开始的思想解放开始的，自此以后，才真正实现了对计划经济的全面突破，形成了对市场经济的全新认识。

二、计划经济的全面突破

一般认为，苏联模式的计划经济主要是以两个理论为基础的：

1. 计划经济与市场经济对立论。这也是当时东西方理论界的基本共识。根据这一理论，计划经济等于社会主义，市场经济等于资本主义，两者水火不容。对于社会主义来说，公有制越大越纯越好。在这一理论的指导下，即使是列宁，也把实行"新经济政策"和在一定程度上恢复市场经济视为向资本主义的"退却"，而把实行公有制和计划控制看作是对资本主义的"进攻"。在这一理论的指导下，斯大林在20世纪20年代末和30年代初实行了工业国有化和农业集体化，而我国则进行了社会主义改造并建立了人民公社。在这一理论的指导下，斯大林晚年虽然在《苏联社会主义经济问题》中承认了在生活资料领域可以存在一定程度的商品货币关系，可以利用物质利益刺激劳动者提高积极性等，但是他不承认在全社会实行商品货币关系，因此他的"退却"是非常有限的。同样，毛泽东虽然在经济困难时期也对实行全盘计划经济提出了一些质疑，但是他也没有从根本上突破这一认识。

2. "阶级斗争尖锐化"理论。马克思和恩格斯曾在《共产党宣言》和《资本论》中预言，随着资本主义大工业和机器化时代的到来，整个社会将日益分裂成两大对立的集团，即资产阶级和无产阶级，两者的矛盾将日益尖锐，而且两者最终的决斗以及无产阶级的胜利将不可避免。列宁在《帝国主义是资本主义的最高阶段》等著作中也曾预言，帝国主义是无产阶级革命的前夜，是资本主义即将崩溃的征兆。在20世纪20年代末和30年代初，马克思、恩格斯和列宁的这些预言被斯大林教条化。不过，斯大林还把"阶级斗争尖锐

---

① 邓小平文选（第3卷）[M]．北京：人民出版社，1993：139．

化"从党外转到了党内,提出了党内"阶级斗争尖锐化"理论。他认为,在苏联布尔什维克党内,随着社会主义越益接近胜利,阶级斗争将越益尖锐。在这一理论指导下,斯大林进行了"大清洗"。至于"'大清洗'的规模究竟有多大,有多少人受到迫害,至今也没有一个准确而权威的数字。西方学者估计不少于2000万人,仅在1937~1938年,就有100万人被枪决,另有200万人死于劳改营"。① 之后,毛泽东直接继承了斯大林的这种党内"阶级斗争尖锐化"理论。毛泽东不仅在1957年认为"无产阶级和资产阶级的矛盾,社会主义道路和资本主义道路的矛盾,毫无疑问,这是当前我国社会的主要矛盾",② 提出实行"以阶级斗争为纲",而且在"文化大革命"期间还把阶级斗争主要理解为工农群众与党内"走资本主义道路的当权派"的斗争,强调这种阶级斗争必须年年讲、月月讲、天天讲,必须坚持"无产阶级专政下继续革命"等,这些都是对斯大林上述理论的直接运用。

可见,计划经济与市场经济对立论和"阶级斗争尖锐化"理论构成了苏联模式社会主义计划经济体制的基础理论,是用以说明计划经济合理性的根本。我国实行改革开放,逐步建立社会主义市场经济体制,就是在全面突破这两个理论的基础上进行的。这种突破正是邓小平理论的基础和最大特色。

1. 计划经济与市场经济手段论。早在20世纪30年代,在与米塞斯和哈耶克的论战中,著名社会主义经济学家奥斯卡·兰格就提出,社会主义国家的计划当局可以通过模拟市场,即通过运用试错法来确定产品价格,达到对资源的合理而有效的配置。这实质上就体现了一种重大的理论突破,"那就是证明市场机制是中性的,本身无所谓社会性质之分,它可以被不同的社会制度所利用"。③ 不过,兰格本人并没有明确说明这一点;相反,他的理论倒是建立在计划经济与市场经济对立论的基础上的。在兰格之后,许多经济学家对计

---

① 姜长斌,苏联模式探析. 西伯利亚研究 [J]. 2001 (4).
② 毛泽东选集(第5卷)[M]. 北京:人民出版社,1977:475.
③ 罗卫东,蒋自强. 兰格模式与社会主义市场经济理论——社会主义市场经济理论的历史渊源 [J]. 学术月刊,1994 (5).

划经济与社会主义、市场经济与资本主义的关系继续进行了许多有益的探索，取得了许多积极成果。例如，波兰经济学家布鲁斯（W. Bruse），他在《社会主义经济的运行问题》一书中，首次对经济制度和经济体制以及经济模式做了明确区分。他提出，"经济制度是'基本的生产关系'，而经济体制是'社会经济组织'的具体'形式'，'经济运行机制'，是经济制度的变种"。①但是，与兰格相似，他们也没有明确说明计划和市场对于社会主义与资本主义都只是一种手段，并且他们的理论在前提上也是以"对立论"为基础的。实际上，最先明确突破这一"对立论"的是邓小平。早在1962年，邓小平在谈到怎样恢复农业生产时，就主张要灵活利用各种生产关系。他说："生产关系究竟以什么形式为最好，恐怕要采取这样一种态度，就是哪种形式在哪个地方能够比较容易比较快地恢复和发展农业生产，就采取哪种形式；群众愿意采取哪种形式，就应该采取哪种形式，不合法的使它合法起来。"②改革开放伊始，在1979年，邓小平进一步提出，社会主义可以搞市场经济。他指出："说市场经济只存在于资本主义社会，只有资本主义的市场经济，这肯定是不正确的。社会主义为什么不可以搞市场经济，这个不能说是资本主义。我们是计划经济为主，也结合市场经济，但这是社会主义的市场经济……社会主义也可以搞市场经济。"③此后，邓小平更加发展了社会主义可以搞市场经济的思想，最终在1992年南方谈话中明确提出："计划多一点还是市场多一点，不是社会主义与资本主义的本质区别。计划经济不等于社会主义，资本主义也有计划；市场经济不等于资本主义，社会主义也有市场。计划和市场都是经济手段。"④邓小平的这一光辉思想直接成为了党的十四大确立社会主义市场经济体制的理论基础，可以说是对社会主义市场经济最根本的合理化。不可想象，如果没有邓小平的这一思想，我国社会主义市场经济体制的确立还不知道要经历

---

① 张卓元.政治经济学大词典 [M].北京：经济科学出版社，1998：78.
② 邓小平文选（第1卷）[M].北京：人民出版社，1994：323.
③ 邓小平文选（第2卷）[M].北京：人民出版社，1994：236.
④ 邓小平文选（第3卷）[M].北京：人民出版社，1993：373.

多少次"否定之否定"。

  2. 生产力理论。如果说邓小平的上述"手段论"是对"对立论"的突破，那么其生产力理论就是对"阶级斗争尖锐化"理论的突破。邓小平的生产力理论表现在许多方面：①马克思主义的基本原则是发展生产力。邓小平强调，"马克思主义的基本原则就是发展生产力"，①"马克思主义最注重发展生产力"②。②革命的目的就是发展生产力。邓小平说："我们革命的目的就是解放生产力，发展生产力。离开了生产力的发展、国家的富强、人民生活的改善，革命就是空的。"③ ③社会主义根本任务是发展生产力。基于对现阶段我国国情的清醒认识，邓小平明确指出，"我们讲社会主义是共产主义的初级阶段，共产主义的高级阶段要实行各尽所能、按需分配，这就要求社会生产力的高度发展，社会物质财富极大丰富。所以社会主义阶段的最根本任务就是发展生产力，社会主义的优越性归根到底要体现在它的生产力比资本主义发展得更快一些、更高一些，并且在发展生产力的基础上不断改善人民的物质文化生活"，④"社会主义的本质，是解放生产力，发展生产力，消灭剥削，消除两极分化，最终达到共同富裕"。⑤ 为此，邓小平还对生产力在社会主义各项工作中的重要地位做了全面阐述。例如，提高人民的生活水平有赖于发展生产力，"只有在发展生产力的基础上才能随之逐步增加人民的收入"；⑥ 发展市场经济是为了发展生产力，"计划和市场都是方法嘛。只要对发展生产力有好处，就可以利用"；⑦ 现代化建设是为了发展生产力，"搞四个现代化，最主要的是搞经济建设，发展国民经济，发展社会生产力"；⑧ 实行改革开放是为了发展生产力，"我们所有的改革都是为了一个目的，就是扫除发展社会生产力的障

---

① 邓小平文选（第3卷）[M]. 北京：人民出版社，1993：116.
②④ 邓小平文选（第3卷）[M]. 北京：人民出版社，1993：63.
③ 邓小平文选（第2卷）[M]. 北京：人民出版社，1994：231.
⑤ 邓小平文选（第3卷）[M]. 北京：人民出版社，1993：373.
⑥ 邓小平文选（第2卷）[M]. 北京：人民出版社，1994：312-313.
⑦ 邓小平文选（第3卷）[M]. 北京：人民出版社，1993：203.
⑧ 邓小平文选（第2卷）[M]. 北京：人民出版社，1994：276.

碍";① 政治体制改革是为了发展生产力,"我们政治体制改革总的目标是三条:第一,巩固社会主义制度;第二,发展社会主义社会的生产力;第三,发扬社会主义民主,调动广大人民的积极性";② "我说科学技术是第一生产力"。③ ④判断改革开放成败的标准在于生产力的发展。"改革开放迈不开步子,不敢闯,说来说去就是怕资本主义的东西多了,走了资本主义道路。要害是姓'资'还是姓'社'的问题。判断的标准,应该主要看是否有利于发展社会主义社会的生产力,是否有利于增强社会主义国家的综合国力,是否有利于提高人民的生活水平。"④ 总的来看,"多年来,邓小平所特别强调的,正是生产力是社会发展最终决定力量的思想。它已经成为贯穿《邓小平文选》全部内容的一条红线"。⑤

总之,计划经济与市场经济"手段论"是对"对立论"的突破,生产力理论是对"阶级斗争尖锐化"理论的突破。理论上的这种全面突破,从根本上实现了确立和发展社会主义市场经济的合理化,由此我国进入了发展和完善社会主义市场经济,形塑社会主义市场秩序的转型时期。

三、经济转型的合理路径

一般来说,转型时期是指我国从旧的计划经济体制转向成熟的市场经济体制的时期。在这一时期,一方面,正如2006年10月11日《中共中央关于构建社会主义和谐社会若干重大问题的决定》中所说的,其总体特征表现为:"经济体制深刻变革,社会结构深刻变动,利益格局深刻调整,思想观念深刻变化。"另一方面,由于东欧和苏联等社会主义国家的经济社会转型都以失败告终,最终导致社会变质,因而,我国社会主义经济社会体制转型无成功的

---

① 邓小平文选(第3卷)[M].北京:人民出版社,1993:134.
② 邓小平文选(第3卷)[M].北京:人民出版社,1993:178.
③ 邓小平文选(第3卷)[M].北京:人民出版社,1993:377.
④ 邓小平文选(第3卷)[M].北京:人民出版社,1993:372.
⑤ 董德刚.邓小平经济哲学思想——以"三个有利于"为根本的建设哲学[M].郑州:河南人民出版社,2001:29.

经验可循，是一项前无古人的全新事业。因此，转型时期必然产生许多无序现象，从而形塑秩序，特别是良好的市场秩序就成了转型时期的重大问题。但是，要解决这一重大问题，除了通过上述理论上的全面突破使转型本身合理化以外，还必须使转型的具体路径合理化，即要解决转型的一些前提性问题，即什么是转型的合理标准、什么是转型的合理方式、什么是转型的合理目标等。唯其如此，我国经济社会体制转型才能稳步前进，良好的市场秩序才有可能形成。

1. 转型的合理标准。总的来看，要形成良好的市场秩序，我国经济社会转型必须坚持两个基本标准，即生产力标准和人民利益标准。

（1）生产力标准。这是因为：首先，生产力标准是马克思主义衡量经济社会发展的根本标准，也是实行经济、社会转型的根本标准。马克思早就说过："无论哪一个社会形态，在它所能容纳的全部生产力发挥出来以前，是决不会灭亡的；而新的更高的生产关系，在它物质存在条件在旧社会的胎胞里成熟以前，是决不会出现的。所以人类始终只提出自己能够解决的任务，因为只要仔细考察就可以发现，任务本身，只有在解决它的物质条件已经存在或者至少是在生成过程中的时候，才会产生。"[1] 毛泽东也曾明确指出："中国一切政党的政策及其实践在中国人民中所表现的作用的好坏、大小，归根到底，看它对于中国人民的生产力的发展是否有帮助及帮助之大小，看它是束缚生产力的，还是解放生产力的。"[2] 邓小平更是多次强调了这一点。比如，除了上述"三个有利于"以外，他还指出，"我们所有的改革都是为了一个目的，就是扫除发展社会生产力的障碍"，等等。[3] 可见，生产力标准既是马克思主义衡量经济、社会发展的根本标准，也是我们发展市场经济，实现经济、社会转型的根本标准。其次，实行经济、社会转型的根本目的是为了促进生产力的发展。社会主义建设的实践说明，"计划经济之所以成功，一个十分重要的

---

[1] 马克思恩格斯选集（第2卷）[M]. 北京：人民出版社，1995：33.
[2] 毛泽东选集（第3卷）[M]. 北京：人民出版社，1991：1079.
[3] 邓小平文选（第3卷）[M]. 北京：人民出版社，1993：134.

原因，就是社会生产和社会需要的简单性"。① 相反，计划经济之所以失败，一个十分重要的原因，就是在计划经济使基本上还处于自然经济状态下的生产力有了比较大的发展以后，计划体制日益成为了生产力进一步发展的障碍。米塞斯和哈耶克所指出的计划经济不能处理复杂的信息问题，从而不能有效地配置资源等，实际上就说明了这一点。所以，在摆脱自然经济之后，要使生产力获得更大发展，就必须发展市场经济，而不能继续强制实行马克思和恩格斯构想的在未来社会生产力高度发达条件下的计划经济。反之，我们发展社会主义市场经济，实行经济社会转型，也是出于发展生产力的需要，是为了促进生产力的更大发展。最后，解决经济、社会转型过程中的无序现象有赖于生产力的发展。马克思说："人们所达到的生产力的总和决定着社会状况。"② 我国经济、社会转型过程中的许多无序现象就是由于生产力不够发展或不符合生产力的发展造成的。例如，对于大量中小企业来说，由于生产力落后，因而，一方面，其生产行为常常对资源环境造成严重浪费和破坏；另一方面，为了生存和赢利，许多中小企业又往往偷税漏税、制假售假、坑蒙拐骗，等等。而在一些虚拟经济领域，如证券市场和房地产市场，其无序现象往往又是不符合生产力发展造成的。一般来说，虚拟经济的发展最终要以实体经济为依托，虚拟经济发展的程度最终取决于实体经济的发展程度。可是近几年我国许多地方把大量资金片面地投资于证券市场和房地产市场，使这些市场炒作和投机成风，形成大量的"泡沫"。这样，甚至促使许多实体企业关门歇业，把资金转向证券市场和房地产市场，这就更加加重了这些市场的畸形发展，使其远远背离了社会生产力发展的客观现实，从而导致其巨幅震荡，大起大落。可见，要使目前虚拟经济的发展形成良好的秩序，最根本的还是要使其符合生产力发展的客观要求，以社会生产力的发展程度来衡量其发展是否合理。

（2）人民利益标准。首先，社会主义本质上是为人服务的。邓小平说：

---

① 董德刚. 创造更高的劳动生产率——社会主义经济哲学引论 [M]. 北京：经济科学出版社，1998：42.
② 马克思恩格斯选集（第1卷）[M]. 北京：人民出版社，1995：80.

"社会主义的本质,是解放生产力,发展生产力,消灭剥削,消除两极分化,最终达到共同富裕。"① 所以,我国经济、社会的转型,市场经济的发展,除了坚持生产力标准,还必须坚持有利于社会公平正义,有利于社会和谐,有利于最广大人民生活水平提高的价值标准。其次,市场经济本质上也是为人服务的。根据马克思的"三形式"理论,市场经济不过是人发展的一种历史形态,是为了实现人的自由而全面发展而必然经历的一个历史阶段。所以,我国实行经济、社会转型,发展社会主义市场经济,必须坚决反对一切使人受奴役、受迫害的现象,如克扣农民工工资、歧视弱势群体、欺行霸市、拜金主义,等等。最后,以人为本是科学发展观的核心。党的十七大报告指出,科学发展观"是我国经济社会发展的重要指导方针,是发展中国特色社会主义必须坚持和贯彻的重大战略思想",② 其核心就是以人为本。所以,在我国经济、社会的转型和发展市场经济的过程中,始终必须坚持以人为本,"要始终把实现好、维护好、发展好最广大人民的根本利益作为党和国家一切工作的出发点和落脚点,尊重人民主体地位,发挥人民首创精神,保障人民各项权益,走共同富裕道路,促进人的全面发展,做到发展为了人民、发展依靠人民、发展成果由人民共享"。③

2. 转型的合理方式。为了使我国市场经济走上良性有序的发展道路,除了坚持上述两个基本标准外,还必须辩证地处理好两个基本关系。

(1) 自发发展与人为建构的关系。根据马克思的观点,市场经济的发展是一个自然历史过程,是一个人们通过物质生产实践逐步克服其盲目性而掌握和利用其客观规律的过程。这说明,市场经济的发展有着内在的秩序形成机制,所以,市场秩序的形塑必须以尊重市场经济运行的客观规律为前提。斯密和哈耶克特别强调市场秩序的自然性或自发性,无非也就是旨在说明这

---

① 邓小平文选(第3卷)[M].北京:人民出版社,1993:373.
② 胡锦涛.高举中国特色社会主义伟大旗帜 为夺取全面建设小康社会新胜利而奋斗——在中国共产党第十七次全国代表大会上的报告[M].北京:人民出版社,2007:13.
③ 胡锦涛.高举中国特色社会主义伟大旗帜 为夺取全面建设小康社会新胜利而奋斗——在中国共产党第十七次全国代表大会上的报告[M].北京:人民出版社,2007:15.

一点。就我国转型时期来看，我国市场经济整体上还处在发展的初期，所以，应当以培育市场机制，创造有利于市场经济良性发展的客观环境为主，而不能盲目地把西方国家规制高度发达的市场经济的一些经验和方式方法直接搬用到我国。对于政府来说，在一般情况下，其对市场秩序的人为建构应当表现在注重制定和完善有利于市场经济发展的普遍规则而不是有利于特定人群的特殊规则。只有这样，才能如斯密所说，国家的富裕才会有利于全体人民而不是某些利益集团，人民群众才能共享经济社会发展的成果。值得注意的是，面对转型过程中出现的一些问题，如贫富分化和贪污腐败等，有些人动不动就把其原因归结为市场经济。其实，转型中的许多问题并不是因为市场经济的发展造成的，反而是市场经济不发展造成的。因此，在对市场秩序进行人为建构的过程中，政府必须把握好合理限度，不能在规范市场秩序时把市场经济赖以发展的机制也毁灭了，正如不能在倒洗澡水时连澡盆里的孩子也一起倒掉一样。

（2）渐进改革与激进改革的关系。有人认为，东欧和苏联等社会主义国家采用激进的"休克疗法"所进行的经济社会转型是失败的，这反过来证明了我国渐进式改革的正确性。其实，这种看法并不完全正确。一方面，虽然苏联和大多数东欧社会主义国家采用的是激进式改革，但是也有个别东欧国家采用的是渐进式改革。"波兰、捷克斯洛伐克、阿尔巴尼亚和波罗的海国家实行激进改革。匈牙利实行渐进改革。罗马尼亚和保加利亚先是激进改革，后由于利益集团的强大压力而放慢了自由化的速度。"并且，"从东欧的实践来看，渐进改革的代价并不一定比激进改革小"[①]。另一方面，改革开放以来，我国虽然总体上采用的是渐进式改革，但是在改革开放的过程中也不是从来没有采用过激进手段。例如，从1980年我国实施联产承包责任制启动农村改革到1984年全面启动城市改革，也就用了4年时间。这对于我国这样一个大国来说，已经算是非常激进的了。因此，为了顺利实现我国经济社会的转型，

---

① 范军.从计划到市场：东欧经济制度的变迁［J］.当代世界社会主义问题，1998（2）.

促进良好的市场秩序的形成，我们应当在坚持上述两个基本标准的前提下，根据实际情况，在总体上坚持渐进改革的同时，灵活运用激进手段。例如，面对金融危机，中央就要求各项政策"出手要快、出拳要重、措施要准、工作要实"，这就是对激进手段的灵活运用，而这对于当下我国市场经济的有序运行是非常必要的。

3. 转型的合理目标。邓小平说："我们搞的现代化，是中国式的现代化。我们建设的社会主义，是有中国特色的社会主义。"① 因此，我们所要发展的市场经济，也就是具有中国特色的社会主义市场经济，这是转型的总体目标。具体来说，这一目标要求我们正确处理好市场经济的一般性与特殊性的关系。

（1）市场经济的一般性与转型的目标。"市场经济的一般性，是指市场经济的共同性质，它是由发达的社会分工所决定的。"② 具体而言，对于市场经济的一般性，前述马克思关于市场经济的观点其实就是一种说明，如市场经济是人发展的一种历史形态，市场经济是高度发达的商品经济，以及市场经济由此而表现的某些特点等。与马克思从历史和哲学的角度来宏观地把握市场经济的一般性相比，现代西方主流市场经济理论侧重于从资源配置上来说明市场经济的一般性。一般来说，在后者那里，"所谓市场经济是指由市场机制配置资源的经济"，"市场经济具有以下特征：资源配置遵循产权规则，决策分散化，自由和平等竞争，价格协调微观决策"。③ 此外，市场经济的特征还包括资源配置的自发性、盲目性和滞后性以及容易产生贫富分化因而需要政府的宏观调控作指导等，对此，前述各种市场失灵理论就是很好的说明。鉴于市场经济的这些一般性，我们应当在坚持上述合理标准的同时，致力于使我国市场经济成为一种以市场自发配置社会资源为主、以政府计划配置社会资源为辅的双重配置机制，使我国市场经济的发展既注重效率又体现公平，使我国市场经济成为具有高度效率和高度公平的现代市场经济。

---

① 邓小平文选（第3卷）[M]. 北京：人民出版社，1993：29.
② 李兴东. 关于社会主义市场经济的哲学思考[J]. 北京航空航天大学社会科学学报，1994（2）.
③ 纪宝成. 转型经济条件下的市场秩序研究[M]. 北京：中国人民大学出版社，2003：43-44.

（2）市场经济的特殊性与转型的目标。根据唯物辩证法关于一般与特殊的关系，有市场经济的一般性就有市场经济的特殊性，前者是通过后者来体现的。"所谓市场经济的特殊性，就是市场经济由于不同社会条件的差别、由于和不同的社会制度相结合而形成的个性和特殊规律。"① 对于我国市场经济来说，其特殊性主要表现为两个方面：首先，市场经济的社会主义性质。我们发展的是社会主义市场经济，因此，市场经济的社会主义性质是我国市场经济区别于资本主义市场经济的根本。一般认为，我国市场经济的社会主义性质的核心是以生产资料的社会主义公有制为主导。这种观点并没有错，但是，问题在于它容易使我国社会主义市场经济的所有制简单化，从而不符合现实的情况。目前，一种比较合理的观点是把"社会主义市场经济"的含义分为广义和狭义两种。"广义的社会主义市场经济是指社会主义社会的市场经济，在我国即是指初级阶段社会主义的市场经济，这包括和公有制结合的市场经济，和混合所有制结合的市场经济，和非公有制结合的市场经济……狭义的社会主义市场经济，仅指和公有制结合的市场经济，也就是以公有制为基础的市场经济。它又包括国有制基础上的市场经济和集体所有制基础上的市场经济。"② 这样，就有利于人们辩证地看待我国市场经济的社会主义性质，即在我国社会主义初级阶段，不仅公有制企业，而且所有合法经营的其他所有制企业，都是我国社会主义性质的体现，我国市场经济的社会主义性质在所有制上其实应当是一种混合所有制。根据这一点，目前我国市场经济发展的目标之一是在坚持公有制主导地位的前提下，使所有制更加多元化，同时也使公有制的实现形式更加多元化。同时，为了适应生产力现代化发展的要求，目前我国市场经济发展的目标之二是促使各种所有制更加社会化。因为，"所有制发展的基本方向，是适应生产不断社会化的要求，逐步走向所有权的社会化：一是所有权规模的扩大（含所有者的增多）；二是所有权的分解和制

---

① 彭立勋. 邓小平社会主义市场经济理论的哲学基础［J］. 学术研究，1999（2）.
② 刘泽民. 社会主义市场经济的哲学审视［M］. 北京：人民出版社，2001：92.

衡；三是生产经营效果同所有者、经营者的个人利益有直接的密切联系；四是所有权的自由流动组合即自由交易"。① 与所有制相关，我国市场经济的社会主义性质在分配制度上，目前，一方面，应当追求在坚持以按劳分配为主导的前提下，实现分配方式的多元化和按劳分配本身形式的多样化；另一方面，应当更多追求财富分配的形式公正而不是实质公正，因为，根据哈耶克的论述，形式公正是以平等适应于任何人的普遍规则而不是有利于特定人的特殊规则为基础的，因而更能体现社会性。根据邓小平对社会主义本质的论述，我国市场经济的发展还应当追求共同富裕，致力于缩小贫富分化和消灭剥削和压迫等不良现象。为此，就必须在制度层面上加快建立和完善与我国市场经济发展相适应的社会保障体系。其实，建立和完善社会保障体系，不仅是我国社会主义市场经济发展的特殊要求，而且也是现代市场经济发展的一般要求。例如，当今欧美比较发达的市场经济都有比较完善的社会保障体系做后盾。即使强调市场经济应当高度自由化的哈耶克也认为市场经济应当具有使人"相对安全"的社会保障体系。总之，我国市场经济发展过程中的社会主义性质，目前应当体现在以公有制和按劳分配为主导的前提下，所有制和分配方式更加多元化、多样化和逐步社会化上，并且，这种社会主义性质在价值层面上还应当表现为，随着生产力水平和人的素质的不断提高，人民群众共享经济社会发展成果的机会不断增多，从而使市场经济越益有利于社会公平正义，越益有利于社会和谐，越益有利于人的自由而全面的发展。这才真正符合马克思关于市场经济的自然历史观点。其次，市场体系的相对独立性。马克思的世界历史理论表明，随着生产力和生产关系的发展，市场经济的发展必将冲破地域和民族的限制，以资本的力量促使经济全球化。这说明，一方面，市场经济的发展本质上是开放的，在当前经济全球化业已形成的背景下，我国发展市场经济必须坚持对外开放，以便借鉴和利用国外发达生产力和相对成熟的发展经验，加快我国经济社会转型，促进我国市场经济的现

---

① 董德刚.所有制问题也要进一步解放思想［N］.南方周末，2008-02-28（31）.

代化。基于这一点，我国应当尽快建立和完善与国际接轨的统一、竞争、开放、自由的市场体系，以使各种生产要素得到最优配置，实现最大效率。另一方面，由于在国际分工体系中，各国生产力发展的程度不一，因而，即使规则平等，竞争实质上也不可能是公平的。因此，"中国解决所有问题的关键是要靠自己的发展"。[①] 我国发展市场经济要坚持对外开放，但不能依赖对外开放。在转型的过程中，我们必须根据自身生产力发展的水平和经济社会发展的实际需要，逐步地提高对外开放的程度，把握好对外开放的限度，注意自身经济社会的安全，维护好民族的利益，使市场体系保持相对独立性。总之，通过这种相对独立性和上述社会主义性质，我国市场经济应当成为一种"中国模式"的市场经济。

综上所述，我国市场秩序的形塑总体上包括两个方面的合理化：一是市场经济本身的合理化，这主要是回答我国发展社会主义市场经济为什么是合理的。这种合理化是建立在"手段论"对"对立论"和生产力理论对"阶级斗争尖锐化"理论的全面突破上的。二是市场经济发展路径的合理化，这主要是回答我国市场经济的发展应当遵循什么样的标准，采用什么样的方式，实现什么样的目标。上述分析即是对这种合理化的说明。在此情况下，我国经济、社会转型和社会主义市场经济的科学性就有了依据，这就使市场秩序的形成成为可能。但是，我国市场秩序的形塑不仅要有科学性，还要具有价值性，那么，我国发展市场经济将具有怎样的价值呢？

第二节 我国社会主义市场经济的价值性

市场经济的价值性可以分为两个方面，一是市场经济正的价值性；二是

[①] 邓小平文选（第3卷）[M]. 北京：人民出版社，1993：265.

市场经济负的价值性。在马克思和恩格斯看来,总体上而言,相对于自然经济,市场经济是生产力更高发展阶段的产物,因而总体上具有正的价值性;相对于理想的产品经济,市场经济应当是被扬弃的对象,因而总体上具有负的价值性。具体而言,市场经济的价值性体现在平等、效率、自由与和谐等各种价值上面。对于神圣力学范式和知识进化范式的市场经济理论来说,这些基本都是正价值;而对于马克思和恩格斯来说,这些都只具有历史的合理性,带有虚伪性,所以,具有许多负面的效应。我国市场经济是在全面突破苏联模式的计划经济基础上形成的,因此,其价值性主要体现在与计划经济价值性的对比上,从计划经济的价值性可以反观我国市场经济的价值性。对于我国市场经济相对于计划经济的价值性,除了可以借鉴前述哈耶克的详细而深入的分析以外,还可以结合我国计划经济的理论和历史实际情况,从对平等和效率等具体价值的分析中窥见一斑。

一、市场经济的平等

虽然熊彼特指出平等不同于民主,但是,在高度集权的计划体制下,其不平等却主要表现为不民主。这种不民主,既有理论上的渊源,也有实践上的表现。

1. 计划经济不民主的理论渊源。在理论上,计划经济之所以导致不民主,除了传统文化的影响以及哈耶克所指出的认识上的根源以外,还由于其与"阶级斗争尖锐化"理论有关,即过分夸大了民主的相对性和阶级性。

2. 计划经济不民主的具体表现。计划经济的不民主有多种表现,比如:①家长制。计划经济虽然在理论上反对官僚主义,但是实际上却是一种高度科层化的官僚体制。在这种体制中,"官僚集团处于家长的位置:所有其他社会阶层、团体或个人都是孩子,作为他们的成年监护人,必须对'孩子'的心灵成长肩负起监督职责。"[①] 这种家长制在企业生产中的典型表现就是"一长

---

① [匈] 雅诺什·科尔奈. 社会主义体制——共产主义政治经济 [M]. 张安译. 北京:中央编译出版社,2006:52.

制"。它是在苏联的社会主义经济实践中，由斯大林建立和推广的。所谓"一长制"，就是"要求劳动过程无条件地遵守严格的纪律，每个人十分准确地承担一部分工作，使社会主义大生产像一部机器那样工作，使成千上万的人有统一的意志，服从一个苏维埃领导者的指挥，而这位苏维埃领导者从实现苏维埃方针的观点出发全权负责工作，保证最合理地利用人财物"。① 可见，在这种苏联模式的"一长制"中，根本就无平等和民主可言。工人虽然在理论上是主人翁，但在实际工作中却是"螺丝钉"，没有当家作主的权利。②权力崇拜。计划经济家长制造成的直接结果就是权力崇拜。在这种体制下，"成为领导的人都被权力所吸引，这些人喜欢看到别人服从他/她。一旦这样的人掌握了权力，他/她就想保持权力，而且还想获得更大的权力"。② 这样，就难免某些别有用心的人"抢班夺权"。而一旦这些人获得权力，就必然会把其权力变成特权，从而使民主受到更大的破坏。因此，计划经济实际上是一种权力自我强化的体制，这种体制延续越久，就越不民主，更无平等可言。

可见，由于计划经济是一种官僚化的以权力为本位的体制，因而，即使其在理论上追求民主和平等，但是实际上却可能使其追求适得其反。相比计划经济，实践证明，"市场经济从本质上是倾向于民主的"。③ 市场经济以交换的平等消除等级差别，以竞争的权威消除种种特权，以价格传递信息消除集中控制资源的必要性，因此，市场经济远比计划经济更民主、更平等。

二、市场经济的效率

苏联和我国的计划经济在实施之初都取得了较高的效率，都在很短的时间内建立了门类比较齐全的工业体系，经济发展速度较快，科学技术水平大幅提高。这说明，在生产力水平比较低的情况下，计划经济的实施是比较合

---

① 吴易风等.马克思主义经济理论的形成和发展［M］.北京：中国人民大学出版社，1998：533.
② ［匈］雅诺什·科尔奈.社会主义体制——共产主义政治经济［M］.张安译.北京：中央编译出版社，2006：112.
③ 刘泽民.社会主义市场经济的哲学审视［M］.北京：人民出版社，2001：171.

理的。但是，在工业基础已经具备，生产力已经获得一定程度的发展以后，计划经济就日益变得缺乏效率。之所以如此，从理论上来看，除了计划经济不能有效处理信息这个原因以外，还因为，计划经济对经济、社会发展的客观规律重视不够，对人性的认识过于简单化和理想化。

  1. 对经济发展的客观规律重视不够。这主要体现为片面夸大人的主观能动性。主观能动性是人们在物质生产实践中表现出来的主体性。从马克思主义哲学的渊源上说，它来自于马克思在《1844年经济学哲学手稿》中对能动性和受动性的区分。马克思认为，动物是在本能的支配下进行活动的，因而，其生存方式是受动的；而人与动物的区别在于，人的活动虽然也受本能的约束，但是人的本质就是自由的、有意识的活动，因而，更是一种能动的活动。正是由于人的这种能动性，因而，人的物质生产实践就日益使自在自然转化为人化自然，从而"整个所谓世界历史不外是人通过人的劳动而诞生的过程，是自然界对人说来的生成过程"。[①] 值得注意的是，马克思在这里所指的人的主观能动性是与人类物质生产实践的历史性辩证地结合在一起的，这种能动性是一种历史的、辩证的能动性，是人在遵循社会发展的客观规律基础上发挥的能动性。不过，马克思和恩格斯后来在《共产党宣言》和《资本论》等著作中对其所处的时代做了过高的历史估计，从而得出了"阶级斗争尖锐化"的结论。马克思和恩格斯的这一过高估计直接影响到列宁、斯大林，直到毛泽东。毛泽东一生特别强调发挥人的主观能动性，他甚至说，"世间一切事物中，人是第一个可宝贵的。在共产党领导下，只要有了人，什么人间奇迹也可以造出来"。[②] 历史地看，出于在艰苦的环境下争取革命斗争胜利的需要，毛泽东特别强调人的主观能动性，总体上是正确的。但是，在我国社会主义建设的和平时期，再如此强调人的主观能动性就有失偏颇了。这是因为，正如马克思的自然历史理论和哈耶克的自发秩序理论等所示，经济、社会的发展

[①] 马克思. 1844年经济学哲学手稿 [M]. 北京：人民出版社，2000：92.
[②] 毛泽东选集（第4卷）[M]. 北京：人民出版社，1991：1512.

与可以迅即消灭的敌人不同，它是一个按照规律发展的历史过程，有着自我生成的客观机制。过分强调人的主观能动性，用革命战争的方法搞经济建设，就有可能违背客观规律，造成国民经济各部门比例失调，导致资源的滥用和浪费，致使经济社会不仅得不到顺利发展反而受到损害。例如，1958年我国发动的"大跃进"和大炼钢铁运动就是如此，以致我国随后就陷入了非常严重的三年困难时期。具体来说，计划经济违背经济发展的客观规律所造成的最严重的后果就是，社会总供给长期不能满足总需求，整个社会陷入一种短缺状态。在计划经济体制下，一方面，由于优先发展重工业，因而导致轻工业和消费品生产不足。另一方面，由于企业管理者都乐于扩大投资，往往产生投资冲动，结果是"全国人民被迫（在未征得他们同意的情况下）牺牲当前的部分潜在消费来支持投资，以实现产出的增长"，① 因而造成人民群众消费资金不够。结果是，人民群众既无消费品可买，往往又无能力购买，最终整个社会处于一种短缺状态。我国计划经济时代的排队购物和票证现象就很好地说明了这一点。

2. 对人性的认识过于简单化和理想化。如果说对经济发展的客观规律重视不够，是计划经济造成国民经济宏观上缺乏效率的理论根源，那么计划经济造成企业生产微观上缺乏效率的理论根源则在于，对人性认识的失误。这表现为两方面：一是把一切社会关系都还原为阶级关系。马克思认为，人性可分为人的自然属性和社会属性。但是，他强调，"个体是社会存在物"，② "人的本质不是单个人所固有的抽象物，在其现实性上，它是一切社会关系的总和"，③ 因此，社会属性是人的本质属性。一般来说，马克思对人性的这种认识是正确的，但是，他也确实存在对人性认识过于简单化的一面。这主要表现为他和恩格斯都在一定程度上把人的社会属性还原于阶级性，把人的社会

---

① [匈] 雅诺什·科尔奈. 社会主义体制——共产主义政治经济 [M]. 张安译，北京：中央编译出版社，2006：291.
② 马克思. 1844年经济学哲学手稿 [M]. 北京：人民出版社，2000：84.
③ 马克思恩格斯选集（第1卷）[M]. 北京：人民出版社，1995：56.

关系主要看成阶级关系。例如,《共产党宣言》第一章首句就说,"至今一切社会的历史(恩格斯在1888年改为有文字记载的历史)都是阶级斗争的历史"。[1]不幸的是,马克思和恩格斯的这种认识,在后来遭到了教条化。[2]在计划经济体制下,这种对人性认识简单化的后果在实践中就表现为把人与人之间的利益矛盾看作阶级矛盾,把人与人之间的利益冲突上升为政治斗争,结果造成企业生产中政治运动和政治斗争不断,企业经营往往围绕政治目标运转,而不能追求自身利润最大化。二是对无产阶级的道德品质赋予理想色彩。马克思和恩格斯都非常重视研究人与人之间的利益关系,承认人们追求利益的合理性。马克思说,"'思想'一旦离开'利益',就一定会使自己出丑。"[3]即使对于作为资本人格化代表的资本家,马克思和恩格斯也承认其行为的历史合理性和积极意义。例如,在《共产党宣言》中,他们就认为,正是资产阶级奔波忙碌于世界各地,到处开发市场,才使"过去那种地方的和民族的自给自足和闭关自守状态,被各民族的各方面的互相往来和各方面的互相依赖所代替了"。[4]此外,恩格斯甚至还说,"自从阶级对立产生以来,正是人的恶劣的情欲——贪欲和权势欲成了历史发展的杠杆"。[5]不过,总的来看,当马克思和恩格斯具体地考察近代资本主义市场经济中的阶级利益关系和阶级矛盾时,他们对资产阶级的利己行为基本上是持一种激烈批判态度的,而对无产阶级的品质则寄予了一定的道德理想。例如,熊彼特就认为,"或者在马克思主义体系中,资本只有在明显的资本家阶级手中才是资本,如果在工人手里,同样的东西就不是资本"。[6]并且,马克思和恩格斯都没有分析和探讨,如果按照他们的设想,一旦无产阶级革命取得了胜利,未来社会是否仍然会由于利益冲突和利益矛盾产生各种新的利益集团,由此而导致新的社会不公平。这些

---

[1] 马克思恩格斯选集(第1卷)[M]. 北京:人民出版社,1972:272.
[2] 毛泽东选集(第3卷)[M]. 北京:人民出版社,1991:870.
[3] 马克思恩格斯全集(第2卷)[M]. 北京:人民出版社,1957:103.
[4] 马克思恩格斯选集(第1卷)[M]. 北京:人民出版社,1995:276.
[5] 马克思恩格斯选集(第4卷)[M]. 北京:人民出版社,1995:237.
[6] [美]约瑟夫·熊彼特. 资本主义、社会主义与民主[M]. 吴良健译. 北京:商务印书馆,1999:99.

实际上说明他们在一定程度上是把无产阶级作为利他的"道德人"看待的，否则，如果无产阶级也是利己的"经济人"的话，那么是否会如波普尔所述，革命胜利后，"一切潜在的利益冲突现在似乎必然将从前联合的无产阶级分裂成新的阶级，并发展成一场新的阶级斗争"？[①] 例如，各种革命领袖及其僚属将可能组成新的社会统治阶级，出现一种新型的官僚制度的寡头政治？马克思和恩格斯赋予无产阶级的这种"道德人"理想，实际上之后也遭到了教条化，成了计划经济的重要人性前提。对此，如前所述，哈耶克就深入地进行了分析和批判。计划经济理论上的这种"道德人"前提在实践中造成的不良后果就表现为，计划经济漠视人们合理的物质利益需求，导致企业产权模糊，所有者虚位，平均主义泛滥，激励不足，从而产生各种无效率现象。对此，国内外许多经济学家和学者都进行了大量的分析和研究。根据这些分析和研究，得出的结论是，计划经济的无效率现象有许多，其中包括：①软预算约束。软预算约束是指在计划经济中，国有企业一旦经营亏损，由于总是可以得到国家的财政补贴和其他形式的救助，而不存在被市场淘汰的担心，因而，企业的财政预算对于企业管理者而言，就不具有强制性，从而导致企业经营好坏都一样。结果，各企业不仅不积极为国家创造利润，反而乐于多花国家的钱。在国家经济形势吃紧时，各企业不仅不会减员增效，反而会增加人员，扩大预算。②强制增长。所谓强制增长是指，由于国有企业的资产所有权不属于企业管理者，缺乏使企业管理者追求"利润最大化"的激励，因而导致企业管理者追求利润最大化以外的目标，比如个人的晋升、政绩和权力，等等。根据雅诺什·科尔奈的研究，"强制增长的特征表现为：高投资和低消费、一系列优先原则、采用外延发展方式加速利用各种可见的资源潜力、以牺牲质量为代价的数量驱动"。[②] ③棘轮效应。它指的是，"在计划体制下，企业的

[①] [英] 卡尔·波普尔 (Popper, K.P.). 开放社会及其敌人 (第二卷) ——预言的高潮：黑格尔、马克思及余波 [M]. 郑一明等译. 北京：中国社会科学出版社，1999：220.

[②] [匈] 雅诺什·科尔奈. 社会主义体制——共产主义政治经济 [M]. 张安译. 北京：中央编译出版社，2006：187.

年度生产指标根据上年的实际生产不断调整,好的表现反而由此受到惩罚,因此,聪明的经理用隐瞒生产能力来对付计划当局。在中国,类似的现象被称为'鞭打快牛'"。①④X—无效率（X-inefficiency）。它指的是,由于企业员工没有物质利益激励,干多干少一个样,因而工作没有积极性,出工不出力,不愿意承担风险,反而乐于侵占和浪费企业内部资源,结果导致整个企业人心涣散,组织协调性差,开支远超过成本等。在我国,这又被称为"磨洋工"、"吃大锅饭"、"铁工资"现象等。

与计划经济相比,改革开放 30 多年以来,正如胡锦涛《在纪念党的十一届三中全会召开 30 周年大会上的讲话》中所说的:"从 1978 年到 2007 年,我国国内生产总值由 3645 亿元增长到 24.95 万亿元,年均实际增长 9.8%,是同期世界经济年均增长率的 3 倍多,我国经济总量上升为世界第四。"而且,"这 30 年是我国城乡居民收入增长最快、得到实惠最多的时期。从 1978 年到 2007 年,全国城镇居民人均可支配收入由 343 元增加到 13786 元,实际增长 6.5 倍;农民人均纯收入由 134 元增加到 4140 元,实际增长 6.3 倍;农村贫困人口从 2.5 亿人减少到 1400 多万人"。由此可见,我国发展市场经济产生了更大的效率。

三、市场经济的问题

从上述分析可见,相对于计划经济,我国市场经济更平等,更有效率。前述哈耶克的分析还表明,市场经济相对于计划经济还更自由,更有诚信,更有安全,更加和谐。所以总的来说,我国市场经济比计划经济更有价值,是价值性上的进步,具有正价值性。这说明,我国发展市场经济具有价值合理性,这就使市场秩序的形成更加成为可能。但是,我们也应当看到,我国市场经济的发展也带来许多价值问题。比如,各种制假售假、逃税漏税、投机舞弊等反映出来的诚信问题,就是当前我国市场经济发展所面临的具有挑

---

① 袁庆明. 新制度经济学 [M]. 北京:中国发展出版社,2005:189.

战性的重大价值问题。这一问题如此严重，不仅在现实生活中往往给人民群众生命财产造成巨大的损害，以至于用"诚信危机"来形容也不过分，而且还在理论上引起了长达多年的有关改革开放以来道德"滑坡论"与"爬坡论"之争。显然，通过上面的分析，"滑坡论"总体上是非历史的、不科学的。不过，正如马克思所批判的，市场经济的平等往往只是形式上的，实质上常常造成不平等。改革开放以来，随着市场经济的发展，马克思所竭力批判的劳动异化现象，如贫富分化、剥削和压迫现象也在一定范围和程度上产生了。有人认为，我国目前基尼系数已经险居高位，达到了 0.46，远远超过了贫富差距的合理限度。此外，带有剥削和压迫性质的丑恶事件也时有所闻，还常常见诸网络或报端。例如，2007 年曝光的山西黑煤窑事件就是一例。有人甚至用"血"来形容这类事例的惊人程度，如"血煤窑"和"血汗工厂"，等等。另外，马克思所揭露和批判的资本拜物教现象也确实产生和存在了。例如，各种奢侈腐化现象，经常在网络上可以见到的"晒富"和"炫富"现象，以及更为严重的贪污腐败现象等，都不能说与资本拜物教无关。但是，我们并不能因此就如马克思当年一样，得出结论认为我国市场经济正处于一种"非人"的状态。这是因为，马克思的批判是针对近代资本主义市场经济的。那时，资本主义市场经济还没有完全摆脱血腥的原始积累阶段。随着市场经济的发展，现代资本主义市场经济已经在很大程度上消除了马克思当年所批判的许多现象。例如，相比马克思所在的时代，西方发达资本主义国家工人的生活水平已经大大提高，有些国家，如北欧的瑞典和芬兰等甚至建立了一套从摇篮到坟墓的社会保障体系，工人阶级不再日益"贫困化"了。并且，马克思和恩格斯在《共产党宣言》中提到的一些措施，如累进税等，许多资本主义国家都早已采用了。可见，市场经济在发展的过程中是可以逐步完善的。这对于我国社会主义市场经济来说，更应当如此。因为，我们是在马克思主义的指导下发展市场经济的，市场经济发展的合理路径本身就包含以人为本的价值导向。而且，我国市场经济目前存在的这些问题，正是我们在发展的过程中需要解决的问题，我们应该想办法解决这些问题，以便使我国市场经济成为"合乎人和事物的本质的秩序"和"有运行能力的、合乎人的尊严的、持久的秩序"。[①] 但是，这种以人为本的秩序的形塑，正如欧肯的秩序理论所表明的那样，需要通过秩序政策，即对市场经济的制度化来实现。

第三节　我国社会主义市场经济的制度化建设

邓小平早就指出："制度不好可以使人无法充分做好事，甚至会走向反面。"[②] 我国市场秩序的形塑，不仅需要以我国市场经济本身的科学性和价值性为前提，还需要使这种科学性和价值性制度化，通过制度化来实现市场秩序。总的来看，结合前面的分析和当前的实际情况，本书认为，我国市场经济的制度化需要随着市场经济的发展，逐步改革和完善四方面的体制和制度：经济体制、政治体制、法律体制、精神文明制度。在此，体制指的是不带社会根本性质的一切组织体系、组织系统及各种制度，经济、法律和政治体制改革的目的主要是为了建立有利于良好的市场秩序形成的内在机制和正式制度，精神文明制度建设的目的主要是为了建立有利于良好的市场秩序形成的非正式制度。其中，经济体制改革的目的是建立健全市场机制正常运行所必备的经济制度，包括产权制度、竞争制度、价格制度、供求制度和中介组织制度等。政治体制改革的目的是建立健全有利于市场经济健康发展的行政和执政体系，以及相关的政策规章。法律体制改革的目的是建立健全有利于保障市场经济良性运行的立法和司法系统，以及相关的法律法规。精神文明制度是指与市场经济的发展相适应的各种社会观念和价值观念等，相当于非正式制度。通过这四方面的综合体制改革和制度建设，我国市场经济将既具有内在

---

① Euken, Walter. Die Grundlagen der Nationaloekonomie, Vierte Auflage, Verlag von Gustav, Jena, 1944, S.288.
② 邓小平文选（第 2 卷）[M]．北京：人民出版社，1994：333.

的机制基础，又具有外在的正式制度和非正式制度保障，从而良好的市场秩序就有望形成。

一、经济体制的改革

我国市场经济的经济体制改革主要包括产权、竞争、价格、供求和市场组织制度的建设：

1. 产权制度建设。一般认为，"完善市场秩序要通过深化改革完善市场经济，其核心就是产权制度改革。"① 产权制度是市场经济的基础，没有明晰的财产关系就无法产生有序的市场交换。"在一个混乱的社会中，当产权界定不清，得不到很好的法律保护时，人们会努力通过腐败手段来界定和保护产权。黑社会和自助组织的非法保护业由此起源。"② 当前，我国市场经济中许多腐败现象、"潜规则"、黑社会组织、地下市场、黑色交易等的产生，就与产权制度存在缺陷密切相关。因此，要使我国市场经济形成良好的秩序，首先就必须加强产权制度建设。总的来看，我国市场经济的产权制度建设主要包括产权的界定、产权的实施和产权的保护三个相互联系的基本方面。

（1）产权的界定。"产权明晰是市场经济的基本要求，也是市场机制有效运作的基本前提"。③ 此外，界定产权，使产权关系明晰化也是实施和保护产权的前提。因此，产权制度的建设首先必须从产权的界定开始。根据目前的研究，产权的界定主要包括两个方面，一是产权基本含义的界定；二是产权具体使用的界定。对产权的基本含义进行界定，这首先涉及马克思的产权理论与新制度经济学，特别是其中的产权学派的产权理论的区别和联系，而这正是当前国内经济学理论界研究的热点之一。就当前的研究来看，马克思的产权理论与以新制度经济学为代表的西方产权理论的区别和联系在于："总的来

---

① 杨瑞龙.市场秩序的产权制度基础 [J].江苏行政学院学报，2004（2）.
② [德] 柯武刚，史漫飞.制度经济学：社会秩序与公共政策 [M].胡朝华译.北京：商务印书馆，2000：227.
③ 袁庆明.新制度经济学 [M].北京：中国发展出版社，2005：111.

说,马克思的产权理论侧重于历史规律、经济制度等宏观整体层面的分析,当然,不可否认,马克思的产权理论也有微观层面的分析。需要强调的是,微观层面的产权分析只是马克思所有制整体分析范式中的一个环节,不是分析的重点……现代西方产权理论从市场经济运行的具体机制、经济个体的交易行为和契约关系、法权关系、成本收益关系等方面来分析产权关系。因此,现代西方产权理论无论在内容上,还是在方法论上都具体化、定量化和微观化。也就是说,西方产权理论主要是从微观层面来分析产权关系,是一种微观个体的分析范式";①"马克思经济学定义的产权与新制度经济学定义的产权有许多共同之处。(1)它们都认为产权是财产权,不是单一的权利,而是一系列权利的组合体;(2)它们都认为产权可以分解;(3)它们都认为产权是一种法权"。② 总之,马克思的产权理论与新制度经济学的产权理论虽然存在明显的差异,但是两者应当都不会否认,具体而言,产权的基本含义是指,产权是一组财产权利,是政府或法律规定个人可以与他人交换经济物品的权利,包括所有权、占有权、支配权、使用权等。在这些财产权利的具体使用中,根据有的学者的研究,产权又主要由四个层次的产权界定组成:第一层次的产权界定是明确所有者产权,即明确财产的归属和所有者所享有的相应财产权利;第二层次的产权界定是明确在企业产权呈分权结构的情况下不同权利主体各自应当享有的财产权利;第三层次的产权界定是指为外部性问题而进行的产权界定;第四层次的产权界定是在交易活动中进一步明晰产权,这一般由自愿签订的合同来体现。③

(2)产权的实施。这是指在产权基本含义和产权具体使用界定清楚之后,通过建立法律法规等各种制度使各种财产关系得到实现。在理论上,产权的实施也至少应当包括两个方面:一是产权实施的目标和原则。"在马克思看来,产权本质上是一种法权关系,是生产关系的法律表现。产权关系是生产关系

---

① 张泽一. 马克思经济学与西方经济学产权理论比较研究 [J]. 经济纵横, 2008 (5).
② 林建红. 马克思经济学与新制度经济学比较 [J]. 经济与社会发展, 2008 (12).
③ 程民选. 市场经济秩序与产权的四层次界定 [J]. 学术研究, 1995 (6).

或所有制关系的意志或法律硬化形式。现实的所有制关系是先于所有权而存在的本源和经济基础,所有权是所有制的法律形态和法律范畴。"[1]根据马克思关于产权的这一观点,可见,所有制与产权的根本关系类似于经济基础与上层建筑的关系,即所有制最终决定产权,产权反作用于所有制。因此,产权实施的总的目标和原则应当是促进所有制的发展,从而提高企业生产经营的效率。具体而言,由于目前我国的所有制实际上是由各种公有制和非公有制组成的混合所有制,因而,对于不同的所有制企业,产权实施的目标和原则应当有所不同。对于非公有制企业,鉴于其成分复杂,既包括外商独资、中外合资、中外合作等"三资"企业,又包括各种规模不一和发展水平不同的民营企业,还包括私营经济和个体经济等,所以根据哈耶克的论述,不宜对其制定过于具体而细致的目标,而应当通过制定各种平等适用于所有企业的普遍规则促进其公平自由竞争和优胜劣汰。对于公有制企业,除了应当制定相似的普遍规则以外,还应当重点解决国有企业中长期存在的所有者虚位问题。为此,应当按照"产权明晰、权责明确、政企分开、管理科学"的要求,建立现代企业制度,使之具备"自主经营、自负盈亏、自我发展、自我约束"的职能和机制。二是产权实施的具体途径。产权实施的途径主要有三种,即市场自发调节、法律规范和政府干预。根据科斯定律,当交易成本为零时,产权制度安排对资源配置没有影响,产权与效率无关,这时产权的实施应当通过市场自发进行;当交易成本大于零,即存在交易成本时,产权就与效率相关,这时产权的实施就需要法律规范或政府干预。对于我国各种非公有制企业来说,产权的实施应当主要通过市场自发调节和法律规范来进行,只有在市场失灵或法律失灵时,政府才应当进行干预。而对于我国公有制企业,特别是国有企业而言,除了市场自发调节和法律规范以外,产权的实施,目前还需要政府进行积极主动的干预。这主要表现为:第一,通过"抓大放小"、"有进有退"、"有所为与有所不为"等方针政策,推进国有经济的战略性

---

[1] 程恩富,胡乐明. 新制度经济学 [M]. 北京:经济日报出版社,2004:237.

重组，促进产业的升级换代，实现国有企业的优胜劣汰。第二，帮助国有企业进行资产的优化配置，使公有制的实现形式多元化，国有企业的投资主体多样化。这样，国有企业就不仅包括国有独资的企业，而且还包括国家控股型和国家参股型的企业、股份合作制的企业、合作制的企业等，就能够适应不同形式和不同水平生产力发展的要求。第三，帮助大型国有企业建立和完善与现代企业制度相适应的公司治理结构。所谓现代企业制度，主要是指实行资本社会化的股份制企业制度。这种企业制度与其他企业制度的区别，关键在于企业或公司治理结构（Corporate Governance）的不同，因此，现代企业制度的建立，关键在于建立合理的企业治理结构。"企业治理结构是一种契约制度，它通过一定的治理手段合理配置剩余索取权和控制权，以使企业内的不同利益主体形成有效的自我约束和相互制衡机制。"[①] 目前，我国大型国有企业大都已经建立了企业治理结构，其成分包括董事会、监事会甚至独立董事等，问题在于，许多企业的治理结构其实际功效并不理想，还亟待完善。例如，有些企业的治理结构形式上比较完整，但并没有有效解决企业被"内部人"控制造成国有资产流失的问题，没有有效解决企业做假账、幕后操纵股票市场等欺骗投资者的问题。根据有的学者的研究，要完善现代企业治理结构，首先，需要使企业治理的原则从股东单边治理转向股东与利益相关者共同治理。其次，需要在制度上设立三道防线：第一道防线是确保董事会的独立性，以便能有效监督经理层，使之说真话。第二道防线是由与上市公司没有任何利益关系的外部独立审计机构——会计师事务所对公司的财务报表作出审计，并发表独立的意见。第三道防线是证券监督和管理部门对上市公司与审计机构的信息披露行为进行监管。一旦发现造假行为就给予严厉的惩罚。[②]

（3）产权的保护。产权的保护指在产权实施过程中及之后市场主体通过法律法规等对各种财产关系所进行的有效维护。在法律上，产权保护属于民法的范围。在民法里面，"我们知道，财产分为有形财产和无形财产两部分，

[①][②] 杨瑞龙. 市场秩序的产权制度基础 [J]. 江苏行政学院学报, 2004 (2).

物权法调整有形财产关系，而无形财产关系的调整是通过合同法、商标法、专利法、著作权法等法律来实现的，主要是由商标法、专利法、著作权法等知识产权法来保护无形财产的所有权。"[①] 因此，根据保护的对象的不同，产权保护总体上也可分为两个方面：一是物权的保护，二是知识产权的保护。在物权的保护方面，我国已于2007年3月16日第十届五次人民代表大会通过并于同年10月1日开始实施《中华人民共和国物权法》。在知识产权的保护方面，我国已经具有了《商标法》、《专利法》、《著作权法》、《计算机软件保护条例》、《著作权集体管理条例》、《知识产权海关保护条例》等法律法规。但是，我国目前市场中的侵权问题，特别是侵犯知识产权的问题，如盗版、剽窃、抄袭等仍然非常严重，因此，产权保护依然任重道远，有待继续加强。为此，政府相关部门应做到以下几点：第一，必须加大产权保护的宣传力度，提高全社会产权保护的意识。第二，针对新出现的现象和问题，如近年网络上出现的"恶搞"现象以及最近产生的"山寨"文化现象等，必须提高侵权甄别的能力，通过修改和制定应对新问题的法律法规，鼓励普通大众和中小企业积极创新；同时，有效遏制其侵权行为。第三，应当鼓励和帮助企业提高自主创新的能力，培育品牌和核心竞争力，以从根本上消除对外贸易领域的反倾销诉讼等知识产权纠纷。第四，必须加强对专利的保护，加大执法的力度，提高侵权的成本。第五，帮助企业提高在国内外市场上维护自身权利和解决产权纠纷的能力。

总之，我国产权制度的建立需要把产权的界定、产权的实施和产权的保护有效结合起来，只有这样，我国市场经济才能具有可靠的产权基础，才能形成良好的秩序。

2. 竞争制度的建设。竞争制度是市场经济的核心制度，欧肯就把理想的市场秩序视为竞争秩序。一般来说，竞争可分为广义的竞争和狭义的竞争。"所谓广义的竞争，是指在整个自然界和人类社会存在的一般竞争。所谓狭义

---

① 孙国瑞. 小议物权保护与知识产权保护 [J]. 中国发明与专利，2007（6）.

竞争，是指在某一范围、某一领域内存在的特殊竞争。"① 广义的竞争包括一切人与人、组织与组织以及国与国之间的比赛和争斗，如各种体育比赛等，还可以指动物之间的生存斗争等。不过，对于我国市场秩序的形塑来说，"我们要研究的竞争主要是经济竞争，是狭义的竞争。作为经济范畴的竞争，是指商品生产者和经营者为争夺有利的生产条件和销售条件，以便获取最大利益而进行的选择、较量和斗争"。② 就我国市场经济的实际发展来看，"我国现阶段的市场竞争存在两大突出的秩序混乱问题。一是限制竞争，二是过度竞争"。③ 所以，竞争制度的建设关键在于把握好竞争的度，处理好竞争过度和竞争不足的问题。

（1）竞争过度问题。竞争过度是指主观上恶意的或客观上破坏环境、浪费资源、不利于生产力和生产关系发展的竞争。它主要表现为拼血本，搞价格大战，挖别人墙脚，以假冒伪劣商品抢占正规产品的市场空间等行为。总的来看，竞争过度的产生，既有主观原因，也有客观原因。在主观上，竞争过度主要是因为产权界定不明晰，法律法规对市场主体的约束不力，惩罚不严，所以，导致市场主体的权责不明确，缺乏风险意识以及合理竞争的动机。在客观上，竞争过度主要是因为，许多地方相互重复投资和建设大量生产力水平低下的中小企业，导致大批产品不仅技术含量低，缺乏自主品牌，而且基本相似甚至雷同。这样，这些产品在市场上出售时就不得不拼价格，甚至拼血本，等等。因此，要处理好竞争过度的问题，一方面需要强化市场主体的权责意识，完善法律法规，加强其实施力度；另一方面，还需要合理调整各地的产业布局，加快落后企业的技术改造，提高企业的自主创新能力，使企业生产的产品更加多元化、更有特色、更有技术含量。

（2）竞争不足问题。如果说解决竞争过度问题主要是消除竞争的消极作用，那么解决竞争不足的问题主要是发挥竞争的积极作用。"市场经济从本质

---

① 董德刚等.经济哲学［M］.北京：中共中央学校出版社，2003：168.
② 董德刚等.经济哲学［M］.北京：中共中央学校出版社，2003：171.
③ 洪银兴.市场秩序和规范［M］.上海：上海三联书店，上海人民出版社，2007：170.

上来说是一个开放型经济，它不承认任何限定边界的权威，只承认利益的权威和竞争的权威。"[1]但是，就当前我国市场经济来说，其竞争的权威往往受到限制，竞争的积极作用还远没有充分发挥。一般认为，这主要是因为垄断（严格来说，是特定垄断行为）的存在。目前，垄断主要分为两类，即经济垄断和行政垄断。"前者是市场经济发展的产物，后者则表现为各级政府和行政部门滥用行政权力，排斥、抵制或干涉本地区、本部门企业之间及它们与其他地区、部门的企业之间原来正当的竞争行为"[2]。具体来说，前者主要表现为大公司大企业的一些垄断行为，如对消费者制订霸王条款，打击报复与其竞争的弱小竞争者，暗中控制价格、操纵市场、建立攻守同盟，等等。后者主要表现为行业垄断和地方保护主义。行业垄断主要是指行政部门或国有大型企业从中央到地方对其所在行业进行垄断和控制。地方保护主义是指某些地方政府为了增加本地的财政税收，促使本地企业优先发展、本地产品优先销售或使用、本地人员优先就业等，或某些地方官员为了个人的某些利益如租金和政绩等，人为地设置竞争门槛和交易障碍的一些行为。行业垄断和地方保护主义又俗称为条条块块主义，各种各样的审批制就是其典型表现。当前，我国市场经济的垄断非常严重，从而大大限制了竞争的权威。因此，要解决我国市场经济竞争不足的问题，关键在于反垄断。而且，由于各种行政垄断行为往往还是滋生腐败的温床，因而，反垄断不仅具有经济意义，还具有政治意义。目前，我国已经制定了《中华人民共和国反垄断法》，这对于促进竞争具有积极意义。但是，由于垄断行为背后往往是经济利益和政治利益相互交织在一起，盘根错节，错综复杂，因而，反垄断不仅仅是通过法律所能解决的，而应当是一项经济、政治和法律等多项改革相互配套的系统工程。这正如有的学者所说的，"市场的繁荣不仅需要适当的产权制度和合同法，而且

---

[1] 董德刚等.经济哲学[M].北京：中共中央党校出版社，2003：185.
[2] 丘挺，张先贤.市场经济的哲学研究（上）[M].北京：红旗出版社，1996：115.

还需要一种能够限制国家剥夺公民财富的能力的政治基础"。①

3. 价格制度的建设。邓小平说："不搞市场，连世界上的信息都不知道，是自甘落后。"② 邓小平在这里说明，市场具有传播信息的功能。计划经济之所以失灵，一个重要的原因就在于缺乏自发的信息传递机制。具体而言，市场的信息传播功能是通过价格机制实现的。对此，哈耶克做了深入研究。他指出，"价格体系能使我们通过卷入某一制度性过程中，超越我们自己的知识之不可避免的零散性、情景性及不易言传性，从而自发地形成秩序"。③ 所以，对于我国市场经济的良性发展和市场秩序的形塑来说，建立有效地传递信息的价格制度非常重要。为此，要做到以下三点：

（1）必须使价格反映真实的价值和需求。从客观上说，价格是价值的反映，是以社会必要劳动时间为基础的；而从主观上说，价格是消费者需求的反映，是以消费者的现有或未来的实际需要为基础的。所以，价格要能成为有效的市场信息，首先就必须建立在真实的价值和需求的基础上。但是，问题是，由于人为地操纵和炒作，因而，目前市场中的许多价格并不是真实的价值和需求的反映。例如，前两年的高房价、高油价和高股价，都带有人为地操纵和炒作嫌疑。因此，价格制度的建设必须从规范定价行为、建立科学的定价机制着手。

（2）必须使价格信息能顺畅地流通。价格信息能否流通是价格能否发挥作用的关键。例如，有些地方农产品丰收，价格便宜，但是远处需要这些产品的市场并不真正了解这一信息，所以，导致农产品滞销，甚至烂在地里。因此，价格制度的建设还需要建立信息传递机制。在这点上，一方面需要建立信息传递的物质基础，如建立健全交通设施和通信设施；另一方面需要提高市场主体捕捉市场信息的能力，增强其搜寻和利用信息的积极性和能动性。

---

① Weingast, B. The Economic Role Political Institutions: Market-Preserving Federalism and Economic Development [J]. Journal of Law, Economics and Organization 11, 1995: 1.
② 邓小平文选（第3卷）[M]. 北京：人民出版社，1993：364.
③ Hayek, F. A. The Use of Knowledge in Society [J]. American Economic Review 35 (September), 1945: 82.

（3）必须建立价格预测和预警机制。马克思说："在工场内部的分工中预先地、有计划地起作用的规则，在社会内部的分工中只是在事后作为一种内在的、无声的自然必然性起作用，这种自然必然性可以在市场价格的晴雨表的变动中觉察出来，并克服着商品生产者的无规则的任意行动。"① 马克思的这一名言虽然主要是为了说明资本主义社会商品生产有计划按比例发展的客观必然性，但是以今天的目光来看，它实际上也说明，通过市场价格这一晴雨表，人们可以预测市场经济的整体运行状况。同样，也可以利用市场价格这一晴雨表，预防市场经济发展的风险和危机，以保证经济平稳运行，避免不必要的代价。因此，就有必要建立价格预测和预警机制，以便为市场经济的健康发展保驾护航。值得注意的是，价格的预测和预警机制必须尽量保持客观性和独立性，必须防止其沦为某些人寻租或操纵市场的工具。

4.供求制度的建设。在计划经济时代，资源配置是通过官僚协调来实现的，各级官僚直接控制和调配企业的生产和销售。"官僚直接控制包括了以下内容：编制计划，然后以行政命令的方式下达执行；采取命令式管理；上级机关对下级单位的生产和分配过程以及日常经营不定期进行具体干预。"② 这种协调方式的弊端在于，它不仅把资源配置建立在主观意志之上，从而违背经济运行的客观规律，而且还造成权力的自我强化，加剧社会不平等和不自由的程度。与之相比，市场经济中的资源配置是通过供求机制即市场主体的平等交易自发实现的。因此，建设能有效配置资源的供求制度，是形塑市场秩序必不可少的内容。就当前来看，供求制度的建设必须注重以下两点：

（1）保障供求主体平等参与市场竞争。市场供求主体能否平等参与市场竞争，是供求机制正常运行的前提。然而，在现实的市场交易中，市场的供需双方往往势力不对等，信息不对称。这样，一方可能利用自身的势力或信息优势人为地操纵市场，从而使市场供求机制发生扭曲。这种情况在现实中

---

① 马克思恩格斯全集（第23卷）[M].北京：人民出版社，1972：394.
② [匈] 雅诺什·科尔奈.社会主义体制——共产主义政治经济 [M].张安译.北京：中央编译出版社，2006：110.

并不少见。例如，近年来一些上市公司与投资者的关系，房地产公司与购房者的关系，就是如此。因此，供求制度的建设首先必须创造公平竞争的环境，特别是要维护弱势者如消费者的权益。否则，供求机制就有可能沦为某些人屠猎的工具，从而使市场经济的发展远离其合理路径。

（2）保障供求主体忠实履行市场契约。供求关系最终是通过契约关系来体现的，所以，供求能否真实实现关键看契约能否真正履行。"契约是一项协议，即两个愿交换产权的主体所达成的合意。"① 因此，要使契约能够得到忠实履行，首先，必须使契约能够真实地反映供求双方的意志，必须使契约建立在自愿的基础上。其次，必须使供求双方都能真正理解契约内容，明白各自的权责和风险，并且具备承担责任和风险的能力。最后，必须使违约方能及时得到惩罚，而受害的一方能及时得到赔偿。只有这样，供求关系才能得到真正实现。

5. 中介组织的建设。中介组织指的是市场中介组织或社会中介组织。在计划经济时代，我国基本上不存在中介组织，而在现阶段，"市场中介组织是指为适应市场经济发展的需要，从政府、企业、居民等基本市场主体中逐步分离出来的，本身不从事商品生产及商品、资金流通活动，作为媒介，专门为促进各市场主体之间的交易而提供服务的特殊市场主体"。② 它具体包括各种行业协会，交易中介机构，律师事务所，会计、审计和评估事务所，等等。在国外，某些学者把中介组织看作是市民社会的主要成分之一，认为"市民社会是由个人、个人组成的自由社团和组织，以及管理这些主体间互动关系的内部制度构成。它是社会中独立于政府政治权力的组成部分"。③ 不过，我国目前的大多数中介组织还远没有发展到形成脱离政府的市民社会的重要成分的程度。例如，"不少协会沿袭了计划经济体制的办法，'戴市场的帽子、拿

---

① ［德］柯武刚，史漫飞.制度经济学：社会秩序与公共政策［M］.胡朝华译.北京：商务印书馆，2000：233.
② 纪宝成.转型经济条件下的市场秩序研究［M］.北京：中国人民大学出版社，2003：110.
③ ［德］柯武刚，史漫飞.制度经济学：社会秩序与公共政策［M］.胡朝华译.北京：商务印书馆，2000：519.

政府的鞭子、坐行业的轿子、收企业的票子、供官员兼职的位子',扮演着'二政府'或'准政府'的角色"。① 所以,相比国外的中介组织,我国中介组织还存在大量问题。据中国社会科学院的最新研究,"一些中介组织正在沦为腐败中介",这主要表现为三大腐败行为"行贿、洗钱、侵吞国有资产"。② 除此之外,某些中介组织如职业介绍所或劳务公司等还经常从事欺骗和诈骗活动,有的还组织向国外非法输送劳工,甚至成为偷渡和买卖人口的帮凶。因此,加强中介组织的建设,对于我国市场秩序的形塑极为重要。而针对目前存在的问题,中介组织的建设必须做到:①实现中介组织的体制转型。大量中介组织问题众多的根源在于其定位不明确,没有真正实现从政府组织向民间组织的转型,从而其主体地位不突出,权责关系不清晰。因此,中介组织的定位就在于走向自主与中立。中介组织只有真正成为自主经营的盈利组织或服务组织,才能产生规范自身行为的意识和动力。②加强中介组织的制度建设。目前,我国规范中介组织的制度体系还不健全、不完善,因此,应当根据我国市场经济发展的实际情况,同时借鉴国外的相关经验,加强中介组织的制度建设。③培育中介组织的竞争机制。某些中介组织行为不规范的另一重要原因在于其缺乏有效竞争,无需承担风险,没有生存危机。因此,应当使中介组织的创办渠道多元化,引入竞争机制,实现优胜劣汰。

二、政治体制的改革

邓小平曾经指出:"我们所有的改革最终能不能成功,还是决定于政治体制的改革。"③ 我国政治体制是计划经济时代的产物。虽然改革开放30多年以来我们一直在对其进行改革和完善,并且取得了显著的成效,但是它还存在许多不尽如人意的地方,在许多方面还不适应或不利于我国市场经济的发展。

---

① 刘建华. 中国市场新秩序 [M]. 北京:清华大学出版社,2006:180.
② 腾兴才. 社科院报告指出:一些中介组织正在沦为腐败中介 [EB/OL]. http://zqb.cyol.com/content/2009-02/02/content_2523276.htm.
③ 邓小平文选(第3卷)[M]. 北京:人民出版社,1993:164.

例如，前面提到的行业垄断和行政垄断等，就与政治体制改革不到位密切相关。与之相关，我国目前腐败现象比较严重，贪官污吏层出不穷，对此，人民群众深恶痛绝，这也说明我国政治体制改革的重要性和紧迫性。因此，我国市场秩序的形塑，既需要经济体制改革，也需要政治体制改革。我国政治体制改革一般是指，在保持人民民主专政的政权性质的前提下，对政权的组织形式和运行机制等的调整和完善。对于西方市场秩序的形塑来说，政治体制改革主要是针对政府而言的。但是，对于我国市场秩序的形塑来说，由于我国是由党代表人民群众领导和治理国家的，党组织对政府的行政组织具有一定的相对独立性，而且对后者发挥着领导作用，所以，政治体制改革还应当包括党的建设，特别是党在市场经济条件下执政方式的转型。

为了促进我国市场经济的健康发展和良好市场秩序的形成，我国政治体制改革应当着重处理好以下三个基本问题：

1. 政治体制改革的目标。实践证明，政治体制是随着社会生产力的发展而逐步形成和发展的。例如，西方国家之所以有不同政治体制，如英国、美国自由放任的资本主义模式，法国的国家监管资本主义模式，北欧国家的福利资本主义模式，等等，就是根据其本国生产力发展的实际情况逐步形成和发展起来的。我国政治体制改革同样也需要一个过程，不是可以一蹴而就的。因此，我国政治体制改革需要分阶段、分步骤地实施，应当树立长期目标和近期目标。就长期来看，"我们政治体制改革总的目标是三条：第一，巩固社会主义制度；第二，发展社会主义社会的生产力；第三，发扬社会主义民主，调动广大人民的积极性"。[①] 根据这一目标，与资本主义各国政治体制据以形成的生产力和文化背景相比，我国应当根据生产力在新时期发展的新特点，根据我国的国情和文化特征，建立符合我国国情的政治体制，形塑有中国特色的社会主义政治模式。就近期来看，我国政治体制改革的目标具体包括："扩大社会主义民主，更好保障人民权益和社会公平正义。公民政治参与有序

---

① 邓小平文选（第3卷）[M].北京：人民出版社，1993：178.

扩大。依法治国基本方略深入落实,全社会法制观念进一步增强,法治政府建设取得新成效。基层民主制度更加完善。政府提供基本公共服务能力显著增强。"[1]根据这一目标,我国政治体制改革应当朝着更加民主化、法治化和服务化方向迈进。

2. 政治体制改革的原则。邓小平曾说:"我们评价一个国家的政治体制、政治结构和政策是否正确,关键看三条:第一是看国家的政局是否稳定;第二是看能否增进人民的团结,改善人民的生活;第三是看生产力能否得到持续发展。"[2] 2007年6月25日胡锦涛在中央党校讲话时也强调:"我国政治体制改革必须坚持正确的政治方向,必须随着经济社会发展不断推进,努力与我国人民政治参与的积极性不断提高相适应。"这实际上说明,我国政治体制改革必须坚持生产力标准和人民利益标准。在此基础上,还要使政治体制改革不至于使我国根本政治制度变质,即必须使之始终保持社会主义性质。在这一方面,关键在于使政治体制改革更有利于扩大最广大人民群众的民主权利,而不是有利于扩大某些特定利益集团或社会阶层的民主权利。

3. 政治体制改革的途径。根据上述目标和原则,目前,我国政治体制改革总体上应当依照以下途径来进行:

(1) 政府行为法治化和民主化。毛泽东曾说:"宪政是什么呢?就是民主的政治。"[3]这说明,法治的关键在于实行民主政治,政府行为法治化与政府行为民主化密切相关。关于法治与民主的关系,哈耶克已经做了深刻的分析。总的来说,法治是民主的前提,而民主是法治的保障。在这一方面,计划经济时代的"大民主"为我们提供了深刻的教训。正是由于缺乏法治,因而计划经济时代主观上的"大民主"结果变成了客观上的大不民主。针对这一教训,邓小平指出,"大民主我们并不提倡,搞大民主并不好"[4]。从另一方面来

---

[1] 胡锦涛.高举中国特色社会主义伟大旗帜 为夺取全面建设小康社会新胜利而奋斗——在中国共产党第十七次代表大会上的报告 [M].北京:人民出版社,2007:20.
[2] 邓小平文选(第3卷)[M].北京:人民出版社,1993:213.
[3] 毛泽东选集(第2卷)[M].北京:人民出版社,1991:732.
[4] 邓小平文选(第1卷)[M].北京:人民出版社,1994:273.

看，对于我国政府来说，由于它是从计划经济体制沿袭而来的，仍然是一种权力高度集中的体制，因而，为了适应市场经济的发展，政府行为民主化显得尤为重要。邓小平甚至说："没有民主就没有社会主义，就没有社会主义的现代化。"① 具体来说，为了使政府行为法治化和民主化，第一，政府必须尽量按照普遍规则而不是特殊规则办事。政府行为不民主的根源往往就在于政府不是按照普遍规则而是按照特殊规则办事，以至于使其行为只对特定的小部分人而不是大多数人有利。更为可怕的是，政府的行为，特别是某些官员的行为，有时甚至根本就不遵守任何规则，就是说，连特殊规则都不遵守，完全凭主观意志办事。这样，民主就荡然无存了。第二，必须用权力制约权力，使权力受到监督。就是说，"政府所运用的所有权力都必须处于严密规则的限定之下。"② 在市场经济条件下，"个人对于自己，对于自己的身体和心灵，都必须是自主的"，③ 政府只有在个人运用其权力破坏他人行使正当权力时，才应当对其进行干涉。在这一方面，我们应当充分利用现代科学技术，如网络和手机通信的力量，加强对政府权力的监督，使政府权力在阳光下运行；应当深化和完善行政问责制，强化各级政府官员执政为民的责任意识；应当建立和健全官员个人及其家庭财产的公示制度，以便规范其行政行为，使贪污腐败无处遁形。只有这样，政府行为才能变得更加法治化和民主化。

（2）政府职能服务化。在计划经济时代，由于片面夸大政府的阶级性质，因而导致其公共服务职能遭到忽视。实际上，马克思和恩格斯也认为，国家或政府既是阶级统治的工具，也是一种行使公共权力的服务机构。当前，我国社会的主要矛盾早已不是阶级矛盾而是人民群众日益增长的物质文化需要同落后的社会生产力之间的矛盾，因此，我们必须加快政府职能服务化，使其更好地为满足人民群众日益增长的物质文化需要服务。为此，第一，必须

---

① 邓小平文选（第2卷）[M]. 北京：人民出版社，1994：168.
② Hayek, Law. Legislation and Liberty: The Mirage of Social Justice (II) [M]. The University of Chicago Press, 1976: 129.
③ John Stuart Mill. On Liberty [M]. Great Britain: Penguin Books Ltd, 1984: 69.

改变某些政府工作人员的理念,使之从"官本位"转向"人民本位"。"官本位"思想既是传统文化的产物,也是计划经济时代权力崇拜的产物,是与我国政府的人民性质根本相悖的,因此,有必要尽快使其回归"人民本位",使所有政府工作人员真正成为人民的"勤务兵",成为现代意义上的公务员。第二,必须改变政府的工作职责。政府应当专注于公共服务,维护社会的公平正义,保障国家和社会的安全和稳定,提供基础设施和社会保障,创造有利于市场经济发展的环境和空间。在这一方面,政府应当努力做到不越位、不错位和个缺位。"所谓政府职能的越位或错位,是指政府插手许多本应由企业和居民个人解决的事物;而所谓政府职能缺位,是指政府没有认真、有效履行自己应该承担的社会经济职能。"① 总之,政府既要有服务的理念,也要有恰当的服务行为,这样,才能真正实现其职能服务化。

(3)政府规模精简化。目前,我国政府存在的弊端就是规模庞大,人员众多,行政开支和行政成本高昂。对此,亚当·斯密早就指出,政府是一种非生产性的机构,政府侵占和消耗的财富越多,人民群众的财富就越少,就越不利于国民的富裕和经济社会的发展。因此,政府应当尽力精简规模,提高行政效率,还富于民,藏富于民,以提高人民群众创造财富的能力。这无论是对于解决金融危机,还是对于我国经济社会的长远发展,都具有重要的意义。不过,正如邓小平所说,"精简机构是一场革命",② 是一项非常艰巨的任务,所以,为了使政府规模精简化,政府必须痛下决心,坚定意志,树立信心。

(4)党执政方式的转型。与西方国家不同的是,我国经济社会发展是在党的领导下进行的,因此,随着经济社会的转型,党的执政方式也必须转型。在这一方面,"三个代表"为党的建设提供了指南。根据"三个代表"的要求,新时期党的建设关键在于处理好党的先进性与执政能力即"德"与"才"的关系。首先,必须加强党的先进性建设。在这一方面,目前,最重要的是

---

① 刘根荣.市场秩序理论研究 [M].厦门:厦门大学出版社,2005:263.
② 邓小平文选(第2卷)[M].北京:人民出版社,1994:396.

要抓好党的作风建设,这就必须切实贯彻 2007 年 6 月 25 日胡锦涛在中央党校的讲话:"要全面加强党的思想作风、学风、工作作风、领导作风和干部生活作风建设,大力改进学风和文风,反对形式主义、官僚主义和弄虚作假,反对奢侈浪费,使全党同志特别是各级领导干部更加自觉地坚持求真务实精神,更加自觉地坚持全心全意为人民服务的宗旨,更加自觉地坚持党的群众路线。"其次,必须加强党的能力建设。前面已经提到,我国经济社会转型时期的总体特征是,"经济体制深刻变革,社会结构深刻变动,利益格局深刻调整,思想观念深刻变化"。而且,与计划经济时代相比,在市场经济条件下,由于人与人之间的关系更为分散,个人的活动远为自由,因而整个社会更为复杂。因此,广大党员干部,特别是领导干部必须提高执政能力,加强学习,带头营造学习型社会,形成终身学习的良好气氛。最后,必须加强党的制度建设。我们党的一大传统优势就是具有严明的组织制度,这为党带领全国人民取得革命胜利,取得社会主义建设的伟大成就,做出了重大贡献。在新形势下,应当继承和发扬这一传统优势,以使党的先进性建设和能力建设得到制度保证。

三、法律体制的改革

法律制度对于市场秩序的形塑至关重要,哈耶克在这一方面已经做了大量的分析,布坎南甚至把市场秩序看作法律规制下的自发秩序。当然,哈耶克和布坎南片面夸大了法律的功能,因为,至少资本主义市场秩序就从来没有达到过他们所设想的程度。不过,对于我国来说,由于缺乏法治传统,计划经济时代法治又遭到践踏,转型过程中的社会矛盾和问题又特别多,因而,与发达资本主义国家相比,加快法律体制的改革,制定和完善有利于市场经济健康发展的法律制度,对我国更为重要。就目前情况来看,我国法律体制改革,关键是要抓好立法制度建设与司法制度建设。

1. 立法制度建设。"立法"(Legislation)一般是指法律的制定。马克思曾说:"不掩盖社会矛盾,不用强制的因而法在本质是人为的办法,从表面上制止社会矛盾的国家形式才是最好的国家形式。能使这些矛盾进行公开斗争，从而获得解决的国家形式才是最好的国家形式。"① 对于我国来说，一方面，应当吸取"文化大革命"时期采用阶级斗争的方式解决社会矛盾，结果造成社会不稳定的教训，用法律的形式使社会矛盾得到公开的解决；另一方面，应当使制定的法律符合哈耶克等人强调的"元法"，即法治的精神，如平等自由等，使法律成为有利于促进社会进步的良法而不是恶法。只有这样，我们国家的形式才有可能成为马克思所说的"最好的国家形式"。为此，①必须完善立法体系。在这方面，关键在于完善我国人民代表大会制度，使各级人民代表更好地为人民当家做主。②应当建立民意处理机制。法在本质上虽然是阶级意志的体现，但是对于我国来说，它更主要的是公共意志的体现，是一定时期社会风俗和伦理道德的硬化形式。因此，要使法立得恰当，立得合理，就必须使其反映真实的公共意志。为此，应当建立收集和反馈民意的信息处理机制。③应当维护法律的相对稳定性。法律的重要作用之一是使市场主体形成对未来的预期，因此，法律必须保持相对稳定，切忌频繁修订法律。至于法律和社会现实之间的差距，在立法的时候就应当考虑在内，而不应当使法律随着社会关系的变动而亦步亦趋。

2. 司法制度建设。司法一般是指公安机关、检察院和法院等司法机关及其工作人员按照法律规定和法律程序执行和实施法律。我国法制的原则是"有法可依，有法必依，执法必严，违法必究"。在这四句话中，如果第一句主要是关于立法的，那么后三句主要是关于司法的，而且当前我国社会的法律问题也集中体现在司法领域，可见，司法制度建设的重要性。为此，司法制度的建设应当着重从两方面入手：①建立相对独立的司法体系。当前，我国司法领域的一个重大问题是司法不独立。司法机关往往受制于政府的行政权力，缺乏相对独立性，从而不能公正而有效地司法。这样，不仅客观上助长了腐败，而且还可能动摇党和国家在人民群众中的公信力，削弱党的执政

---

① 马克思恩格斯选集（第1卷）[M]. 北京：人民出版社，1972：303.

基础，加剧社会的诚信危机。因此，应当尽快完善我国的司法体系，扩大其相对独立性，使其尽量摆脱不必要的行政权力的干扰，做到自主立案、自主办案、公正执法。②建立公正执法的司法队伍。当前，我国司法领域的另一个重大问题是执法不公正。执法不公正主要表现为执法犯法、非法执法和粗暴执法。例如，当前，某些"城管"的执法行为就往往如此，以至于时不时引起社会大众广泛的非议。这在主观上主要源于某些执法人员素质低下，作风恶劣，在客观上源于执法人员的权力缺乏有效监督。因此，应当加大对执法人员的教育培训和考核力度，引入竞争和淘汰机制，实现执法队伍优胜劣汰；同时，还应当加大对执法人员行使权力的监督，引入相应的问责制和惩罚机制。

四、精神文明的建设

如果说上述政治和法律体制改革主要是为了建立健全有利于良好市场秩序形成的正式制度，那么精神文明建设就主要是为了建立健全非正式制度。目前，精神文明一词在我国一般是指思想道德和科学文化。对于我国市场秩序的形塑来说，可以借用精神文明一词，用它指涉风俗习惯、礼仪礼节、价值观念等非正式制度。实际上，哈耶克就把这些看作是西方文明社会的基石。此外，从政治意义上讲，精神文明建设也是提高我国"软实力"的重要途径。我们应当从多方面入手，加强精神文明建设。

1. 引导社会观念的转型。新制度经济学家诺斯认为，社会观念，即他通常所指的"意识形态"，对于西方文明的进步起着重大作用。但是，对于我国来说，传统文化和计划经济时代遗留下来的许多观念还在某些领域严重束缚着人们的思维，阻碍着社会的文明进步。例如，前面提到的"官本位"思想就是如此。因此，应当充分利用网络和媒体的力量，引导人们解放思想，积极转变观念，形成有利于社会进步，有利于社会和谐稳定的新思想新观念。为此，必须引导社会大众形成以下意识：

（1）主体意识。正如马克思所看到的，市场经济的核心是交换关系，特别是物质交换关系。因此，培育主体意识，促进市场主体的发育和市场交换关系的生成，是市场秩序形成的重要前提。目前，我国市场秩序混乱的重要原因之一，就是市场主体意识淡薄，导致行贿受贿成风，坑蒙拐骗盛行。为此，应当引导和强化以下两方面的主体意识：首先，独立意识。我国传统文化是一种集体本位的文化，个人往往以家庭、家族或单位为本位，以人情关系看人，以人情关系办事，缺乏独立人格和自主意识。但是，市场经济客观上要求人际关系分散化、多元化，要求打破家庭、家族、单位，甚至地域和民族的界限，以契约关系取代人情关系。因此，培育独立意识是形成市场主体的前提。其次，理性意识。自洛克到哈耶克等新老自由主义者都反复强调，市场经济条件下"经济人"的自由必须以具有理性为前提。所谓理性，用现代的话来说，不仅包括个体理性，而且包括公共理性。所谓个体理性，是指市场主体对利益的计算和筹划。在哈耶克那里，它指的是个人计划。所谓公共理性，是指市场主体的社会责任意识和法律意识。在市场经济条件下，只有所有市场主体都同时具备个体理性和公共理性，即在追逐自我利益的同时承担相应的责任并切实遵守法律，市场主体之间才会实现利益和谐并形成市场秩序。这对于自然人主体是如此，对于企业法人主体也应当如此。但是，当前我国市场主体的主要问题之一，就是理性意识缺乏。例如，接二连三发生的婴幼儿奶粉事件和其他食品药品安全事故，就与企业法人社会责任意识和法律意识淡薄密切相关。因此，培育甚至强化市场主体的理性意识，对于解决目前的诚信问题，建立市场秩序的微观基础等，都至关重要。

（2）和谐意识。所谓和谐意识，是指求同存异、和而不同、共存共赢的意识。受计划经济时代的影响，在分析和看待我国经济社会发展中出现的一些矛盾和问题时，许多人至今仍然动不动就把其中的一些社会关系简单化为阶级关系，简单挪用马克思和恩格斯对近代资本主义市场经济所做的阶级分析，从而不仅造成理论上的混乱，还助长了社会上"仇富"和"仇官"的心理。这不仅不利于市场经济的发展，而且也不利于整个社会的和谐稳定，以及矛盾的化解和问题的解决。因此，为了让社会大众普遍支持市场经济的发展、积极参与市场活动、热情寻求通过市场经济实现社会进步，政府应当坚持正确的舆论导向，培育和谐意识，引导社会大众正确看待和分析经济社会发展中出现的诸多问题。为此，政府还应当鼓励思想自由竞争。和谐意识是以思想自由竞争为前提的，是社会宽容的体现。一个社会思想不能自由竞争，就无法产生社会宽容，社会不宽容就无法形成和谐意识。政府不能出于维护社会和谐稳定的需要而限制甚至打压思想自由竞争，这样人为制造出来的和谐稳定往往才是真正的不和谐、不稳定。在这一方面，计划经济为我们提供了深刻教训。

2. 丰富和发展马克思主义。我国市场经济发展的鲜明特色之一，就在于它是在马克思主义指导下进行的。一方面，正如胡锦涛《在纪念党的十一届三中全会召开30周年大会上的讲话》中所指出的，"马克思主义是我们立党立国的根本指导思想。坚持和巩固马克思主义指导地位，是党和人民团结一致、始终沿着正确方向前进的根本思想保证"。另一方面，新制度经济学的交易成本理论也说明，正确的理论指导有利于减少经济社会发展的交易成本和社会成本。所以，无论是从政治意义上还是从经济意义上来说，随着经济社会的转型和市场经济的发展，我们都必须丰富和发展马克思主义。为此就必须做到，①继续推进马克思主义的中国化。邓小平曾经深刻地指出："绝不能要求马克思为解决他去世之后上百年、几百年所产生的问题提供现成答案。列宁同样也不能承担为他去世以后五十年、一百年所产生的问题提供现成答案的任务。真正的马克思列宁主义者必须根据现在的情况，认识、继承和发展马克思列宁主义。"① 实践也说明，马克思主义中国化是我国革命和建设取得胜利的历史经验。因此，无论是从理论还是从实践的角度看，都必须在新形势下继续推进马克思主义中国化。②努力扩大马克思主义的吸引力。邓小平说："学马列要精，要管用的。"② 马克思主义不仅需要保持与中国实践的结合，还

---

① 邓小平文选（第3卷）[M]．北京：人民出版社，1993：291.
② 邓小平文选（第3卷）[M]．北京：人民出版社，1993：382.

必须通过这种结合扩大其迎接挑战、指导实践的能力。毛泽东曾说:"马克思主义者不应该害怕任何人的批评。相反,马克思主义者就是要在人们的批评中间,就是要在斗争的风雨中间,锻炼自己,发展自己,扩大自己的阵地。"① 为此,必须"站在人类文明发展新成果的高度,研究和推进马克思主义,包括马克思主义哲学,"② 扩大马克思主义的吸引力。

综上所述,我国市场经济的制度化是一项复杂的系统工程,需要经济、政治、法律和精神文明等各方面的综合改革和制度建设。惟其如此,我国市场经济的发展才会有章可循,才会形成秩序。

第四节 防范市场风险和治理市场危机

我国市场秩序的形塑,不仅需要市场经济的制度化,而且需要在制度化中体现市场经济的现代化。作为一种以交换为核心的生产关系或经济社会制度,市场经济的发展变化最终是由社会生产力的发展变化决定的,而目前我国市场经济所赖以存在的生产力,虽然总体上还远没有达到西方国家现代,甚至"后现代"生产力的水平,但是它却与后者共处于全球化背景下,两者不仅相互依存,而且正如马克思和恩格斯的世界历史理论所示,两者还可能存在激烈的矛盾和冲突。因此,我们必须加快我国市场经济的现代化,提高其迎接外部挑战的能力,这样,良好的市场秩序才能真正实现。从另一方面来看,资本主义市场经济发展的历史也说明,市场经济本身就是一个现代化的过程;即使今天西方国家的发达市场经济,也还需要不断地完善,最近由次贷危机引发的金融危机就很好地说明了这一点。可见,无论是从外因还是

---

① 毛泽东著作选读(下册)[M].北京:人民出版社,1986:786.
② 董德刚.论马克思主义哲学研究中的以"新"解"马"范式[J].河北学刊,2007(6).

从内因来分析，市场经济的现代化都是形塑我国市场秩序必不可少的条件。为此，必须吸取资本主义市场经济现代化过程中的历史教训；除了上述合理化和制度化以外，还必须建立相应的制度和机制，预防市场风险，治理经济社会转型过程中可能出现的各种危机，以保证市场经济现代化的顺利实现。

一、防范市场风险

市场风险的防范，首先需要确定市场风险的概念，然后找出其产生的原因，最后寻求规避市场风险的方法。

1. 市场风险的含义。所谓市场风险，主要是指市场中存在的未来结果的不确定性或损失的大小和可能性。市场风险产生的重要原因是信息不完全和信息不对称。所谓信息不完全，是指从事交易的市场主体所拥有的与交易相关的信息不充分或不理想。所谓信息不对称，是指交易双方掌握的相关信息不对等，一方拥有相对于另一方的信息优势。例如，消费者所拥有的他所购买的产品的信息往往就没有生产厂家或供货商多。

2. 市场风险的成因。一般认为，"不确定性是生活中的一个基本客观事实"。[①] 市场中之所以充满风险或不确定性，主要是因为以下方面的原因：

（1）哲学根据。从哲学上说，它是因为，一切事物，包括生产力和经济社会关系等，都永远处于变化和发展之中，而个人的认识能力及其所获得的知识又总是非常有限，从而在个人看来，客观世界总是表现出种种偶然性和不确定性。哈耶克的"知识分工"理论实际上就说明了这一点。

（2）行为根据。在市场中，市场主体受利益的驱动，出于利润最大化的目的，往往容易形成投机心理，产生投机行为。"从更一般的意义上说，投机是指不充分揭示有关信息，或者歪曲信息，特别是指那些精心策划的误导、歪曲、颠倒或其他种种混淆视听的行为"。[②] 亚当·斯密早就看到了这一点，而

---

① [美] 弗兰克·H.奈特. 风险、不确定性与利润 [M]. 安佳译. 北京：商务印书馆，2006：312.
② [美] 奥利弗·E.威廉姆森. 资本主义经济制度：论企业签约与市场签约 [M]. 段毅才，王伟译. 北京：商务印书馆，2004：72.

现代经济学的委托—代理理论对此有更详细的分析。"根据现代契约理论，委托—代理关系实际上是市场参与者之间的一种社会契约形式，是掌握较多信息的代理人与掌握信息较少的委托人之间建立的合同或其他经济关系。"① 在这种委托—代理关系中，投机行为主要表现为逆向选择和道德风险。所谓逆向选择，是指交易之前的投机行为。例如，在旧车市场，假设车的质量分为上、中、下三等，卖者知道车的真实质量，而买者不知道，但买者能够判断出车的平均质量并据此愿意出中等价格。这样，上等质量的车由于没有利润，就会主动退出市场，而留下中等质量和低等质量的车。如果交易继续进行，那么显而易见，市场中留下的将是最劣等的车，最终甚至所有的车都有可能退出市场。这一过程在经济学中通常被称为"劣币驱逐良币"。所谓道德风险，是指交易之后的投机行为。例如，在保险市场，"保险公司与投保人签订合约时无法知道投保人的真实情况和行为。一旦投保人投保后，他们往往不像投保前那样仔细看管家中的财产了。正因为如此，保险公司无法观察到人们投保后的防灾行为（隐藏行为），面临着人们松懈责任甚至可能采取'不道德'行为而引致损失"。② 投机行为常见的另一表现就是搭便车。"搭便车是指这样一种情形，即信息成本或排他成本高得不可能阻止他人从一个人所提供的产品或服务上获益。例如，也许不可能不让小孩们免费搭乘运草的马车。"③

（3）市场缺陷。现代经济学早已证明，市场机制本身就具有内在缺陷。这主要表现为市场配置资源的自发性、间接性、滞后性和短期性等。市场机制，由于具有这些缺陷，因而，往往造成市场失灵，给市场主体造成资源浪费和不必要的代价。

（4）制度失灵。这主要包括政府失灵和法律失灵。所谓政府失灵，是指

---

① 洪银兴.市场秩序的博弈论分析——兼论规范市场秩序的制度安排 [J].经济理论与经济管理，2004（6）.

② 林海涛，唐莹.建立现代市场秩序的理论分析：从竞争范式转向制度范式 [J].经济问题探索，2005（8）.

③ [德] 柯武刚，史漫飞.制度经济学：社会秩序与公共政策 [M].胡朝华译.北京：商务印书馆，2000：139.

由于政府的公务员也是理性有限的"经济人",追求自身利益最大化,因而,政府对市场的干预往往不仅没有弥补市场的缺陷,给市场带来效益,反而妨碍了市场机制的正常运行,加重了市场负担。所谓法律失灵,主要指两个方面:"一是法律不可能包罗万象,不可能面面俱到,必然会有许多市场失信行为法律没有明确规范;二是在许多场合由法庭来解决合同纠纷问题,交易成本更高,时间成本更高"。①

3. 市场风险的规避。针对上述市场风险产生的各种原因,应当着重从制度上防范和规避市场风险。①建立信息处理机制。这主要包括信息披露机制、信息甄别机制和声誉机制等,以便根据法律规定和法律程序,在不损害相关交易方合法利益的情况下,使交易信息尽可能公开透明,真实可信,并使投机行为受到舆论的谴责和制裁。②完善市场体制和制度。在这一方面,必须认真做好前述各种制度建设,包括及时修订和完善法律法规,加大对于某些投机行为惩罚力度,提高其违约成本,以及精简政府规模,提高政府效率等。另外,还应当大力发展保险业,规范保险公司的行为。③建立风险预测预警机制。在这一方面,应当充分利用市场价格,并综合利用其他各种信息渠道,以便使风险早发现,早预防。

二、治理市场危机

"社会主义经济体制的转型是一项最复杂的任务"。② 东欧和苏联以及中南美等许多发展中国家的转型经验说明,经济社会转型既可能在一定时期在总体上比较顺利,也可能遭受重大挫折甚至失败,由此导致社会局面动荡不安,甚至社会性质发生根本变化,综合国力严重衰退,从而使市场经济的发展面临危机(简称市场危机)。另外,市场经济在发展的过程中不仅内在地具有风

---

① 洪银兴.市场秩序的博弈论分析——兼论规范市场秩序的制度安排[J].经济理论与经济管理,2004(6).
② [德]柯武刚,史漫飞.制度经济学:社会秩序与公共政策[M].胡朝华译.北京:商务印书馆,2000:523.

险和不确定性，而且风险和不确定性还可能扩大为危机，以至于市场经济的现代化总是与危机相伴随，甚至还会导致各种地域性的乃至世界性的战争。资本主义市场经济发展的历史证明了这一点，马克思的世界历史理论、经济危机理论和列宁的帝国主义理论也很好地说明了这一点。因此，治理市场危机，是保证我国经济社会平稳发展，构建社会主义和谐社会，形塑市场秩序的必要内容。

1. 市场危机的含义。一般来说，市场经济在发展过程中面临的危机大体上可以分为两类，一类是由不可抗力引发的市场危机，可称之为外部危机。例如，由于地震、洪水、冰雪灾害、流行疾病等天灾或外来战争给局部地区或整个社会造成重大损害甚至毁灭性的打击而造成的市场危机。另一类是由于经济发展导致资源匮乏或环境严重破坏，或由于制度缺乏或不健全，或由于市场机制本身的缺陷等造成的市场危机，可称之为内部危机。市场经济的内部危机有多种表现，如资源危机、环境危机、诚信危机，等等，由于它们都与市场经济的发展有着内在的关联，因而都可以称为市场危机。但是，通常来说，市场危机最主要的表现是经济危机。经济学中的经济周期理论认为，周期性是市场经济运行的规律之一，市场经济的发展必然呈现出繁荣与萧条交替，高潮与低谷轮回的波浪式特征。在这一过程中，人们一般把经济危机看作为经济繁荣的顿时消退和经济萧条的出现，"即从繁荣走向萧条的转折点"。[①] 对于现代市场经济来说，由于在各种要素市场中，资本市场相对来说地位最重要，风险最大，最容易出问题，因而，现代经济危机往往从资本市场开始，常常最先表现为金融危机。例如，1929~1933年资本主义经济大危机、1997年东南亚金融危机和目前的金融危机等，就充分地说明了这一点。

2. 市场危机的成因。产生市场危机的原因往往是多种多样，错综复杂的。对此，经济学有专门的研究，做了大量的分析。总的来看，除了不可抗力因素以外，产生市场危机的根本原因还包括：

---

① 陈乐一. 双重约束：中国商品市场波动的分析 [M]. 北京：商务印书馆，1999：6.

（1）创新问题。从事物的发展过程来看，事物的发展必然伴随着新事物的产生，旧事物的灭亡，是一个新质不断战胜旧质的过程。危机就是事物质变时的一种状态。因此，危机既是旧事物的悲剧，同时也是新事物的喜剧，是事物发展过程中悲喜剧并存的一种状态。不过，危机虽然是坏事，但是总的来看，危机意味着发展，意味着进步，意味着对旧事物的扬弃，因此，也可能是一幕即将揭幕的喜剧。关于危机的这种悲喜剧特征，在经济学中，熊彼特的创新理论对之做了很好的说明。这一理论把危机的这种悲喜剧并存的状态生动地称为"创造性毁灭"。熊彼特认为，一方面，"开动和保持资本主义发动机运动的根本推动力，来自资本主义企业创新的新消费品、新生产方法或运输方法、新市场、新产业组织的形式"，① 另一方面，这些创新"不断地从内部使这个经济结构革命化，不断地破坏旧结构，不断地创造新结构。这个创造性破坏的过程，就是资本主义的本质性事实"。② 市场经济内在的这种"创造性毁灭"，对于我们发展市场经济，形塑市场秩序具有十分重要的意义。例如，2008年美国次贷危机的发生在很大程度上就是由于金融创新引起的。因此，面对市场经济中的创新，我们必须坚持马克思主义质变与量变的辩证法。

（2）利益冲突。从危机产生的社会根源来看，危机最终是由生产力和生产关系的矛盾造成的。马克思认为，资本主义经济危机是以机器大工业为基础的资本主义生产方式特有的经济现象，最终是由资本主义生产关系不适应生产力的发展导致的。资本主义生产关系与生产力的矛盾导致资本主义整个社会生产的无政府状态与个人生产的有计划状态之间的矛盾，从而在一定时期造成生产严重相对过剩，工人大批失业，需求疲软，经济萧条，以至使经济陷入危机状态。马克思的这一分析虽然是针对近代资本主义市场经济而言的，但是也具有一般意义。这种一般意义就在于，在市场经济中，市场主体的个人利益或局部利益与整个社会的利益之间的矛盾总是不可避免的，如果

---

① ［美］约瑟夫·熊彼特. 资本主义、社会主义与民主［M］. 吴良健译. 北京：商务印书馆，1999：146.
② ［美］约瑟夫·熊彼特. 资本主义、社会主义与民主［M］. 吴良健译. 北京：商务印书馆，1999：147.

处理不当，以至这一矛盾扩大化复杂化，就有可能使某一领域甚至整个社会出现危机。例如，最近美国的金融危机就与华尔街某些金融企业的高管追求个人暴利有关。这在我国也时常发生，尽管暴利的程度可能远不及前者。例如，在20世纪90年代，我国海南省等地由于片面发展房地产，结果形成大量房地产泡沫，致使这些地方在房地产泡沫破灭以后，经济长期萎靡不振。并且，近两年我国某些地方在经济发展过程中似乎并没有吸取这一教训，致使楼市股市片面发展，过分火热，导致投机炒作成风，短时间内股价直线上扬，房价成倍飙升，再次形成大量泡沫，结果在外部金融危机的冲击下，股市楼市接连出现问题，甚至大大削弱了我国市场经济的相对独立性和抗风险能力，给外来的不利影响雪上加霜。可以预见，如果这些地方的楼市股市问题处理不当，难免又重蹈前者发展道路的覆辙。反思这些问题产生的原因，其中一个重要因素就在于某些市场主体片面追求个人利益甚至暴利，而忽视社会整体利益，甚至把个人利益建立在损害社会利益之上。

（3）社会心理。市场危机的产生还往往与社会心理因素密切相关。如果广大消费者对经济社会发展的前景普遍持悲观态度，从而减少消费，导致社会有效需求不足，就有可能导致生产相对过剩、物价下降、投资减少、失业增加等一系列连锁反应，从而造成或者加重市场危机。实际上，凯恩斯主义经济学以及许多其他现代西方经济学，就主要是从这一方面来分析危机的成因及其对策的。例如，凯恩斯主义经济学就通过三大心理规律[①]说明："心理上的消费倾向使消费的增长赶不上收入的增长，引起消费不足；心理上对资产未来收益的预期和心理上的'灵活偏好'使预期利润率有偏低趋势，从而与利息率不相适应，引起投资需求不足。有效需求不足必然导致宏观经济不平衡，造成资源的闲置和浪费"[②]。在现代市场经济中，这一社会心理因素最重

[①] 注：三大心理规律指的是边际消费倾向递减规律、资本边际效率递减规律和灵活偏好规律。边际消费倾向递减规律指的是随着人们收入的增加，最后一个货币单位中用于消费的比例将减少；资本边际效率递减规律指的是随着新增加的资产设备成本的提高和生产出来的资本数量的扩大，人们预期从投资中获得的利润将下降；灵活偏好规律是指人们宁愿保持更多的货币，而不愿保持其他的资本形态。

[②] 张卓元. 政治经济学大词典 [M]. 北京：经济科学出版社, 1998：214.

要的表现就是消费者乃至整个社会大众的信心。在资本市场，特别是在金融领域，消费者信心对保持其健康运行尤为重要。例如，在股票市场，如果受某些因素的影响，广大股民突然对股市未来普遍缺乏信心甚至产生悲观情绪，就会大量抛售股票，导致股价短时间内大幅下降，从而可能造成上市公司生产经营困难乃至破产倒闭，由此甚至使整个经济陷入萧条。

3. 市场危机的治理。上述分析说明，市场危机的产生是不可避免的，这对于西方市场经济是如此，对于我国市场经济也是如此。但是，包括凯恩斯主义经济学在内的许多经济学理论也说明，市场危机是可以预防、治理和控制的。因此，我们应当发挥我国社会主义制度的优越性，尽早建立预防、治理和控制危机的各种制度、体制和机制。具体来说，我们必须做到：①建设和发展社会信用体系。市场交易是靠信用来维系的，当前我国市场经济中"诚信危机"产生的重要原因之一就是社会信用的缺失，而 2008 年美国次贷危机的发生也与银行信用的盲目扩张有关。为此，我们必须按照 2007 年国务院发布的《关于社会信用体系建设的若干意见》的要求，"全面推进社会信用体系建设，加快建立与我国经济社会发展水平相适应的社会信用体系基本框架和运行机制"。第一，必须尽快建立和完善社会信用评价体系。"解决信用问题首先要对我国社会整体信用状况做出正确的评价"，[①] 其次还应当对每个市场主体的信用状况做出正确的评价，只有这样，社会信用体系才能建立在科学合理的基础之上。第二，建立和健全市场监管体系。在市场经济条件下，社会信用的实现有赖于完善的市场监管体系。社会信用的评价只有落实到监管上，社会信用才能得以维系。如果市场监管不到位或监管不严，那么，市场主体往往就会产生投机行为，导致市场风险甚至危机。例如，1998 年东南亚金融危机的产生就与相关国家的政府对资本市场的监管不到位或监管不严密切相关，以至国际炒家索罗斯等有机可乘，兴风作浪，最终酿成危机。第三，加大对失信行为的惩罚力度。市场主体失信的根本原因在于，失信可以获得

[①] 郭清香，林杨. 社会信用评价指标体系基本问题研究 [J]. 中国特色社会主义研究, 2007 (4).

大量利益甚至暴利，以至于不惜铤而走险。对此，马克思《资本论》的注释中就有生动的刻画："资本害怕没有利润或利润太少，就像自然界害怕真空一样。一旦有适当的利润，资本就胆大起来。如果有10%的利润，它就保证到处被使用；有20%的利润，它就活跃起来；有50%的利润，它就铤而走险；为了100%的利润，它就敢践踏一切人间法律；有300%的利润，它就敢犯任何罪行，甚至冒绞首的危险。如果动乱和纷争能带来利润，它就会鼓励动乱和纷争。走私和贩卖奴隶就是证明"。① 当前，我国市场经济中投机、作假、欺诈等行为之所以猖獗，除了社会信用评价体系不健全和市场监管不到位等之外，还在于失信的违约成本太低，法律对失信行为的制裁和打击力度不够。因此，为了有效铲除失信行为，必须制定严刑峻法，加大对失信行为的惩罚力度，特别是要加大对为非法牟取暴利而恶意欺诈的行为的打击力度。②推动国际贸易和金融体系的改革。这是因为，首先，在经济全球化的背景下，只有整个世界形成良好的市场秩序，我国才能最终产生良好的市场秩序。市场危机的产生可能是地域性的，而其影响和危害则往往是全球性的。目前的金融危机就很好地说明了这一点。其次，在现在的国际贸易和金融体系中国与国之间的关系存在不平等。第二次世界大战以后，通过世界贸易组织（WTO）、国际货币基金组织（IMF）和世界银行（WB）等机构，发达资本主义国家已经建立了一个比较完整的以自身利益为核心的国际贸易和金融体系，在这一体系中，发达资本主义国家与广大发展中国家的地位绝非是平等的。对此，经济学中的依附理论和中心外围理论等就做了说明。这些理论表明，在现代国际贸易体系中，发达资本主义国家和广大发展中国家的关系是"中心"与"外围"的"依附"关系，现代国际贸易总体上有利于极少数发达国家而不利于大多数发展中国家。这在国际金融领域也是如此。例如，美元在现行国际货币体系中就居于垄断和霸权地位，而现行国际货币金融组织体系

---

① 马克思. 资本论（第1卷）[M]. 北京：人民出版社，2004：871.

则是由少数国家（G7 国家）主导的。① 最后，现行不平等的国际贸易和金融体系往往是产生金融危机的制度根源。"20 世纪 90 年代以来，在东亚、拉丁美洲、土耳其、俄罗斯等地多次爆发金融危机，究其根源均在于现行的国际货币体系存在着严重的内在缺陷"。② 因此，除了对内坚持改革以外，我国还应当恰当利用时机，推动国际贸易和金融体系的改革，促使全世界市场经济合理化，使之更加有利于全球生产力的现代化发展，使世界财富的增长更加有利于整个世界而不是特定的某些人或某些国家。在这一方面，我国应当团结广大发展中国家，"推动持续改革，实现各国在国际货币和金融事务中权利与义务的均衡；坚持广泛参与，实现各国在国际经济和金融规则制定中权利的平等。在此基础上，围绕国际货币金融体系的各个组成部分，制定近期目标和长远目标，最终建立个公平、公正、包容、有序的国际货币金融体系"③ 和与此相似的国际贸易体系。

总之，只要我们坚持市场经济发展的合理路径，建立和完善适应我国市场经济现代化发展的各种经济、政治、法律和精神文明制度，使各种市场主体都能自觉地在遵从各种制度的基础上从事市场活动，使市场经济的发展有利于促进社会公平正义，有利于社会的稳定和谐，有利于人民物质文化生活水平的提高，有利于人的自由而全面的发展，我国良好的市场秩序就一定能够形成。

---

①③ 葛华勇.关于国际货币金融体系改革的思考[J].中国金融，2009（1）.
② 国庆.现行国际货币体系的缺陷及改革方向[J].上海经济研究，2009（2）.

参 考 文 献

一、著作

[1] 马克思恩格斯全集（第 1 卷）[M].北京：人民出版社，1956.
[2] 马克思恩格斯全集（第 1 卷）[M].北京：人民出版社，1995.
[3] 马克思恩格斯全集（第 2 卷）[M].北京：人民出版社，1957.
[4] 马克思恩格斯全集（第 3 卷）[M].北京：人民出版社，2002.
[5] 马克思恩格斯全集（第 23 卷）[M].北京：人民出版社，1972.
[6] 马克思恩格斯全集（第 25 卷）[M].北京：人民出版社，2001.
[7] 马克思恩格斯全集（第 30 卷）[M].北京：人民出版社，1995.
[8] 马克思恩格斯全集（第 42 卷）[M].北京：人民出版社，1979.
[9] 马克思恩格斯全集（第 46 卷）（上）[M].北京：人民出版社，1979.
[10] 马克思恩格斯全集（第 46 卷）（下）[M].北京：人民出版社，1980.
[11] 马克思恩格斯全集（第 47 卷）[M].北京：人民出版社，1979.
[12] 马克思恩格斯选集（第 1 卷）[M].北京：人民出版社，1972.
[13] 马克思恩格斯选集（第 1 卷）[M].北京：人民出版社，1995.
[14] 马克思恩格斯选集（第 2 卷）[M].北京：人民出版社，1995.
[15] 马克思恩格斯选集（第 3 卷）[M].北京：人民出版社，1995.
[16] 马克思恩格斯选集（第 4 卷）[M].北京：人民出版社，1995.
[17] 马克思.资本论（第 1 卷）[M].北京：人民出版社，2004.

[18] 马克思. 资本论（第 2 卷）[M]. 北京：人民出版社，2004.

[19] 马克思. 资本论（第 3 卷）[M]. 北京：人民出版社，2004.

[20] 马克思. 1844 年经济学哲学手稿 [M]. 北京：人民出版社，2000.

[21] 列宁选集（第 3 卷）[M]. 北京：人民出版社，1995.

[22] 列宁全集（第 28 卷）[M]. 北京：人民出版社，1990.

[23] 毛泽东选集（第 1 卷）[M]. 北京：人民出版社，1991.

[24] 毛泽东选集（第 2 卷）[M]. 北京：人民出版社，1991.

[25] 毛泽东选集（第 3 卷）[M]. 北京：人民出版社，1991.

[26] 毛泽东选集（第 4 卷）[M]. 北京：人民出版社，1991.

[27] 毛泽东选集（第 5 卷）[M]. 北京：人民出版社，1977.

[28] 毛泽东文集（第 8 卷）[M]. 北京：人民出版社，1999.

[29] 毛泽东著作选读（上册）[M]. 北京：人民出版社，1990.

[30] 毛泽东著作选读（下册）[M]. 北京：人民出版社，1990.

[31] 邓小平文选（第 1 卷）[M]. 北京：人民出版社，1994.

[32] 邓小平文选（第 2 卷）[M]. 北京：人民出版社，1994.

[33] 邓小平文选（第 3 卷）[M]. 北京：人民出版社，1993.

[34] 中共中央文献研究室. 邓小平思想年谱 [M]. 北京：中央文献出版社，1998.

[35] 胡锦涛. 高举中国特色社会主义伟大旗帜 为夺取全面建设小康社会新胜利而奋斗——在中国共产党第十七次代表大会上的报告 [M]. 北京：人民出版社，2007.

[36] 中共中央马克思恩格斯列宁斯大林著作编译局. 回忆马克思 [M]. 北京：人民出版社，2005.

[37] 薄一波. 若干重大决策与事件的回顾（上卷）[M]. 北京：中共中央党校出版社，1991.

[38] 肖前. 马克思主义哲学原理（上册）[M]. 北京：中国人民大学出版社，1998.

[39] 肖前. 马克思主义哲学原理（下册）[M]. 北京：中国人民大学出版社，1998.

[40] 安启念. 马克思主义哲学发展史[M]. 北京：中国人民大学出版社，2004.

[41][英] 戴维·麦克莱伦. 卡尔·马克思传[M]. 王珍译. 北京：中国人民大学出版社，2005.

[42][英] 戴维·麦克莱伦（David Mclellan）. 马克思以后的马克思主义（第3版）[M]. 李智译. 北京：中国人民大学出版社，2004.

[43] 王元璋. 马克思主义经济发展思想史[M]. 乌鲁木齐：新疆人民出版社，2006.

[44][英] 霍华德等. 马克思主义经济学史：1929~1990[M]. 顾海良、张新等译. 北京：中央编译出版社，2002年.

[45] 吴易风. 马克思主义经济学和新自由主义经济学[M]. 北京：中国经济出版社，2006.

[46] 吴易风等. 马克思主义经济理论的形成和发展[M]. 北京：中国人民大学出版社，1998.

[47][古希腊] 柏拉图. 理想国[M]. 北京：商务印书馆，2002.

[48][古希腊] 亚里士多德. 形而上学[M]. 苗力田译. 北京：中国人民大学出版社，2003.

[49][古希腊] 亚里士多德. 尼各马科伦理学[M]. 苗力田译. 北京：中国人民大学出版社，2003.

[50][古希腊] 亚里士多德. 政治学[M]. 颜一，秦典华译. 北京：中国人民大学出版社，2003.

[51][古罗马] 西塞罗. 国家篇；法律篇[M]. 沈叔平，苏力译. 北京：商务印书馆，2002.

[52][英] 洛克. 政府论（下册）[M]. 叶启芳，瞿菊农译. 北京：商务印书馆，1964.

[53] [英] 霍布斯. 利维坦 [M]. 黎思复, 黎廷弼译. 北京: 商务印书馆, 1985.

[54] [英] 休谟. 人性论（上册）[M]. 关之运译. 北京: 商务印书馆, 1980.

[55] [英] 休谟. 人性论（下册）[M]. 关之运译. 北京: 商务印书馆, 1980.

[56] [法] 卢梭. 社会契约论 [M]. 何兆武译. 北京: 商务印书馆, 2003.

[57] [法] 卢梭. 论人类不平等的起源和基础 [M]. 北京: 商务印书馆, 1962.

[58] [英] 魁奈. 魁奈经济著作选集 [M]. 吴斐丹, 张草纫译. 北京: 商务印书馆, 1979.

[59] [英] 亚当·斯密. 道德情操论 [M]. 韩巍译. 北京: 中国城市出版社, 2008.

[60] [英] 亚当·斯密. 国民财富的性质和原因的研究（上卷）[M]. 郭大力, 王亚南译. 北京: 商务印书馆, 1972.

[61] [英] 亚当·斯密. 国民财富的性质和原因的研究（下卷）[M]. 郭大力, 王亚南译. 北京: 商务印书馆, 1974.

[62] [英] 约翰·穆勒. 论自由 [M]. 许宝骙译. 北京: 商务印书馆, 1998.

[63] [英] 穆勒. 功用主义 [M]. 北京: 商务印书馆, 1957.

[64] [英] 边沁. 道德与立法原理导论 [M]. 时殷弘译. 北京: 商务印书馆, 2000.

[65] [英] 边沁. 政府片论 [M]. 沈叔平译. 北京: 商务印书馆, 1995.

[66] [德] 威廉·冯·洪堡（Humboldt, W.V.）. 论国家的作用 [M]. 林荣远, 冯兴元译. 北京: 中国社会科学出版社, 1998.

[67] [德] 康德. 法的形而上学原理——权利的科学 [M]. 沈叔平译. 北京: 商务印书馆, 1991.

[68] [德] 黑格尔. 小逻辑 [M]. 贺麟译. 北京: 商务印书馆, 2003.

[69][英] 马歇尔.经济学原理（上卷）[M].朱志泰译.北京：商务印书馆，2005.

[70][英] 马歇尔.经济学原理（上卷）[M].陈良璧译.北京：商务印书馆，2005.

[71][德] 马克斯·韦伯.新教伦理与资本主义精神[M].彭强等译.西安：陕西师范大学出版社，2002.

[72][美] 凡勃伦.有闲阶级论——关于制度的经济研究[M].蔡受百译.北京：商务印书馆，1964.

[73][美] 约翰·R.康芒斯.资本主义的法律基础[M].寿勉成译.北京：商务印书馆，2003.

[74][美] 康芒斯.制度经济学（上册）[M].于树生译.北京：商务印书馆，1962.

[75][美] 康芒斯.制度经济学（下册）[M].于树生译.北京：商务印书馆，1962.

[76][美] 约瑟夫·熊彼特.经济分析史（第一卷）[M].朱泱等译.北京：商务印书馆，1991.

[77][美] 约瑟夫·熊彼特.经济分析史（第二卷）[M].杨敬年译.北京：商务印书馆，1992.

[78][美] 约瑟夫·熊彼特.经济分析史（第三卷）[M].朱泱等译.北京：商务印书馆，1995.

[79][美] 约瑟夫·熊彼特.资本主义、社会主义与民主[M].吴良健译.北京：商务印书馆，1999.

[80][奥] 路德维希·冯·米瑟斯.自由与繁荣的国度[C].韩光明等译.北京：中国社会科学出版社，1994.

[81][美] 弗兰克·H.奈特.风险、不确定性与利润[M].安佳译.北京：商务印书馆，2006.

[82][英] 约翰·梅纳德·凯恩斯.就业、利息和货币通论[M].高鸿业译.

北京：商务印书馆，1999.

［83］［英］哈耶克.个人主义与经济秩序［M］.邓正来译.北京：生活·读书·新知三联书店，2003.

［84］［英］哈耶克（F. A. Hayek）.通往奴役之路［M］.王明毅等译.北京：中国社会科学出版社，1997.

［85］［英］哈耶克.资本主义与历史学家［M］.秋风译.长春：吉林人民出版社，2003.

［86］［英］哈耶克.知识分子为什么反对市场［M］.秋风译.长春：吉林人民出版社，2003.

［87］［英］哈耶克（F. A. Hayek）.自由秩序原理（上册）［M］.邓正来译.北京：生活·读书·新知三联书店，1997.

［88］［英］哈耶克（F. A. Hayek）.自由秩序原理（下册）［M］.邓正来译.北京：生活·读书·新知三联书店，1997.

［89］［英］哈耶克（F. A. Hayek）.自由宪章［M］.杨玉生，冯兴元，陈茅等译.北京：中国社会科学出版社，1999.

［90］［英］哈耶克.经济·科学与政治——哈耶克论文演讲集［M］.冯克利译.南京：江苏人民出版社，2000.

［91］［英］哈耶克.致命的自负——社会主义的谬误［M］.冯克利等译.北京：中国社会出版社，2000.

［92］［英］卡尔·波普尔（Popper, K.P.）.历史主义贫困论［M］.何林等译.北京：中国社会科学出版社，1998.

［93］［英］卡尔·波普尔（Popper, K.P.）.开放社会及其敌人（第一卷）——柏拉图的符咒［M］.陆衡等译.北京：中国社会科学出版社，1999.

［94］［英］卡尔·波普尔（Popper, K.P.）.开放社会及其敌人（第二卷）——预言的高潮：黑格尔、马克思及余波［M］.郑一明等译.北京：中国社会科学出版社，1999.

［95］［英］卡尔·波普尔（Popper, K.P.）.波普尔访谈录［M］.王凌霄译.

桂林：广西师范大学出版社，2004.

[96][英] 卡尔·波普尔（Popper，K.P.).无尽的探索——卡尔·波普尔传[M].邱仁宗译.南京：江苏人民出版社，2000.

[97][美] 米尔顿·弗里德曼.资本主义与自由[M].张瑞玉译.北京：商务印书馆，2006.

[98][美] R.科斯等.财产权利与制度变迁——产权学派与新制度经济学派译文集[M].刘守英等译.上海：上海三联书店，1994.

[99][美] 科斯，诺斯等.制度、契约与组织——从新制度经济学角度的透视[M].北京：经济科学出版社，2004.

[100][美] 道格拉斯·C.诺斯.理解经济变迁过程[M].钟正生等译.北京：中国人民大学出版社，2007.

[101][美] 道格拉斯·C.诺斯.制度、制度变迁与经济绩效[M].刘守英等译.上海：上海三联书店，1994.

[102][美] 道格拉斯·C.诺斯.经济史中的结构与变迁[M].陈郁等译.上海：上海三联书店，上海人民出版社，1994.

[103][美] 道格拉斯·诺斯，罗伯特·托马斯.西方世界的兴起[M].北京：华夏出版社，1989.

[104][美] 萨缪尔森，诺德豪斯.经济学[M].北京：华夏出版社，1999.

[105][美] 约翰·罗尔斯.正义论[M].何怀宏等译.北京：中国社会科学出版社，1988.

[106][美] 奥利弗·E.威廉姆森.资本主义经济制度：论企业签约与市场签约[M].段毅才，王伟译.北京：商务印书馆，2004.

[107][美] 詹姆斯·M.布坎南.自由、市场与国家——80年代的政治经济学[M].平新乔，莫扶民译.上海：上海三联书店，1989.

[108][澳/美] 杰佛瑞·布伦南，詹姆斯 M.布坎南.宪政经济学[M].冯克利等译.北京：中国社会科学出版社，2004.

[109][美] 约瑟夫·E.斯蒂格利茨.社会主义向何处去——经济体制转型

的理论与证据［M］.周立群等译.长春：吉林人民出版社，1998.

［110］［美］G.M.霍奇逊.现代制度主义经济学宣言［M］.向以斌等译.北京：北京大学出版社，1993.

［111］［美］丹尼斯·缪勒.公共选择［M］.张军译.上海：三联书店上海分店出版，1993.

［112］［匈］雅诺什·科尔奈.社会主义体制——共产主义政治经济［M］.张安译.北京：中央编译出版社，2006.

［113］［德］柯武刚，史漫飞.制度经济学：社会秩序与公共政策［M］.胡朝华译.北京：商务印书馆，2000.

［114］［德］席·克吕塞尔贝格.秩序理论与政治经济学：基本思想、概念与方法［M］.史世伟译.太原：山西经济出版社，2006.

［115］［德］何梦笔.秩序自由主义：德国秩序政策论集［M］.董靖等译.北京：中国社会科学出版社，2002.

［116］［德］格尔哈德·帕普克.知识、自由与秩序：哈耶克思想论集［M］.黄冰源等译.北京：中国社会科学出版社，2001.

［117］［德］米歇尔·鲍曼（Banurmann，M.）.道德的市场［M］.肖君等，黄承业译.北京：中国社会科学出版社，2003.

［118］思拉恩·埃格特森.新制度经济学［M］.吴经邦等译.北京：商务印书馆，1996.

［119］［日］青木昌彦.比较制度分析［M］.周黎安译.上海：上海远东出版社，2001.

［120］［德］帕普克.知识、自由与秩序：哈耶克思想论集［M］.黄冰源译.北京：中国社会科学出版社，2001.

［121］［英］艾伯斯坦.哈耶克传［M］.秋风译.北京：中国社会科学出版社，2003.

［122］［英］安德鲁·甘希尔.自由的铁笼：哈耶克传（Hayek：The Iron Cage of Liberty）［M］.王晓冬，朱之江译.南京：江苏人民出版社，2002.

[123]［美］霍尔姆斯.反自由主义剖析［M］.曦中等译.北京：中国社会科学出版社，2002.

[124]［美］博登海默.法理学：法律哲学与法律方法［M］.邓正来译.北京：中国政法大学出版社，1998.

[125]［英］马克·布劳格（Mark Blaug）.经济学方法论［M］.石士均译.北京：商务印书馆，1992.

[126]［英］马克·布劳格（Mark Blaug）.经济学方法论的新趋势［M］.张大保等译.北京：经济科学出版社，2000.

[127]［美］诺姆·乔姆斯基.新自由主义和全球秩序［M］.徐海铭，季海宏译.南京：江苏人民出版社，2000.

[128]［英］阿尔弗雷多·萨德—费洛，黛博拉·约翰斯顿.新自由主义批判读本［M］.陈刚等译.南京：江苏人民出版社，2006.

[129]［英］拉尔夫·达仁道夫.现代社会冲突［M］.林荣远译.北京：中国社会科学出版社，2000.

[130]［美］列奥·施特劳斯.自然权利与历史［M］.彭刚译.北京：生活·读书·新知三联书店，2003.

[131]［美］亨利·威廉·斯皮格尔（Spiegel，H. W.）.经济思想的成长［M］.晏智杰等译.北京：中国社会科学出版社，1999.

[132]董德刚等.经济哲学［M］.北京：中共中央学校出版社，2003.

[133]董德刚.创造更高的劳动生产率——社会主义经济哲学引论［M］.北京：经济科学出版社，1998.

[134]董德刚.邓小平经济哲学思想——以"三个有利于"为根本的建设哲学［M］.郑州：河南人民出版社，2001.

[135]和信全.哈耶克自由理论研究［M］.北京：北京大学出版社，2004.

[136]邓正来.规则·秩序·无知：关于哈耶克自由主义的研究［M］.北京：生活·读书·新知三联书店，2004.

[137] 何秉孟. 新自由主义评析 [M]. 北京：社会科学文献出版社，2004.

[138] 顾肃. 自由主义基本理念 [M]. 北京：中央编译出版社，2003.

[139] 靳玉英. 自由主义的旗手：弗·冯·哈耶克 [M]. 石家庄：河北大学出版社，2001.

[140] 汪丁丁. 自由与秩序：中国学者的观点 [M]. 北京：中国社会科学出版社，2002.

[141] 宋希仁. 西方伦理思想史 [M]. 北京：中国人民大学出版社，2003.

[142] 吴德勤. 经济哲学——历史与现实 [M]. 上海：上海大学出版社，2002.

[143] 丘挺，张先贤. 市场经济的哲学研究（上）[M]. 北京：红旗出版社，1996.

[144] 陈新汉，宓文湛. 当代中国市场经济的哲学审视 [M]. 上海：上海财经大学出版社，1998.

[145] 刘泽民. 社会主义市场经济的哲学审视 [M]. 北京：人民出版社，2001.

[146] 刘根荣. 市场秩序理论研究 [M]. 厦门：厦门大学出版社，2005.

[147] 高鸿业. 西方经济学（微观部分）（第3版）[M]. 北京：中国人民大学出版社，2004.

[148] 韩永进. 西方经济学方法论：科学哲学方法论与经济学方法论变革研究 [M]. 北京：中国经济出版社，2000.

[149] 晏智杰等. 西方市场经济理论史 [M]. 北京：商务印书馆，1999.

[150] 彭学农. 从制度经济学看哲学与经济学之互动 [M]. 上海：上海大学出版社，2004.

[151] 袁庆明. 新制度经济学 [M]. 北京：中国发展出版社，2005.

[152] 程恩富，胡乐明. 新制度经济学 [M]. 北京：经济日报出版社，2004.

[153] 郭小聪. 政府经济学 [M]. 北京：中国人民大学出版社，2003.

[154] 沈宗灵. 法理学 [M]. 北京：北京大学出版社，2001.

[155] 张守文. 经济法概论 [M]. 北京：北京大学出版社，2005.

[156] 纪宝成. 转型经济条件下的市场秩序研究 [M]. 北京：中国人民大学出版社，2003.

[157] 洪银兴. 市场秩序和规范 [M]. 上海：上海三联书店，上海人民出版社，2007.

[158] 刘建华. 中国市场新秩序 [M]. 北京：清华大学出版社，2006.

[159] 王根蓓. 市场新秩序论 [M]. 上海：上海财经大学出版社，1997.

[160] 徐向艺. 政府干预与市场经济秩序 [M]. 济南：山东人民出版社，2005.

[161] 杨小猛. 经济秩序的制度理性 [M]. 北京：经济科学出版社，2007.

[162] 赵敦华. 西方哲学简史 [M]. 北京：北京大学出版社，2001.

[163] 叶秀山. 苏格拉底及其哲学思想 [M]. 北京：人民出版社，1986.

[164] 严群. 分析的批评的希腊哲学史——前苏格拉底部 [M]. 北京：商务印书馆，1981.

[165] 陈郁. 企业制度与市场组织：交易费用经济学文选 [M]. 上海：上海人民出版社，2006.

[166] 韦森. 经济学与哲学：制度分析的哲学基础 [M]. 上海：世纪出版集团，上海人民出版社，2005.

[167] 袁礼斌. 市场秩序论 [M]. 北京：经济科学出版社，1999.

[168] 郭冬乐，宋则. 通向公平竞争之路 [M]. 北京：社会科学文献出版社，2001.

[169] 陈乐一. 双重约束：中国商品市场波动的分析 [M]. 北京：商务印书馆，1999.

[170] 张卓元. 政治经济学大词典 [M]. 北京：经济科学出版社，1998.

[171] Hayek，Law. Legislation and Liberty：The Mirage of Social Justice（II）

[M]. The University of Chicago Press, 1976.

[172] John Stuart Mill. On Liberty [M]. Great Britain: Penguin Books Ltd, 1984.

[173] Euken. Walter: Die Grundlagen der Nationaloekonomie, Vierte Auflage, Verlag von Gustav, Jena, 1944.

[174] Weingast, B. The Economic Role Political Institutions: Market-Preserving Federalism and Economic Development[J]. Journal of Law, Economics and Organization 11, 1995.

[175] Hayek, F. A. The Use of Knowledge in Society [M]. American Economic Review 35 (September), 1945.

[176] Hayek. The Fatal Conceit: The Errors of Socialism (First Published 1988 by Routledge 11 New Fetter Lane, London EC4P 4EE 29 West 35th Street, New York, NY 10001 Reprinted 1989).

[177] Hayek. The Constitution of Liberty [M]. The University of Chicago Press, 1960.

[178] Joseph, A. Schumpeter, Capitalism, Socialism and Democracy [M]. Harper & Row, Publishers, 1950.

二、论文

[1] 孙春晨."人情"伦理与市场经济秩序[J].道德与文明, 1999 (1).

[2] 严清华, 朱华雄. 传统诚信理念规范市场秩序的机制和效用探析[J]. 中州学刊, 2004 (4).

[3] 李国良, 熊丁仪, 李兴国. 从机制反思市场秩序问题[J]. 商业时代, 2004 (17).

[4] 朱世陆. 道德重建: 整顿市场秩序的制度意义[J]. 决策咨询, 2001 (6).

[5] [德] 克里斯蒂安·瓦特林. 德国的社会市场经济秩序[J]. 王晓晔译.

外国法译评，1995（3）.

[6] 阎献晨，葛风英. 对社会主义市场经济秩序制度规范的几点思考[J]. 经济问题，1996（8）.

[7] 吕凌. 非正式制度对市场秩序建立的影响[J]. 中国社会科学院研究生院学报，2001（5）.

[8] 高兆明. 公共理性·市场经济秩序[J]. 东南大学学报（哲学社会科学版），2002（3）.

[9] 乔洪武. 勾画市场经济伦理秩序的先驱——亚当·斯密的经济伦理思想评介[J]. 广西大学学报（哲学社会科学版），1999（3）.

[10] 胡承槐. 关于市场经济基础上制度性伦理道德秩序的探讨[J]. 哲学研究，1994（4）.

[11] 尹栾玉. 规范市场经济秩序应澄清的几个理论误区[J]. 求实，2003（2）.

[12] 吴晓华. 规范市场经济秩序重在制度建设[J]. 宏观经济研究，2002（6）.

[13] 王秋梅，高文武. 哈耶克自发市场秩序批判[J]. 学术界，2007（5）.

[14] 任保平，钞小静. 经济转型时期市场秩序建设的信用制度供给[J]. 思想战线，2006（1）.

[15] 王刚. 经济转型中的市场治理机制建立与市场秩序完善[J]. 俄罗斯中亚东欧研究，2006（2）.

[16] 任保平，蒋万胜. 经济转型、市场秩序与非正式制度制安排[J]. 学术月刊，2006（9）.

[17] 刘拥军. 论产权制度、市场秩序与社会信用的形成[J]. 当代财经，2003（1）.

[18] 杨万铭. 市场秩序与信用机制的构建基础[J]. 经济体制改革，2002（6）.

[19] 方福前. 政府与市场秩序的形成[J]. 经济理论与经济管理，2004

(7).

[20] 林海涛, 唐莹. 建立现代市场秩序的理论分析: 从竞争范式转向制度范式 [J]. 经济问题探索, 2005 (8).

[21] 余向华, 许云宵. 经济秩序的自发建构——"看不见的手"与市场经济的本质 [J]. 山西财经大学学报, 2005 (1).

[22] 郑易生. 市场经济的公共资源与公共秩序——有关社会成本问题的理论 [J]. 数量经济技术经济研究, 1995 (7).

[23] 刘烈龙. 市场经济的运行秩序与制度建设 [J]. 中南财经大学学报, 2001 (6).

[24] 洪银兴. 市场秩序的博弈论分析——兼论规范市场秩序的制度安排 [J]. 经济理论与经济管理, 2004 (6).

[25] 徐士英. 市场秩序规制与竞争法基本理论初探 [J]. 上海社会科学院学术季刊, 1999 (4).

[26] 郭冬乐, 李越. 市场秩序若干基本理论问题分析 [J]. 浙江树人大学学报, 2001 (1).

[27] 蒋万胜. 中国市场经济秩序型构的非正式制度分析 [D]. 西北大学博士学位论文, 2007年.

[28] 狄仁昆. "社会主义市场"存在论——对当代西方"市场社会主义"合理性问题的哲学思考 [J]. 国外社会科学, 2005 (1).

[29] 李楠明. 从群体主体向个体主体的嬗变——对市场经济的哲学透视 [J]. 求是学刊, 1996 (1).

[30] 胡义成, 王雷生. 从哲学生长出来的经济学——国内外市场经济哲学研究扫描 [J]. 福建师大福清分校学报, 1997 (1).

[31] 彭立勋. 邓小平社会主义市场经济理论的哲学基础 [J]. 学术研究, 1999 (2).

[32] 蒋国平. 对建立社会主义市场经济体制的哲学思考 [J]. 广西师范大学学报 (哲学社会科学版), 30 (1).

[33] 赵成文. 对社会主义市场经济的哲学思考［J］. 理论纵横, 1995（4）.

[34] 高梅. 分工、市场和个性三者关系的几点哲学思考［J］. 新疆社会经济, 1995（5）.

[35] 许开道. 关于"社会主义市场经济"若干问题的哲学论纲［J］. 新东方, 1995（6）.

[36] 桂起权. 关于邓小平"经济学不等式"的哲学思考——兼谈社会主义市场经济理论的逻辑协调性问题［J］. 东南大学学报（哲学社会科学版）, 2006（6）.

[37] 李荣才. 关于建立社会主义市场经济体制问题的哲学思考［J］. 辽宁师专学报（社会科学版）, 2004（3）.

[38] 孔岳军. 关于社会主义市场经济体制的哲学思考［J］. 理论与改革, 1994（8）.

[39] 李兴东. 关于社会主义市场经济的哲学思考［J］. 北京航空航天大学社会科学学报, 1994（2）.

[40] 叶佩韦. 关于市场与哲学的思考（提纲三则）［J］. 广西商业经济, 1994（5）.

[41] 司徒锡钧. 建立社会主义市场经济的哲学思考［J］. 江西师范大学学报（哲学社会科学版）, 27（4）.

[42] 叶露中. 经济人假设及其对社会主义经济的适应性——对市场经济的哲学思考［J］. 财资研究, 1995（6）.

[43] 余红, 陈新汉. 经济哲学：问题及其当代建构——"当代市场经济中的经济哲学学术研讨会"综述［J］. 学术月刊, 1997（12）.

[44] 狄国忠. 论邓小平社会主义市场经济体制构想的哲学底蕴［J］. 宁夏大学学报, 2（4）.

[45] 韦新棋. 论社会主义市场经济理论的哲学依据［J］. 广西师院学报（哲学社会科学版）, 1995（1）.

[46] 占毅, 文晓霞. 论市场经济理论的哲学意蕴［J］. 重庆工商大学学

报，2003（5）.

［47］丁惠宁. 论市场经济与伦理哲学［J］. 江苏社会科学，1995（5）.

［48］孙承叔. 论作为哲学范畴的市场经济——马克思市场经济理论的当代沉思［J］. 学术界，1998（3）.

［49］王丽娜. 马克思主义哲学对中国市场经济的矫正作用［J］. 理论界，2007（3）.

［50］贾秀兰. 树立社会主义市场经济新观念的哲学思索［J］. 社会科学研究，1994（5）.

［51］易杰雄. 如何坚持市场经济的社会主义方向？——一种经济学—哲学思考［J］. 理论前沿，2006（9）.

［52］陈创生. 社会主义市场经济：一种新的历史哲学［J］. 求实，2002（11）.

［53］王连法. 社会主义市场经济的哲学论纲［J］. 东岳论丛，1994（3）.

［54］袁贵仁. 社会主义市场经济的哲学思考［J］. 河北学刊，1996（1）.

［55］武模桥. 社会主义市场经济条件下经济哲学研究的重点［J］. 长春师范学院学报（人文社会科学版），2005（6）.

［56］吴伟. 社会主义市场经济条件下经济主体特征的哲学思考［J］. 江汉论坛，1997（1）.

［57］邓光荣. 社会主义市场经济与当代马克思主义哲学［J］. 攀登，1995（3）.

［58］胡义成. 作为"天道"展现的市场经济必然性——邓小平经济哲学与哈耶克的某些契合［J］. 河北经贸大学学报，1998（6）.

［59］高晓雁. 自由、限定、超越——对市场经济三大困惑的哲学思考与对策［J］. 河北大学学报，1996（1）.

［60］范汉森. 西方市场经济理论的哲学基础［J］. 新视野，1996（6）.

［61］陈印. 市场有效性的检验问题：科学哲学视点［J］. 贵州财经学院学报，2003，103（2）.

[62] 王锐生. 市场行为与人性——对市场行为的哲学考察[J]. 首都师范大学学报（社会科学版），1995（5）.

[63] 李仁武. 市场经济时代哲学形态变革的取向[J]. 现代哲学，1995，40（2）.

[64] 王复隆. 市场经济的哲学思考[J]. 攀登，1994（1）.

[65] 孙兆刚. 市场经济的哲学底蕴[J]. 宁波大学学报（人文科学版），2004（3）.

[66] 崔自铎. 市场、主体、价值——社会主义市场经济的哲学思考[J]. 理论前沿，1994（Z1）.

[67] 胡义成. 生产力哲学和市场经济——邓小平市场经济理论对传统社会主义价值观的重组[J]. 东方论坛，1994（3）.

[68] 求实杂志社. 社会主义市场经济与哲学、科学社会主义的发展讨论会纪要[J]. 求是，1994（20）.

[69] 胡义成，王雷生. 对当代经济哲学中的一些问题的思考[J]. 青海社会科学，1997（3）.

[70] 汪强. 关于中国经济哲学几个重大问题的综述[J]. 探索，2007（4）.

[71] 何关银. 试论21世纪实践问题与经济哲学的发展趋势[J]. 重庆社会科学，2007，150（5）.

[72] 杨建飞，刘宏雄. 经济哲学若干理论问题刍议[J]. 江海学刊，1999（6）.

[73] 谷鹏飞. 法国"重农学派"经济哲学思想及其现代意义[J]. 北方论丛，2007（4）.

[74] 方新民. 范式分析：新古典经济学与经典力学的比较研究[J]. 学术探索，2001（1）.

[75] 阿门巴多亚，王公龙. 马克思的《资本论》与现代中国的市场经济[J]. 上海行政学院学报，2007（6）.

[76] 杨忠. 马克思历史辩证法与社会主义市场经济理论[J]. 南京社会科

学，2001（2）.

[77] 倪晓林. 马克思主义公平理论与我国市场经济的健康运行［J］. 中共中央党校学报，2007（3）.

[78] 徐玉生. 马克思经济理论剖析下的市场经济［J］. 上海经济研究，2000（12）.

[79] 郭小鲁，刘丹. 重构马克思政治经济学对现代市场经济的解释框架［J］. 社会科学辑刊，2003，147（4）.

[80] 魏小萍. 分析的马克思主义怎样看社会主义市场经济——访 G.A. 柯亨教授［J］. 哲学动态，1995（12）.

[81] 巴能强. 马克思的市场经济社会发展观新解［J］. 首都师范大学学报（社会科学版），2002（2）.

[82] 张光明. 马克思的社会主义与发展市场经济问题［J］. 中国特色社会主义研究，2007（2）.

[83] 蒋学模. 马克思劳动价值理论在社会主义市场经济中的应用［J］. 复旦学报（社会科学版），2004（1）.

[84] 晏辉. 辩护与批判：马克思人类学范式视野中的市场经济［J］. 天津社会科学，2006（1）.

[85] 叶险明. 论马克思考察市场经济的两类视角——马克思市场经济学说思考之一［J］. 首都师范大学学报（社会科学版），2002（1）.

[86] 孙承叔. 论作为哲学范畴的市场经济——马克思市场经济理论的当代沉思［J］. 学术界，1998（3）.

[87] 胡承槐. 论马克思的社会解放理论与现代民主政治的构建——兼论市场经济与民主政治的相互关系［J］. 哲学研究，2000（10）.

[88] 易培强. 论市场经济的资本运行：马克思的资本流通理论新探［J］. 益阳师专学报，1997（2）.

[89] 杨永华. 论马克思的市场经济均衡模型［J］. 当代经济研究，1995（2）.

[90] 王珏，首晖. 马克思的"重建个人所有制"与重建社会主义市场经济运行基础[J]. 理论视野，2003（6）.

[91] 文力. 马克思的商品理论和社会主义市场经济——也论一种研究马克思主义的方法[J]. 马克思主义研究，1997（6）.

[92] 张宇. 马克思的公平理论与社会主义市场经济中的公平原则[J]. 教学与研究，2006（2）.

[93] 李凯，卢俊. 马克思的利息理论与社会主义市场经济运行机制研究——中国利率市场化探讨[J]. 商场现代化，2005（9）.

[94] 刘放桐. 市场经济、"市民社会"、个体主体和现代化[J]. 河北学刊，1997（1）.

[95] 于金富. 构建马克思主义制度经济学的科学范式——马克思主义经济学与新制度经济学比较研究[J]. 经济纵横，2008（9）.

[96] 魏埙. 关于马克思主义经济学与当代西方主流经济学的比较研究——与樊纲同志商榷[J]. 南开学报，1997（1）.

[97] 林勤青. 马克思"以人为本"经济思想初探[J]. 财经论丛，2000，（6）.

[98] 姜奇平. 回到消费本身——后现代"以人为本"转向的经济学反思[J]. 互联网周刊，2004，12（2）.

[99] 胡钧，刘凤义. 经济学关于人及其经济行为特征的分析——马克思经济学与新制度经济学的比较[J]. 教学与研究，2001（5）.

[100] 刘凤义. 资本主义多样性研究的方法论探讨——新古典经济学、演化经济学与马克思经济学的比较[J]. 马克思主义研究，2007（11）.

[101] 朱富强. 经济学理论潜含的利益取向探析——马克思经济学与现代西方主流经济学比较研究[J]. 经济纵横，2008（12）.

[102] 汪立鑫. 马克思主义经济学与西方主流经济学比较[J]. 经济学家，2002（1）.

[103] 张景华，许彦. 经济学两种范式关于人性假设前提的比较分析[J].

改革与战略，2009（3）.

[104] 林建红.马克思经济学与新制度经济学比较［J］.经济与社会发展，2008（12）.

[105] 傅耀.马克思主义经济学与西方经济学方法论的比较［J］.宁夏大学学报（人文社会科学版），2007（4）.

[106] 魏崇辉.马克思主义与新制度经济学意识形态思想的比较研究［J］.天府新论，2008（2）.

[107] 王惠民.马克思主义政治经济学与西方经济学之比较研究［J］.山东医科大学学报社会科学版，1997（4）.

[108] 巫继学.人本经济学：以人为本的政治经济学诠释［J］.中州学刊，2004（5）.

[109] 曹阳.商品与交易：马克思经济学与西方制度学派制度分析的比较研究［J］.经济评论，2007（6）.

[110] 朱富强.理论目标、研究思维和引导假定的设定——兼评两类不同的参照系：马克思经济学的"理想状态"和西方主流经济学的"抽象假设"［J］.社会科学研究，2008（5）.

[111] 牛晓帆.经济学哲学观的评介与比较［J］.云南大学人文社会科学学报，2000（3）.

[112] 杨旭东.马克思的商品拜物教理论与社会主义市场经济的现实［J］.科学社会主义，1997（4）.

[113] 郭佳新.马克思的市场经济观念的嬗变［J］.时代潮，1997（4）.

[114] 陶玉泉.马克思的市场经济效率机制观探析［J］.南京政治学院学报，1994（4）.

[115] 陈伯君.自由、自由主义与马克思主义自由思想——论自由对发展社会主义市场经济的重要性［J］.社会科学研究，2003（5）.

[116] 颜鹏飞，刘昌明.中国对外开放的思想渊源——马克思的世界市场和经济全球化理论（上）［J］.当代经济研究，2001（3）.

[117] 易培强. 我国市场经济中的商品拜物教问题再探——马克思商品拜物教理论的启示 [J]. 湖南师范大学社会科学学报（社科版），2008（2）.

[118] 方兴起. 市场经济：新视角下的重新认识——一种马克思主义经济学的解析 [J]. 马克思主义研究，2008（9）.

[119] 罗郁聪. 社会主义意义的市场经济对资本主义市场经济之比较优势——马克思《政治经济学批判》导言关于产品社会运动"中间环节"理论的社会主义运用 [J]. 当代经济研究，1998（2）.

[120] 曾礼. 社会主义市场经济理论与马克思社会主义理论的进一步发展 [J]. 社会科学辑刊，1995（2）.

[121] 王妙松. 浅析马克思平均利润率理论对社会主义市场经济的指导意义 [J]. 兰州学刊，2008（8）.

[122] 朱炳元. 马克思资本理论与社会主义市场经济 [J]. 马克思主义研究，2008（5）.

[123] 林地. 马克思主义市场经济理论研究对象的重大超越 [J]. 湖北师范学院学报（哲学社会科学），1998（5）.

[124] 张波. 马克思主义经济学与西方经济学关于市场经济规律论述的比较 [J]. 重庆社会科学，2002（4）.

[125] 侯惠勤，首玲. 马克思主义经济伦理与当代市场经济实践 [J]. 江海学刊，2003（6）.

[126] 胡钧. 马克思再生产理论与社会主义市场经济体制建设 [J]. 当代经济研究，1996（1）.

[127] 许崇正，柳荫成. 马克思再生产理论与社会主义市场经济 [J]. 经济学家，2006（4）.

[128] 姚慧琴. 马克思剩余价值生产理论与市场经济理论之宏观比较 [J]. 经理论导刊，1994（9）.

[129] 周雨风. 马克思经济危机理论对社会主义市场经济建设的启示 [J]. 特区经济，2006（12）.

[130] 傅殷才，方兴起. 马克思关于社会经济形态演进的学说与市场经济的历史定位[J]. 经济评论，1996（3）.

[131] 汤在新. 马克思对市场经济的理论考察[J]. 经济学家，1995（1）.

[132] 陶玉泉. 马克思的市场经济与人的发展观初探[J]. 南京政治学院学报，1995（5）.

[133] 巴能强. 马克思的市场经济社会发展观新解[J]. 中共福建省委党校学报，2001（8）.

[134] 徐东礼. 马克思、恩格斯的民主观[J]. 山东社会科学，2003（5）.

[135] 孙永芬. 历史地透析马克思恩格斯的民主思想[J]. 科学社会主义，2008（1）.

[136] 蔡云辉. 当代资本主义的两重性及其历史命运——读列宁的《帝国主义论》[J]. 安徽农业大学学报（社会科学版），2003（6）.

[137] 姚顺良. 第二国际关于资本主义现代形态理论的当代审视——兼论列宁经典帝国主义理论的贡献和缺陷[J]. 南京大学学报（社科版），2007（1）.

[138] 陈征. 对帝国主义本质和规律的深刻揭示——列宁《帝国主义是资本主义的最高阶段》的主要内容及其意义[J]. 高校理论战线，2007（2）.

[139] 张晓忠，高秀伟. 解读列宁"帝国主义论"中的全球化思想[J]. 商业经济，2007（5）.

[140] 肖炳兰，王传利. 列宁的全球视野探析——读《帝国主义是资本主义的最高阶段》[J]. 青岛海洋大学学报（社会科学版），1999（3）.

[141] 苏晓明. 列宁帝国主义理论的当代思考[J]. 浙江社会科学，2006（5）.

[142] 布成良. 全球化与帝国主义：批判及辩护——重读列宁的帝国主义论[J]. 当代世界与社会主义，2003（6）.

[143] 姚天皎，田晓霞. 重新审视帝国主义——重读列宁《帝国主义是资本主义的最高阶段》[J]. 马克思主义研究，1999（4）.

[144] 吴波. 列宁帝国主义论的当代沉思——兼评20世纪以来资本主义

的历史定位[J]．当代世界与社会主义，2004（4）．

[145] 肖枫．列宁的《帝国主义论》与当代资本主义[J]．当代世界与社会主义，1997（3）．

[146] 丛日云．论黑格尔的"市民社会"概念[J]．哲学研究，2008（10）．

[147] 马捷莎．从黑格尔到马克思世界历史理论的越迁[J]．学术研究，2005（3）．

[148] 余红．从马克思恩格斯的世界历史理论看全球化的二重性[J]．贵州社会科学，2005（2）．

[149] 梁树发．从源头上理解马克思的世界历史理论——读《德意志意识形态》[J]．浙江学刊，2003（1）．

[150] 吕世荣．马克思的世界历史思想与经济全球化[J]．哲学研究，2002（10）．

[151] 何萍．马克思主义世界历史理论中的决定论与非决定论——关于马克思、卢森堡、列宁的一个比较研究[J]．哲学研究，2008（3）．

[152] 刘会强．试论马克思世界历史理论发展的制高点——《1857~1858年经济学手稿》新解读[J]．河南师范大学学报（哲学社会科学版），2008（2）．

[153] 聂锦芳．重新理解《德意志意识形态》中的"世界历史"思想——从马克思"世界历史"思想的当代研究谈起[J]．江海学刊，2008（2）．

[154] 陈仁庚．"苏联模式"的兴衰[J]．实事求是，1996（3）．

[155] 陈振明．"西方马克思主义"眼中的苏联模式[J]．马克思主义研究，1996（6）．

[156] 范军．从计划到市场：东欧经济制度的变迁[J]．当代世界社会主义问题，1998（2）．

[157] 高歌．从社会主义经济核算的论战看熊彼特与哈耶克的理论异同[J]．当代世界与社会主义，2008（2）．

[158] 陈炜．泛意识形态化与信仰缺失——苏联模式的再思考[J]．兰州学刊，2006（6）．

[159] 罗卫东,蒋自强. 兰格模式与社会主义市场经济理论——社会主义市场经济理论的历史渊源 [J]. 学术月刊, 1994 (5).

[160] 武力. 论八大对苏联工业化模式认识的深化及其历史局限 [J]. 教学与研究, 1996 (6).

[161] 闫晓荣. 毛泽东探索突破苏联经济模式探微 [J]. 内蒙古大学学报(哲学社会科学版), 2008 (2).

[162] 陈华山. 试析原南斯拉夫"自治"经济体制最终失败的原因 [J]. 东欧中亚研究, 1996 (4).

[163] 张利华. 苏联、南斯拉夫社会主义模式比较 [J]. 清华大学学报(哲学社会科学版), 2001 (5).

[164] 姜长斌. 苏联模式探析 [J]. 西伯利亚研究, 2001 (4).

[165] 崔光胜. 苏联模式由盛转衰的经济根源探析 [J]. 中共四川省委党校学报, 2001 (3).

[166] 马龙闪. 中国特色社会主义与苏联模式的原则区别 [N]. 学习时报, 2008 (3).

[167] 左凤荣. 中国的改革开放是对斯大林——苏联模式的否定 [J]. 中国特色社会主义研究, 2007 (1).

[168] 马龙闪. 苏联模式与中国社会主义道路的探索——中国特色社会主义是对苏联模式的实质性突破 [J]. 中国特色社会主义研究, 2007 (1).

[169] 胡小波. 社会主义市场经济的历史演进及其发展前途 [J]. 江苏省社会主义学院学报, 2005 (2).

[170] 黄范章. 邓小平社会主义市场经济理论及其历史意义 [J]. 经济学家, 2004 (6).

[171] 陈炎兵. 社会主义市场经济体制形成和发展的历史考察 [J]. 今日中国论坛, 2008 (10).

[172] 卫兴华. 关于社会主义市场经济理论的历史回顾与评析 [J]. 高校理论战线, 2000 (1).

[173] 王珏，鲁江. 公有制在工业现代化和市场经济条件下的实现形式——现代公有制 [J]. 经济学文摘，1997（10）.

[174] 董德刚. 所有制问题也要进一步解放思想 [N]. 南方周末，2008-02-28：第 E31 版.

[175] 程民选. 市场经济秩序与产权的四层次界定 [J]. 学术研究，1995（6）.

[176] 杨瑞龙. 市场秩序的产权制度基础 [J]. 江苏行政学院学报，2004（2）.

[177] 洪银兴. 市场秩序的微观基础：契约和产权 [J]. 学术月刊，2006（3）.

[178] 张牧筠. 完善市场秩序与产权改革的思考 [J]. 四川省社会主义学院学报，2004（4）.

[179] 张泽一. 马克思经济学与西方经济学产权理论比较研究 [J]. 经济纵横，2008（5）.

[180] 孙国瑞. 小议物权保护与知识产权保护 [J]. 中国发明与专利，2007（6）.

[181] 腾兴才. 社科院报告指出：一些中介组织正在沦为腐败中介 [EB/OL]. http://zqb.cyol.com/content/2009-02/02/content_2523276.htm.

[182] 董德刚. 论马克思主义哲学研究中的以"新"解"马"范式 [J]. 河北学刊，2007（6）.

[183] 郭清香，林杨. 社会信用评价指标体系基本问题研究 [J]. 中国特色社会主义研究，2007（4）.

[184] 国庆. 现行国际货币体系的缺陷及改革方向 [J]. 上海经济研究，2009（2）.

[185] 葛华勇. 关于国际货币金融体系改革的思考 [J]. 中国金融，2009（1）.

后　记

　　经过三十多年的改革开放，我国社会主义市场经济体制的基本框架已经形成，改革开放由此进入了"深水区"。至于什么是"深水区"，目前似乎还没有统一而明确的看法。笔者认为，"深水区"的核心含义可能就是市场秩序或市场经济秩序。有鉴于此，笔者没有认真学过游泳，更没有掌握专业而高超的游泳技能，只有一点点"狗刨"的逃生本领，但是，为了一窥"深水区"的堂奥，笔者也斗胆来"深水区"一搏！歌云："不经历风雨，哪能见彩虹？"在经历了一番"深水区"的搏击以后，笔者深切感受到：不历经锤炼，哪能有收获？总的来说，在经过了一次在"深水区"的艰难"旅游"之后，笔者的主要收获是，不仅加深了对"深水区"的认识，而且也对"深水区"的研究做了某些创新。

　　1. 研究视角的创新。本书认为，目前国内还缺乏从哲学上对市场秩序的基础理论的研究。为此，本书区分了市场秩序的基础理论和应用理论，运用马克思主义哲学的基本原理和基本方法，吸收和采纳了某些现有的相关研究成果，主要对西方近现代市场秩序和我国社会主义市场秩序为何存在、怎样存在及存在有什么意义等根本问题，进行了历史的、整体的、辩证的考察和分析。然后，结合这些考察和分析，本书也从整体上对如何形塑我国社会主义市场秩序做了一定的探讨。

　　2. 理论观点的创新。这表现在几个方面：第一，在综合利用现有的研究成果的基础上，本书提出，市场秩序是市场经济的合理化、制度化、现代化，是市场主体合规则地求价值的一种有序活动状态。第二，本书认为，市场秩序的基础理论可分成三个范式,分别是神圣力学范式的市场秩序理论、知识进化范式的市场秩序理论和社会发展范式的市场秩序理论,它们分别对应于以亚当·斯密为代表的近代市场秩序理论,以哈耶克为代表的现代市场秩序理论,和以马克思为代表的"后现代"的市场秩序理论。第三,本书在对各种市场秩序的基础理论进行考察和分析时,还不拘泥于现有的看法和观点,在把握相关资料和研究的基础上,大胆提出属于自己的看法和观点。例如,本书认为,柏拉图的秩序思想是一种正义论的秩序思想,亚里士多德的秩序思想是一种幸福论的秩序思想;自然法理论、社会契约论、休谟的人性论和牛顿的自然哲学等构成了以亚当·斯密为代表的近代市场秩序理论的前提;哈耶克对新古典"经济人"的修正和凯恩斯主义一样也是一种"革命";现代西方市场经济理论在某种意义上既是对马克思市场经济理论的弥补和超越,也是向其"回归";"十月革命"后苏联模式计划经济的确立经历了一个"否定之否定"的过程;我国对苏联模式计划经济的突破也经历了一系列艰难的"否定之否定"过程,我国对苏联模式计划经济的全面突破在理论上主要表现为市场经济与计划经济手段论对"对立论"的突破,和生产力理论对阶级斗争"尖锐化"理论的突破,等等。

3. 研究方法的创新。有关市场秩序的研究,目前比较常见的方法包括案例分析法、成本—收益法、制度比较分析法、模型分析法、博弈分析法,等等。本书认为,这些方法对于分析市场秩序的微观机制比较合适,但对于市场秩序的整体的历史考察似乎存在不足。由于本书旨在从哲学层面上来考察市场秩序基础理论,因而本书要采用马克思主义逻辑与历史相一致的方法、辩证分析法、归纳和演绎相结合的方法以及比较和类比方法等。这样,本书的研究方法就与目前常见的研究方法存在一定的区别。当然,本书也适当吸收和利用了目前的研究方法,如在论及某些观点或问题时也提供例证等。此外,本书结构上也做了一定的创新。例如,本书据本文关于市场秩序的基本观点布局谋篇,这样,本书的大部分内容都可以看作是对本书基本观点的一种论证,使内容和观点基本上达到了一致。同时,本书注意到了各种市场秩序理论内部和彼此之间的关系，努力使其在逻辑上连成一体。

当然，笔者毕竟是初次全面地搏击"深水区"，虽然通过这一次艰难的历险大大提高了自己的游泳能力和技能，努力做出了上述创新，但是，"深水区"如此复杂而广阔，本人也深感自己知识和能力的欠缺，深知自己的上述研究一定存在许多不足和缺陷，还亟待日后继续努力学习，努力钻研，努力完善，那样，才能在"深水区"自由自在地遨游！